英语语言与英语文化研究文库　主编：戴卫平

英语与英国社会文化研究

修文乔　戴卫平 ◎ 著

ENGLISH AND BRITISH CULTURE STUDY

中国出版集团
世界图书出版公司
广州·上海·西安·北京

图书在版编目（CIP）数据

英语与英国社会文化研究/修文乔,戴卫平著.—广州：世界图书出版广东有限公司，2015.3
ISBN 978-7-5100-9437-8

Ⅰ.①英…　Ⅱ.①修…②戴…　Ⅲ.①英语－研究②文化－研究－英国　Ⅳ.① H31 ② G156.1

中国版本图书馆 CIP 数据核字（2015）第 040456 号

英语与英国社会文化研究

责任编辑	宋　焱
出版发行	世界图书出版广东有限公司
地　　址	广州市新港西路大江冲 25 号
http：	// www.gdst.com.cn
印　　刷	虎彩印艺股份有限公司
规　　格	710mm×1000mm　1/16
印　　张	17.75
字　　数	400 千
版　　次	2015 年 3 月第 1 版　2016 年 1 月第 3 次印刷
ＩＳＢＮ	978-7-5100-9437-8/H·0907
定　　价	56.00 元

版权所有，翻版必究

《英语语言与英语文化研究文库》总序

一、语言定义与文化定义

（一）语言的定义

《辞海·语言文字》中指出：语言是人类社会最终的交际工具，它跟思维有密切的关系，是思维的工具，是人区别于其他动物的本质特征之一。没有语言，人类的社会生活就无法维持。从它的结构看，语言是以语音为物质外壳、以词汇为建筑材料、以语法为结构规律而构成的体系。

美国著名的语言学家萨丕尔（Edward Sapire）关于语言的定义为：语言是纯粹人为的，非本能的，凭自觉地制造出来的符号系统来传达概念、情绪和欲望的方法。它是一种文化功能，不是一种生活遗传功能。

《辞海·语言文字》与萨丕尔从不同的认识视角出发来论述语言的定义，体现其不同的研究对象和范围。

语言的定义可分为广义和狭义两种。从广义上来讲，语言是指人类用来交际、互通信息的所有的符号系统。可以说语言本身也属于文化范畴。从狭义上来说，语言则指人类用于传递文化信息的工具，也就是指谱写人类文化史的最重要的符号。

（二）文化的定义

关于文化的含义，一般来说有广义和狭义两种理解。美国著名学者萨姆瓦（Larry Samovar）对文化的阐释是：文化是一种积淀物，是知识、经验、信仰、价值观、处世态度、社会阶层的结构、时间观念、空间关系概念、宇宙以及物质财富等的积淀，是一个大的群体通过若干代的个人和群体的努力而获得的。文化是持续的、恒久的和无所不在的，它包括了我们在人生道路上所接受的一切习惯性行为。萨姆瓦对文化的阐释是广义的，即为人类社会历史实践过程中所创造的精神和物质财富的总和。

罗常培在《语言与文化》一书中认为：文化是一个复杂的总和，包括知识、信仰、艺术、道德、法律、习俗和一个人以社会一员的资格所获得的其他一切行为习惯。罗常培所定义的文化是狭义的文化，指社会的意识形态以及与其相适应的制度和组织结构。

文化最难定义，是因为它的含义广泛繁杂，表现形式多样。旧时中国的文化指封建王朝所施的文治和教化的总称。在现代汉语中，从广义来讲，文化指人类社会历史实践过程中所创造的物质财富和精神财富的总和；从狭义来讲，文化指社会的意识形态，以及与之相适应的制度和组织机构。除此之外，文化泛指一般知识，如"学文化"、"文化水平"等。梁漱溟给文化下了既有广义又有狭义的定义：文化，就是吾人生活所依靠之一切，俗常以文字、文学、思想、学术、教育、出版等为文化，乃是狭义的。文化之本义，应在经济、政治乃至一切，无所不包。

在西方，culture源于拉丁文，意指"耕作"，人们从"agriculture（农业）"一词里还能看到该词原义的影子。大概从19世纪开始，文化概念转移并被放大，英语及罗曼语中的"culture"一词被用来指人的社会修养，再后来指影响人的行为的文化因素，即一个民族的习俗和精神，包括"语言、思想、信仰、习惯、禁忌、符号、机构、工具、技术、艺术、仪式、标记等等"。

文化是一个复合的整体，其中包括：知识、信仰、艺术、法律、道德、风俗，以及人作为社会成员而获得的任何其他的能力和习惯。

文化的本质为：

（1）文化是经由社会习得的，而非遗传获得的。

（2）文化是一个社团成员所共有的，而非某一个人所独有的。

（3）文化具有象征性，语言是文化中最重要的象征系统。

（4）文化是一个统一的整体，文化中的每一个方面都和其他方面相互联系。

文化可分为四大系统：

（1）经济系统：生态、生产、交换和分配方式、科学技术、人工制品等。

（2）社会系统：阶级、群体、亲属制度、政治、法律、教育、风俗习惯、通史等。

（3）观念系统：宇宙观、宗教、巫术、民间信仰、艺术创造和意象、价值观、认识和思想方式等。

（4）语言系统：语音系统、字位学、语法和语义学。

"文化"是一个富有弹性的概念。就研究视角而言，它包括：哲学的文化概念、艺术学的文化概念、教育学的文化概念、心理学的文化概念、历史学的文化概念、人类学的文化概念、社会学的文化概念、生态学的文化概念。

二、文化与语言的关系

文化研究发展至今，一个较具概括性、广为接受的观点认为："文化包括一切人类社会共享的产物。"（邓炎昌、刘润清，《语言与文化》）文化可以说是人类所创造的一切物质产品与非物质产品的总和，它涉及并渗入到人类生活的方方面面。大则宇宙观、时空观、人生观、价值观，小则一切社会的生活方式、行为方式、思维方式、语言方式、宗教信仰、道德规范等等，都在文化这个复杂的、多元的、无所不在的现象所辐射的范围之内。

语言是文化的一个方面，是文化主客观的表现形式。语言作为一种社会现象和一种交际工具，无论从广义还是狭义角度来讲都理所当然地成为文化的载体，并在诸多方面体现文化。历史上，人类总是用语言来进行思维，然后创造新的文化，新的文化又创造出新的语言，新的语言又产生新的文化。文化与语言是共生存的、相互依赖的、互为关照的。它们如同汉字中的"伐"一样，"你"中有"我"，"我"中有"你"。文化是语言活动的大环境，各种文化因素都必然体现在语言文字之中。在语言活动中，处处都有文化的烙印，时时都可见文化的踪迹。著名语言学家罗常培说过："语言文字是一个民族文化的结晶，这个民族过去的文化靠它来流传，未来的文化也仗着它来推进。"（《中国人与中国文化》）

三、英语语言与英语国家文化

（一）加拿大英语与加拿大文化元素

加拿大英语（Canadian English, CaE）是一种在加拿大广泛使用的英语方言。有超过 2 500 万的加拿大人不同程度地使用加拿大英语，占到人口总数的 85%。加拿大英语的一个较大的特点表现在它的兼容性上，即它兼容了许多英国英语和美国英语双重的语言特征。加拿大英语可以被描述成是一种美国英语、英国英语和魁北克（加拿大的一个法语自治省）法语的结合。

加拿大英语是英语的一个分支，它的早期发展史同英语的另一大分支——美国英语的早期发展史相似。1770 年美国独立战争后，一条政治上的分界线把加拿大同美国分隔开来，加速了加拿大英语和美国英语之间的差别。200 多年后的今天，加拿大英语变成了与英国英语、美国英语大体相似，而又独具特色的区域性变体。

广义上的加拿大英语指的是加拿大几个不同区域的英语，如纽芬兰英语（Newfoundland English）、滨海诸省方言（Maritimes dialects）、不列颠哥伦比亚方言（Columbia dialects）、中部与草原诸省加拿大方言（Central and Prairie Canadian）等。

加拿大英语既受英国英语也受美国英语的影响，在加拿大英语中有不少"加拿大词语"（Canadianisms）。加拿大英语词汇反映了这个国家的特殊性。加拿大英语吸收了印第安人和因纽特人语言的词汇来指称某些自然现象。法语和英语同为加拿大的官方语言，两者相互对立、相互渗透，加拿大英语中的法语借词就比英语的其他国别变体多，有些英语里原有的法语词在加拿大英语中带上了别的转义。加拿大英语在历史上曾经受到英国英语的巨大影响，但现在主要受到美国英语的影响。

加拿大英语虽不是一种独立的语言，但却是一种独具特色的英语变体。加拿大英语经过上百年的发展已经成为一种独具特色的英语变体。加拿大与美国同在一个地域，美国英语在加拿大似乎无处不在。一方面，由于历史、地理等原因，加拿大英语兼具了美国英语和英国英语的许多语言特征，这种兼容性构成了加拿大英语的一个重要特征。另一方面，加拿大英语在同英语传统核心保持密切联系的同时，也产生了许多源于加拿大独特的历史环境和反映加拿大特有的文化传统的语言元素，形成了加拿大英语的独特性。此外，加拿大是一个多元化国家，所以加拿大英语另一个语言特征还体现在语言来源上的多元性。移民无疑是引发语言接触的一个重要因素。另一个对加拿大英语造成重大影响的因素是与其毗邻的超级大国美国。美国具有强大的平面和立体媒体的力量，美国在意识形态、社会、文化、经济、教育等各个方面都深刻地影响着加拿大英语和加拿大文化。

（二）澳大利亚英语与澳大利亚地域文化

社会语言学家认为，语言是一种社会现象，它不可能存在于真空中独立发展，而是受着存在于语言之外的各种社会要素的制约，如环境、社会地位、人际关系等。从环境角度来看，地理环境、社会环境、文化环境都会影响语言的发展。澳大利亚地域文化环境独特，对澳大利亚英语影响很大。

澳大利亚英语（AusE）是英语的地域变体之一，它最早起源于城镇语言，主要是英国东南部的城市语言和爱尔兰语言，由囚犯、冒险家和早期的自由移民从大不列颠带到澳大利亚，再经过与本土的土著语磨合，继而与来自不同文化背景的移民语言相结合，逐步形成了独具特色的澳大利亚英语。澳大利亚英语存在着一种很特别的民族性和多样性。

Australia 这一名称源于拉丁语 terra Australis，意为"南部大陆"。1606 年，荷兰的一位航海家最先发现这块大陆时，误以为是一块直通南极的陆地，即用拉丁文命名为terraaustralis（南方的土地）。

"Australian"一词最初于1814年用以指澳大利亚土著人，但不久使用以指居住在该大陆上的其他人。在语言学家谈及澳大利亚语言时，"Australian"一词往往用以指其原义，即澳大利亚土著人讲的语言，不包括澳大利亚英语及其变体。Australia的缩略词"Aussie"的不同拼写形式有Ossie以及Ozzie，其简化形式Oz的应用却大受欢迎。非正式的称为Aussie English，正式的称为AusE。澳大利亚人特别喜欢用-ie这个词尾。他们认为这个词尾用起来特别方便，它可以加在名词上，也可加在动词、形容词上，而且还可用来将长词缩短。

澳大利亚文化最为突出的特点就是它的多样性。从民族构成来看，澳大利亚是世界上的多民族国家之一，共有140多个民族生活在这片土地上，他们统称为澳大利亚人，其文化的多样性不可避免。澳大利亚民族的组成：从原始土著到英国殖民，欧洲各国移民，亚洲尤其是东南亚各国移民来此定居，这就使澳大利亚成为一个多民族、多文化的国家。多元文化反映到语言上的一个鲜明特征就是多语现象。澳大利亚使用的主要语言是英语，但是由于澳大利亚独特的地理位置、民族情况等诸多因素，在历史发展的进程中，演化出许多不同的英语变体。其中包括土著英语、移民英语、白人英语。澳大利亚英语从单纯的殖民英语发展成独具民族特色的地区英语。

澳大利亚英语的历史不过200多年，它虽然受大不列颠影响较深，但目前已发展成一种取向不完全同于大不列颠、也不完全同于美国，有着强烈地区性特色的语言。澳大利亚英语继承了英国英语的词汇。澳大利亚英语词汇在澳洲这一新的环境里得到了继续发展和丰富。澳英的词汇非常丰富而又具有特色，这与它独特的地域分不开。澳洲大陆的地理位置创造出独具特色的地域文化。所有这一切为澳英词汇的发展创造了极其有利的条件。

（三）英语与印度

由于政治、经济、军事、科技、文化、宗教、殖民掠夺等各种因素的作用，英语在过去300多年的时间里逐渐扩展到了世界的每一个角落，成为世界上用途最大、覆盖面最广的一种国际通用语。但是，这并不意味着世界上只有一种英语形式。恰恰相反，由于历史、地理、语言和社会文化环境等原因，英语存在着许许多多的地域变体。

英语的传播是伴随英国的殖民统治开始的。英语直到两次世界大战时才成为一门世界性的语言。在两次世界大战后，几乎所有国家都被卷入了全球化的进程中。广泛而快速的经济活动需要扫除这些国家之间语言上的障碍。因此，英语便成为满足这一需要的最佳选择。众所周知，在不同国家和地区使用的英语都有自己的特点。

印度在当今世界发挥着重要的作用。印度曾经是四大文明古国之一，因此有着悠久的历史和文明。印度是南亚最大的国家并且是世界第二大人口国，仅次于中国。印度曾是英国最大的殖民地，并且被英国统治长达200多年。英语在殖民统治之初便传入印度。在殖民统治时期，英语是印度的官方语言。即使在印度独立后，英语依然是印度的官方语言之一。

　　在英国殖民统治到来之前，印度是一个有着500多个邦国的国家，而且每个邦国都有自己的语言。出于统治需要，英国殖民者开始在印度精英阶层推行英语教育。在那个年代，人们认为会讲英语是有身份和地位的象征。尽管英国殖民统治给印度人民造成了巨大的伤害和损失，但是它的确给印度留下了一件宝贵的遗产——英语。

　　英语教育、西式教育系统的实施和西方科学思想的引进，培养了一批受西方文化影响的知识分子。这些人善于学习外国国家的长处，吸收了很多西方文化，并用新的眼光看世界。西方世俗主义思想深深地影响了印度超自然的生活方式，这使得印度传统文化发生了巨大的变化。他们接受了西方民主、自由和世俗主义，深刻地反映了印度的传统文化，在宗教、文学、法律和艺术领域发生了变革。古印度文化、旧风俗和社会制度，从未遇到过如此严峻的挑战和如此深刻的变化。西方文化的进攻促使印度学者开始重视印度传统文化。他们从经典文化宝库中寻求灵感以对抗西方文化。结果，印度文化出现了前所未有的分化，并且变得更加多元化。

（四）南非英语与种族歧视

　　语言是文化的载体，是一国文化的镜子。在种族隔离制度下的南非，英语既是种族隔离的内容之一，也是反种族隔离制度的工具之一，因此南非英语不仅深受种族隔离的影响，同时又影响着南非的种族隔离。

　　南非英语在多语言、多种族、多文化的复杂背景下发展、成长起来，在种族隔离时期，英语受种族歧视的影响，因此，南非英语的一些词语与表达不能仅从字面意思理解，更应该从深层次的隐喻角度进行诠释，发掘南非英语潜在的与种族隔离相关的含义。另外，南非推行种族隔离时期，新政策、新措施刺激了与种族隔离相关的新词新意的产生。隐喻在人类认知方面有两大作用：①创造新的意义；②提供看待事物的新视角。

　　火柴盒（Matchbox）和大象屋（Elephant-shack）在南非英语中用来指代黑人居住的贫民区房屋。南非种族隔离制度时期，南非当局借口黑人打扰白人的安宁、破坏白人的城市环境，将黑人驱赶出"白人城市"，在约翰内斯堡西郊划出一个西南城区，将黑人驱赶到那里形成贫民区。贫民区的房屋紧张，三四十人的集体宿舍屡见不鲜，南非人称之为火柴盒（Matchbox）。火柴盒的特点是很多火柴拥挤在体积很小的纸盒子里，是隐喻的源域；而南非黑人贫民区的房屋居住环境简陋、拥挤，屋子小而居住的人多，这是隐喻的目标域。火柴盒的特点与贫民区的居住环境具有相似性：火柴堆放在火柴盒里——居住拥挤。

大象屋（Elephant-shack）也是贫民区的房屋的一种。由于贫民区住房紧张，有人盖了许多简易房租给黑人，这些粗制的房屋都有微微拱起的屋顶，远远望去，拥挤的简易房好似大象的背，大象屋由此得名。

Gutter Education（教育歧视）亦源自种族隔离制度。根据南非种族隔离制度，南非社会的方方面面包括政治、经济、医疗以及教育都要根据种族区分开来。白人在舒适的学校享受良好的教育，黑人的教育则得不到任何保障。黑人只能在黑人学校上学。南非当局只关心白人的生活质量，不在乎黑人的生死，更不用说黑人教育。学校简陋，教师时有时无，教学资源匮乏，这些因素时常引发黑人反种族隔离的抗议运动，他们高呼"反对教育歧视，反对 Gutter Education"。Gutter 的基本义是"排水沟"。Gutter 使人联想到脏、乱、差，地位卑微，被人忽视等，因此，Gutter Education 使人联想到南非种族隔离制度下，黑人教育的学校简陋、备受南非当局歧视、社会地位低下等状况。

通行证（Dompass）是南非种族隔离制度下的又一特有产物。南非当局将黑人驱赶出"白人城市"，只准他们到指定的地方安家，并不许他们随意外出。南非白人政府颁布了"通行法"，该法规定黑人外出必须携带白人签发的通行证，警察可以随意在街头抓捕不能出示通行证的黑人，其至任何一个白人小孩都可以要求黑人出示通行证。通行证是一个套在黑人身上的沉重枷锁。南非人赋予该通行证一个特别的名字：Dompass。Dompass 由"哑巴/沉默通行"（dumb pass）发展而来，pass 即通行、通过的意思；dumb 指"哑的，无声音的"。用 Dompass 即 dumb pass 来隐喻通行证，生动地为我们展现了这样一个情形：南非街头，警察拦下行走的黑人，索要通行证，黑人出示文件，然后被放行。整个过程无需只字片语，"Dompass"一词用得非常贴切，令读者体会到了种族隔离制度下，南非黑人的辛酸与无奈。

南非当局其至禁止把英国作家托马斯·哈代的小说 *The Return of the Natives*（《还乡》）和女作家安娜·休厄尔的儿童读物 *Black Beauty*（《黑美人》）摆上书架，因为前者有 Natives（含有"土著"之意），后者有 Black（含"黑色"之意）。

（五）新加坡英语与中华元素

英语与其他语言和文化的接触会产生两种结果，即全球化和本土化。"Glocal"（global＋local）一词反映了英语全球化到英语本土化的发展。随着20世纪90年代国际互联网的普遍使用，英语国际化的趋势更加势不可当。然而英语在国际化的同时，又出现了本土化倾向。带有强烈地域色彩的新加坡英语的出现就是英语本土化的最好例证。

新加坡英语是众多英语变体中的一种。早期英国殖民者在当地办起学校，英语从此被传播、使用。由于多种族聚居，人们最早使用的英语类似于一种洋泾浜英语，即语法简单，发音不稳定。尽管新加坡国土面积很小，仅有647.5平方千米，但种族、语言和文化却相当丰富。新加坡是除中国大陆、港澳地区、台湾地区之外唯一以华人为主，且华人占大多数的国家，华人主政堪称是一大优势。新加坡现有人口400多万，其中以华人比例最大，占77.4%；马来人次之，占14%；印度人占7.2%。

人际交往与语言接触属于二位一体的存在。易言之，语言就是人，人就是语言。语言的接触就是人的接触和交往，语言的影响就是人的影响。由于人种复杂，新加坡的语言背景自然也复杂起来。上述三大族及其他种族的语言又分为很多方言的语支，如以华语为母语的华人，其方言就达十几种。其他语言如马来语（新加坡国歌 *Majura Singapura* 就是用马来语创作的）和泰米尔语，也可细分为多种语支。这种移民社会所特有的复杂的语言现象，为英语在新加坡的落地生根，提供了得天独厚的有利条件。

受华裔的母语影响，新加坡英语中掺入很多汉语（确切地说是我国南方方言）的词汇及语法，非英语成分很大，具有很强的混合语的特征。随着一代又一代的新加坡人以母语的形式学习这种英语，使它的语音、语法、词汇逐渐定型，最终形成现在这样一种成熟的英语变体。严格意义上讲新加坡英语已不是 Standard English（标准英语），而是形成了特有的 Singaporean English，也称为 Singlish（新式英语）。Singlish 的使用得到社会的认可，但新加坡前总理李光耀批评这种 Singlish 为 slovenly，不规范而且邋遢、懒散，并鼓励国民学讲 clear and clean English。然而提到学习语言的情况时，新加坡民众认为 Standard English 不是他们自己的语言，而且永远也不会成为自己的语言。Singlish 的赞同者说，Singlish 是英语这棵大树的一个新的、独一无二的、有生命的分枝。为 Singlish 辩护的人说，标准英语的语类很多，爱尔兰人的花言巧语、伦敦的方言、澳大利亚的土腔，而 Singlish 就是这个多口音俱乐部里的最新成员。新加坡前驻联合国大使 T. B. Kob 曾经说道："当我在国外开口说话时，我希望我的同胞很容易就能识别我是新加坡人。"这句话典型地反映出新加坡人对新加坡英语"地区性"和"民族性"的要求。

（六）新西兰英语与毛利语言文化

新西兰有两种语言和两种文化——古老的毛利语言和文化与移植的欧洲语言（英语）和文化。在新西兰，人们会时刻感觉到传统的毛利文化和毛利语言。新西兰是一个主要由两个民族——欧洲白人移民和土著居民毛利人组成的国家。欧洲白人移民大批迁入新西兰后，英国移民与其他欧洲国家的移民相互融合，形成了一个新的民族——英裔新西兰人，而当地的土著居民毛利人则是新西兰重要的少数民族。因此，长期以来新西兰存在着两种语言和两种文化，即英语与移植的欧洲文化和古老的毛利语言和文化。

从殖民历史来看，新西兰毛利人的命运不同于美国的印第安人和澳洲的土著人。毛利人较早在社会生活甚至婚姻上与白人结合起来。并且由于毛利文化整体性较强，其本民族语言文化的根并没有在殖民统治中被砍断。毛利文化在新西兰一直占有一席之地。现在，新西兰有140多所小学开设毛利语言文化课，有毛利语广播电台，1980年后还成立了毛利电视制作中心。而在两种语言并存的社会里，语言的相互渗透和融合是不言而喻的。不少毛利词汇进入新西兰英语中，大大丰富了英语的表现力。

英语国家在世界政治、经济舞台上占有非常重要的位置，英语已成为一种世界性的语言。但不同区域的英语有其自身的独特性。在经济文化交流日趋频繁的今天，了解、掌握英语的区域性特点，有助于跨文化交际的顺利进行。而词汇作为语言最基本的元素，是值得首先关注的对象。对新西兰英语词汇特点的探讨有助于我们对英语这一世界性语言的全面认识。

人们对新西兰英语持不同见解。有人认为，新西兰英语不纯正，不规范，是全球最难听的方言。还有人认为，新西兰英语是乡巴佬英语，不可登大雅之堂。这类观点当然是偏见。新西兰英语因地理位置、毛利语等因素的影响而别具一格，正因为此，它才值得我们研究。

（七）美国英语与美利坚多族裔文化

美国是一个十足的、典型的世界各国移民的汇集之所，它的民族形成是人类历史上颇具特色的一章。美国的国民来自世界上不同的民族，操持着不同的语言，有着迥异的文化背景，代表不同的肤色和不同的宗教信仰。美国国玺正面的拉丁文 Epluribus Unum（万众一体）是美利坚合众国的箴言。美国英语是"合族国"人们用于社会交往、思想沟通和信息传递的工具。为了表达美利坚民族独具一格的特征，美国英语独创和发展了大量极富美民族文化内容的词语。它们是人们了解美利坚的族裔构成、族裔渊源和族裔文化不可缺少的史料。

语言是与时共进的，美语中的部分新词语显然与美国多族裔文化有关。在美国，大量来自西班牙语国家的移民在使用英语时将许多西班牙语的词汇搀杂到英语中来，美国英语和西班牙语杂交，例如：faxear（发传真）、la jacket（夹克）、taipear（打字）等，这种现象在美国英语中叫 Spanglish（Spanglish 为 Spanish 与 English 的混合词）。

19世纪40年代以前，现在美国南部的大片领土，例如得克萨斯州、加利福尼亚州、新墨西哥州；重要城市，如洛杉矶、旧金山等，都属于墨西哥。1948年美墨战争，墨西哥战败，墨西哥政府被迫将上述土地割让给美国，大批原来的居民成了"美国公民"。但是，他们仍然保持原来墨西哥的风俗习惯，而且100多年来世世代代相传。美国英语中的"Mexicanization（墨西哥化）"一词就是这一事实的写照。

Thanksgiving（感恩节）是美国的一个最大的传统节日。从感恩节的名称看，它似乎是一个宗教的节日，其实并非如此。感恩节起源于当时北美的英国殖民地普利茅斯，移居该地的外来移民于1621年获得丰收后，在这一天举行欢庆，以感谢上帝赐予丰收之"恩"。美国独立后感恩节逐渐成为全美国性节日。欢度感恩节时美国人在习俗上一定要大嚼的turkey（火鸡）也与美国早期移民有关。当美国人的祖先移居到新大陆，初登陆他们就遇到农业欠收。正值寒冬来临，移民以为在劫难逃，就听天由命，不料在这绝望之际，从远处飞来了一大群火鸡，这才使他们绝处逢生。人们一直以为是上帝给他们恩施火鸡渡过难关，因而为"感"此"恩"，形成吃火鸡以纪念的习俗。

19世纪末美国"淘金热"期间大批中国劳工在美国爱达荷州的山区做苦工。一个深受疾病折磨的中国劳工预感到自己将不久于人世，于是爬上了一处山顶，等待着死亡的降临。后来，人们只发现了他尸体的一些碎片，其余已落入野兽之口。在附近干活的矿工为了纪念他，将这座山命名为Chink。

产生于美国英语的"immigrant（从外国移入的移民）"一词于1789年问世。美国英语中nativism也与移民有关。Nativism意思是美国的本土主义，其实质是美国历史上的一场以排外思想为理论根基，以反对天主教、犹太教、亚洲和拉丁美洲移民为主要任务，以维护美国白人主流文化为主要目标的运动。U.S. English（美国英语）是1983年建立的一个全国性的本土主义者的组织。Americanization特指美国历史上20世纪上半叶掀起的同化外来移民的"美国化"运动，其目的是要使移民不但在思想上认同美国的自由、平等和民主观念，而且要在生活方式上与美国白人社会相适应。美国英语中没有"英国方式"、"中国方式"、"日本方式"、"阿拉伯方式"等专门术语，但却有"Americanism（美国方式）"一词，"Americanism"一词的产生也与美国的移民息息相关。

美语中"nigger"这个词来自拉丁语niger，最早的文字记载可追溯到1786年，当时的奴隶主用这个词来称呼他们的非洲裔奴隶。Wigger由white（白人）和nigger（黑人）结合而成，意指"采纳黑人文化的白人"。"Negro"一词源自negroid，意思是"黑人人种"。美国的黑人可能来自海地、牙买加、塞内加尔、尼日尔、佛得角、埃塞俄比亚或索马里。当今美国黑人的"根"千差万别。因此在美国英语中，在更多的情况下，African-American/Afro American（Aframerican）与 Black/Black American 同时被使用。此外，就拿"黑人英语"这个术语的表达方式来说，就有好几种：Black English、African American English、Vernacular Black English、African American Vernacular English、Ebonics（Ebony ＋ Phonics 黑色的语音学）。

在美国，除了最常用的称呼 white 表示白人外，另一个称呼白人的词是 Caucasian。"Caucasian"一词源自 Caucasoid（白人种）。Caucasian 一般是指北欧、东欧和西欧人的后裔。美国白人被统称为白人种族，后来用 Caucasoid race（高加索种族）代表白人种族。

20 世纪 60 年代之前，美国的拉丁后裔缺少一个单一的称呼，不管他们是否出生在美国，一般是将他们分别称呼。1978 年，Hispanic 这一称呼创立了出来，于是所有西班牙语裔的美国人都归纳到了这个称呼之下。Latino 这个称呼比 Hispanic 的范围要窄，其仅仅表示西半球的拉丁国家在美国居住的后裔。Hispanic 这个称呼现在美国运用得越来越广，不仅包括西班牙语的民族，还包括不讲西班牙语的巴西人、海地人等。

族群关系紧张和种族歧视，一直是造成美国最大内伤的社会痼疾。美国主流社会同伊斯兰教徒、少数族裔的相互猜忌，族群矛盾同宗教矛盾、文化矛盾、移民问题、外国人的法律地位问题等纠缠在一起，日趋复杂。美语新词 Islamophobia（伊斯兰恐惧症）的出现则是由于很多美国人把 Islamism（伊斯兰教）等同于恐怖主义的结果。

美国社会把亚裔美国人不当作真正的美国人的现象是非常普遍的。"Oriental（东方人）"一词含有贬义，是一个带有侮辱性的名称。Oriental 这个词贬低了亚洲人，它是在 17 世纪英国向东方扩张势力时出现的。生活在欧洲东部的人一概被称为 Oriental，意思是看起来充满神秘和异国气息的，有着塌鼻梁和黑头发的人。Asian Americans、Easterners、Asians 这样的称呼不受亚裔美国人喜欢，因为这样的范畴掩盖了日裔、韩裔、华裔等亚洲人之间的重要文化差别。他们有自己独特的文化传统和风俗习惯，有自己的"母国根"。因此，很多亚裔美国人更愿意被称为 Chinese-American、Japanese-American、Filipino-American 等。

英语"indigenous"一词虽然有本土的意思，但印第安人却被称为土著民，因此不被当作美洲的主人来看待。印第安文化也就被视为土著文化而没有被称为本土文化。20 世纪 60 年代开始使用的 American Indian、Native American 称呼纠正了哥伦布把美国原著民称呼成 Indian（印第安人）的错误。如同美利坚其他民族都在保留自己的风俗与传统，并努力表现各自的文化特色、各自的身份个性一样，同样的情况也发生在美国印第安人的称谓上。虽然一些美国印第安人认为 American Indian 和 Native American 这两个称呼可以互用，单独的 Indian 这个称呼也可沿用，但大多数的印第安人更愿意被称呼为能代表各自部落和文化的称谓，如 Shone、Kiowa、Apache、Seminale、Navajo、Cherokee 等。Inuit（因纽特人）也不愿意被称为 Eskimo（爱斯基摩人）。

在美国英语中，"minority（少数族裔）"一词是 nonwhite（非白人）的意思。在美国，只要说"我是 minority 美国人"，那么美国人就知道，说话人的意思是说他是黑人、拉美裔、亚裔、印第安人或是任何其他混血种人。西班牙裔、黑人、亚裔、印第安人与阿拉斯加原著民、夏威夷土著与其他太平洋岛民等，都被称为美国的"少数民族"。

在美国英语中，race 与 ethnicity 在释义上是有区别的。美语中，race 是以"皮肤颜色"为区别、以生理特征为依据的概念。Race 是美国的一种社会结构。Ethnicity 的概念从 20 世纪中后期开始在美国流行。在美国人看来，ethnicity 可以用来描绘某一个种族文化的内容，包括语言、宗教、社会礼仪和其他行为方式。通常在美语中，ethnicity 这个词的形容词 ethnic 可与 group 连在一起使用，而 race 的形容词 racial 则不与 group 连用。美国人认为，ethnicity 是多样化的，是容易改变的，而 race 则是不可改变的。

（八）英国英语与不列颠人的岛性

就不列颠人的心态而言，他们是"岛民"。莎士比亚《理查二世》第二幕第一场里老约翰说得明明白白。他说：这大自然为自己营造，防止疾病传染和战争蹂躏的堡垒，这英雄豪杰的诞生之地，这小小的天地；这镶嵌在银色大海里的宝石，那大海就像一堵围墙，或是一道沿屋的壕沟。

从地理位置上看，英国是孤悬于欧亚大陆之外的岛国。英吉利海峡和多佛海峡把英国和欧洲大陆分开。"海峡"的确给英国人造成"一个英国，一个欧洲"的深厚观念。有一句格言说得好：地理创造历史。"岛国"的特殊地理位置使它长期游离于欧洲社会的主流之外。不列颠人的"岛性"极强，总是自以为了不起，以老大自居。当英格兰人主宰着大英帝国，大英帝国又主宰着世界的时候，那种傲慢无礼的表现尤为突出。历史上，英国曾几次被外族人入侵，不但没有被异族同化，相反却同化了入侵者。历史上，诺曼人用武力征服了英国，但是不列颠人却用自己的民族语言 English 战胜了统治阶级的语言 French。这对于一个蒙受耻辱的"岛国"民族来说无疑是一种由衷的骄傲。就英国的国名而言，Britain 虽多次历经外族人的入侵，但不列颠人不仅捍卫了 Britain 这一国名，而且还要在 Britain 前面冠以 Great，这在世界其他国家的国名里是没有的。

不列颠人生活在一个海岛上，在某种程度上远离席卷欧洲及其他地区的政治、社会动荡。欧洲大陆上的许多国家经历了统一、分裂、战争、重新统一和彻底改造的过程，而英国的制度只是以温和的方式发生了某些变化，而且往往是在最后的时刻。在这整个时期，英国一直是一个君主立宪制国家。它根本就没有进行大动荡的欲望。英国有一个较美国或其他欧洲国家更长的历史，较长期的封建统治使英国人更具容忍、安于现状的品质。即便是创建了大英帝国也没有改变岛国人思想守旧的基本特征。历史上英国是个 Monarchy（君主国），如今它仍然是 Monarchy。英国的国歌仍旧是 *God Save the King/Queen*（《神佑吾王》）。岛民所固有的保守主义，使变革对他们没有什么吸引力。历史悠久的英国文化造成了社会生活中根深蒂固的沿袭先例的传统，英国人习惯于遵奉惯例的习性、接受传统的约束。"Conservative"一词可以说就是岛国人顽固的保守传统的写真。英国的两大主要政党之一的保守党就是用 Conservative 冠名的。斗转星移，时过境迁，大英帝国已如明日黄花，但英国还留恋其传统：对欧洲的孤立。

每个传统的英格兰家庭都有一个房间、一间阁楼、地窖或车库，里面堆放着各种杂物，从古时的老古董到近些年图案古怪的成卷墙纸。这反映出岛国人的一种"死不悔改"的生活态度。岛国人穿越时间，就像他们真的穿越空间那样，拖着一堆毫无用处的行李。在现代社会中，电力和天然气用于室内保暖和取热在很长一段时间内已经完全替代了煤火的使用。但在一般英国人的居室内仍旧设有虚设的 fireplace（壁炉）。在英国，法官和律师出庭时须戴环形卷发发套，或称 wig（假发），迄今已有 300 多年的历史。近些年来英国庄严肃穆的法庭也与其他国家的法庭一样正逐渐现代化，电脑和其他高科技产品已涌入法庭。但英国法律界的守旧势力根深蒂固，法官及律师戴 wig 出庭的规矩却岿然不动，不肯退出历史舞台。

近几个世纪以来，英国由一个蕞尔小邦发展成为海军强国、工业强国，帝国的强盛和优越的地位使英国人坚信盎格鲁-撒克逊文化的完美，油然而生民族自豪感和爱国心，海岛大国的特殊位置又赋予了英国人退守岛国的保守而超然的欧洲惯性思维。不列颠人常说自己的国家是"四个民族，一个王国"。一个王国就是联合王国，四个民族就是今天的英格兰人、苏格兰人、威尔士人和爱尔兰人，这四个民族都是古代若干来自欧洲的种族和部落互相斗争、互相结合、长期演化的结果。

戴卫平

2015 年 1 月

前　言

　　如果从450年盎格鲁-撒克逊人定居英国时所使用的古英语开始算起，英语发展至今已有1 500余年的历史。在这段历史中，英国经历了外族入侵、中世纪的封建社会、资产阶级革命、工业革命、海外殖民和扩张等历史阶段，形成了与众不同的历史文化。语言从来都是社会文化的产物，其演变发展的历史与社会变迁、文化演进密不可分。作为最多国家使用的官方语言，以及世界上使用最广泛的第二语言，英语历来是语言学习者和研究者关注的焦点。本专著从语言和文化维度、历时和共时角度研究英语（词汇）及其与英国文化之间的互动关系。

　　本书由二十四篇论文组成，每篇围绕一个主题自成一体，彼此之间又相互关联，形成一个完整的研究体系。"走进英国"作为全书开篇，对英国的地理、宗教、社会、历史、文化进行了鸟瞰式的概述，主体研究内容主要分为三大板块：第二篇至第五篇聚焦英语的流变，即从历时角度考察英语的发展演变历史，包括英语的方言和变体种类、英语国际化和本土化进程；第六篇至第十篇关注英国的王室和政体，作者从政治历史视角解读英国的王室、政体及英国与其他欧洲国家的政治外交关系；第十一篇至二十四篇从词汇的微观层面透视英国历史发展进程和特有的社会文化现象。以下将分别对各板块内容进行简要概括。

一、英语的流变

　　英语是大不列颠（英格兰、苏格兰、威尔士）和爱尔兰（北爱尔兰、爱尔兰共和国）使用的主要语言。英语本来在这里诞生，但是由于英语有了其他国别变体，这里的英语就称为英国英语（British English）。大不列颠群岛自北至南可分为爱尔兰英语、苏格兰英语、英格兰英语、威尔士英语等四个大方言区，其中每个大方言区又可分出若干小方言区，在语音、语法和词汇方面都有各自的特点。英国英语原本就是融合了多种方言发展而来，如果没有那些多姿多彩的方言，英国英语就会变得非常贫瘠和单调。

自殖民时代开始，英国就将象征着权势和地位的英语推向整个世界。随着美国的日益强大和当代国际互联网的发展，英语在语言和文化方面的霸权地位不断加强，英语逐渐成为世界性的语言。目前，世界上大约有75个国家和地区将英语作为第一语言，或作为政府、法律和教育领域的语言，或第二官方语言；有的国家将英语作为第二语言（English as Second Language, ESL），或附加语言（English as Additional Language, EAL）；有的国家将英语作为外语（English as Foreign Language, EFL）。英语不再是英国、美国、澳大利亚、加拿大、新西兰诸国的专利。从20世纪80年代开始国外陆续出版了以研究Englishes为主题的杂志，如 *English Worldwide*（《世界英语》）、*English Today*（《今日英语》）、*World Englishes*（《世界英语》）、*Asian Englishes*（《亚洲英语》）等。随着New English、New Englishes、World English、World Englishes、Global English、International English、International Englishes、Englishes、Cosmopolitan English、English as a Lingua Franca、English Languages的使用日渐普遍，WE-ness（世界英语概念）已经形成。

在漫长的传播与发展过程中，英语通过与世界各地语言和文化的接触而产生了许多英国本土以外的变体，如英国英语、美国英语、澳洲英语、非洲英语、印度英语、远东英语、加勒比英语、洋泾浜英语等，它们既以标准英国英语作为共核，又有所区别，形成了各具文化特色，带有地缘政治、经济和民族特色的多种英语变体。每一种变体在语言的各个层面，如语音、词汇、句法、语篇、文体等，都或多或少地带有本土的特色。而即使在一国之内也可能有多种英语变体存在。剑桥大学出版社2003年出版了英语研究丛书，其中《中国英语的社会语言史》（*Chinese Engslishes—A Sociolinguistic History*）一书的作者Kingsley Bolton用"Chinese Englishes"一词涵盖了"广州皮钦语"、"中国式混合英语"和"中国沿海英语"，公开宣称英语在中国不止一种变体，而是多种变体共存。学者高超在《世界英语理论与中国英语研究综述》（2009）一文中对中国英语的特征进行了如下概括：

（1）它是英语全球化和本土化的产物；

（2）享有英语的所有权，是世界英语大家族的重要组成部分；

（3）是一种规范、合理的使用型变体；

（4）能够反映中国社会文化特色；

（5）有两个主要功能：既是国际交流的工具，又被广泛用于国内诸多领域，如经济、外贸、外交、政治、科技、旅游和各种媒体；

（6）中国英语主要体现在语音、词汇、句子和篇章等层面，依赖语音、词汇和语义的结合；其中词汇层面的特征最为显著。

英语在加速全球化的过程中带来了广泛的本土化。英语在很多国家和地区的发展已经产生出诸多带有浓厚地域特色的英语变体。当今世界上任何一个地区所通用的英语都有其独特之处。英语在当今世界正担负着一种新的使命，并被赋予新的生命力。

二、英国王室与政体

英国是君主立宪制（constitutional monarchy）国家，英国君主是英国及英国海外领地的国家元首，男性君主称为国王（King），女性君主称为女王（Queen）。英国国王（King）或女王（Queen）是世袭的国家元首，议会的重要成员，司法的首领，全国武装部队的总司令和英国国教的世俗领袖。英国现任的君主是1952年6月2日登基的伊丽莎白二世女王。

伊丽莎白二世即位的时候，大英帝国已走上没落之路，不可一世的"王权"被英国人打倒，她这个女王成了一个"统而不治"（reign but not rule）的人物。有人把她说成"偶像"，有人把她比作一个"摆设"。但事实上，英国女王作为国家元首，是国家和民族团结的象征。伊丽莎白二世在位的62年（截止到2014年）间，英国首相换了10余位，当过美国总统的也有10人之多，可女王却稳坐王位。可以毫不夸张地说，她是我们这个剧烈变迁的时代最沉默也最尊贵的见证者。近年来，人们虽然时常听到以"共和制"取代"现代君主制"的呼声，但究竟用什么样的共和制取代目前的君主制，迄今还没有人拿出令人觉得较为清晰的蓝图。此外，英国王室与以往已有很大不同，在保留传统的各种盛典仪式的同时，王室成员走出了高墙深院，与社会各界建立了各种联系，这对王室的延续自然起到很好的作用。

鼎盛时期的大英帝国，被称为"庞然大物，巍然屹立，叱咤风云，左右世局"。英国本土的面积并不大，但它在从非洲到亚洲，从拉丁美洲到大洋洲的广阔范围内曾拥有众多的殖民地和自治领域，构成了一座"日不落帝国"的大厦。但随着时代的变迁，尤其是全世界的民族独立呼声不断高涨，这座帝国大厦在20世纪30年代便开始出现裂缝。英国政府出于无奈，不得不以英联邦的形式替代原来的英帝国。英联邦（British Commonwealth of Nations）是一个以英国为主导的国家联合体，由多个主权国家（含属地）所组成，成员大多为前大英帝国的殖民地或附属国。随着英联邦内部联系越来越不稳定，如今英国已不再是英联邦的主宰，英联邦也只是一个供各成员国进行政治、经济磋商与合作的松散组织。

出于意识形态、自我定位、文化传统以及经济上的考量，英国有着根深蒂固的疑欧主义情绪，总是对欧洲大陆保持着一种若即若离的状态，在欧洲一体化进程中常以反对者的面目出现。比如，欧盟有 28 个成员国，英国是其中之一。但是，它既不使用已有 17 个欧盟国家使用的统一货币欧元，也不加入已有 26 个欧盟国家参加的申根签证协定。这就给人一个印象：英国与欧盟显得有些格格不入。

三、英语词汇与英国文化

语言具有鲜明的社会特征，它记录和反映一个国家的历史。词汇是语言的基础，是语言大系统赖以存在的支柱，社会的变迁、民族文化的发展，经过历史的积淀而结晶在词汇层面上。透过词汇这块英国历史文化的化石，我们可以了解英国所经历的历史发展进程和特有的历史文化现象。

本书第十一篇研究英国人姓名与英国文化之间的关系。姓名作为人类社会发展进化的历史产物，与社会文化之间有着广泛而密切的联系。英语姓名作为英语文化的结晶，其文化内涵极为丰富。它从一个侧面反映出英语民族的历史演进、宗教信仰、伦理规范、道德观念、生态环境、生活生产方式、社会心理等方面的文化信息，是研究西方古代文明和现代文化的重要史料。比如人们崇拜和爱戴那些传说中的英雄，崇敬和信奉人世间的真、善、美。英语中用来表示诚实概念的姓名有：True、Trueblood、Trued 等；表示忠诚概念的姓名有：Lautey、Leaty、Loyal 等；体现勇敢、坚韧和冒险的姓名有：Bold、Bolden、Sturdy、Brave 等。英国姓氏中有 Bywaters、Underbrush、Underwood 等，这与他们老家的地理环境密切相关；还有很多人的姓名源于职业，究其原因，是因为中世纪的英国是一个经济比较落后的封建社会，全国几乎所有的劳动者所从事的行业都与简单的手工业、贸易或行业生产相关，如 Cook（厨子）、Barber（理发匠）等。第十二篇考察英国地名与英国历史之间的关联。地名是一种社会现象，是人类社会交往的产物。它是人类社会出现以来，人们根据自己的观察、认识和需要，对具有特定方位、范围及形态特征的地理实体给以共同约定的文字代号。地名固然是符号标志，但同时也是一种超越时空的文化现象。英国有文字记载的历史源于罗马人的侵入。"Castra"（军营/营地）一词便是侵略者随后长达 300 多年军事占领的最好证明。罗马语 "castra" 一词的意义相当于英语中的 castle。英国众多的城镇，大小不一，都以一个从拉丁语词 castra 变化而来的词 -chester、-caster、cester 结尾，如 Colchester、Manchester、Leicester、Lancaster 等。这些城镇都是在以前罗马占领者的营地的基础上或军营的废墟上建设发展起来的。同时，地名也与该民族的活动紧密相连。Sussex 是英格兰南部的旧郡名。477 年撒克逊人入侵英格兰，其酋长率兵在此登陆，建立了南撒克逊王国，Sussex 名称即由此而来,它源于古英语 Suth Seaxe,意为"南撒克逊"。

第十三篇的主题是英国贵族词语与英国贵族体制。英国社会一直存在明显的等级区分,这主要是由贵族制强大而持久的影响造成的。在英国历史上,贵族制从未被彻底否定过,贵族等级制一直在英国起着举足轻重的作用,贵族文化已成为英国传统文化的重要组成部分。如盎格鲁-撒克逊时代就已有"Baron(男爵)"一词,到12世纪初国王的大部分高级世俗贵族都被封为男爵,其中少数与王室关系密切。封地较多者又被称为 Great Baron(大男爵),其地位在伯爵和男爵之间。很快,大男爵发生分化,显赫者升为伯爵,其余与普通男爵不分伯仲。正因为当时男爵在世俗贵族中占有了很大比例,以至于"Baron"一词长期作为贵族的集合名词使用。英格兰历史上由诸侯反对亨利三世的愚蠢政策而引起的内战就称为 Barons' War(诸侯战争)。诺曼征服后,贵族的封建领地就称为 Barony(男爵领地)。

第十四篇探讨颜色词与英国文化之间的关系。颜色词属于文化限定词,具有强烈的民族文化特征,每个民族都有自己的颜色观。在不同的民族文化中,同一种颜色,如黑、白、红、绿、蓝、黄,表达不同的文化心理,引起不同的联想,具有不同的文化内涵。第十五篇着眼于英语称谓语的文化解读。中英称谓语在亲属关系和社会关系上存在巨大差异,这种差异反映出各自鲜明的民族性,是民族心理和民族文化意识的折射。第十六篇聚焦英语"鱼、船"词语与岛国文化。英语与"鱼"、"船"结下的不解之缘体现在丰富多彩的鱼名、船名,英国人的姓名、职业,以及与鱼、船有关的谚语和隐喻上。分析英语中有关"鱼"、"船"的词语,有助于解读英国关于"鱼"、"船"的文化。第十七篇到第二十四篇依次研究人名系统、英语诗歌、委婉语、谚语、双关语、特色词语、英式幽默与英国文化之间的密切关系,从不同侧面探讨英语词汇和英国文化间的渊源。

本书体现出三个显著的特点:

第一,对英语流变、英国政体、英语词汇进行了深入系统的研究,而非蜻蜓点水式的肤浅介绍。全书以近40万字的篇幅对英语语言发展的各个侧面进行了细致全面的梳理。

第二,突破单一的语言层面,挖掘语言背后的社会文化现象。语言学习者如能透过语言表象把握背后蕴藏的历史和社会文化现象,便达到了语言学习的更高境界。由语言而了解这个国家的风土人情、逻辑思维、文化特征,这种立体、系统的文化认知将分散的语言点串联起来,会反过来有效地促进语言学习。

第三,跟踪语言研究的最近进展和社会热点,体现几个"新":①参考文献新,很多研究资料都选自近年的专著、报刊文章。②研究视角新,书中从认知隐喻角度对英国死亡诗歌进行分析,运用多模态话语分析理论研究英国视觉诗,都是最新的语言学理论和语言运用相结合的范例。③语料和数据新，如对英剧和英式幽默的解读选取了近年热播的英剧《IT狂人》片段，对英格兰和苏格兰的追根溯源为最近的社会热点——"苏格兰独立"提供了很好的注脚，文中相关数据统计也都更新到了2014年。

  本书是两位作者多年来对英语和英国社会文化研究的成果。修文乔博士撰写本专著中的17篇（约25万字），中国石油大学（北京）外国语学院MTI翻译团队的李言（1万字）、彭运佳（1.5万字）、袁野（2.5万字）、刘晓濛（2万字）、赵怡（1.5万字）、席玉婷（1.5万字）、武秀英（1.5万字）、王卓（1.5万字）和毕文芹（2万字）参与本书相关材料的编译工作。全书由戴卫平教授统稿。感谢世界图书出版广东有限公司学术出版中心（武汉）宋焱编辑的帮助和支持，感谢宋焱编辑为本著作的出版所付出的辛勤劳动。由于本书撰写时间有限，如有错误或疏漏，敬请广大读者不吝赐教。

修文乔 戴卫平

2015年1月

目 录

第一篇　走进英国 ··· 001
第二篇　英国英语 ··· 023
第三篇　英语与世界英语 ·· 031
第四篇　英语与英语国家 ·· 066
第五篇　Englisc、X-(g)lish、Englises、Englishes 与英语 ···························· 069
第六篇　英国与女王陛下政府 ·· 077
第七篇　英国与英联邦 ··· 082
第八篇　英国国王、女王与联合王国 ·· 089
第九篇　英格兰与苏格兰 ·· 093
第十篇　英国、英语与欧盟、欧元区、申根协定 ·· 099
第十一篇　英民族姓名与英国文化 ··· 106
第十二篇　英国地名与英国历史 ·· 112
第十三篇　英语贵族词语与英国贵族体制 ·· 121
第十四篇　英语颜色词与英国文化 ··· 132
第十五篇　英语称谓语的文化解读 ··· 142
第十六篇　英语"鱼、船"词语与岛国文化 ·· 148
第十七篇　英语人名系统研究 ··· 156

第十八篇　英语与视觉诗 …………………………………………………… 167

第十九篇　钱与英语 ………………………………………………………… 176

第二十篇　英语委婉语与英国文化 ………………………………………… 178

第二十一篇　英语谚语与英国文化 ………………………………………… 187

第二十二篇　英语双关语与英国文化 ……………………………………… 197

第二十三篇　英国特色英语词语与英国文化解析 ………………………… 207

第二十四篇　英剧与英式幽默 ……………………………………………… 235

附　录 ………………………………………………………………………… 256

第一篇　走进英国

本篇内容提要:"文化"是我国语言系统中古已有之的词汇,"文"本义为各色交错的文理,而"化"则是改易、造化、生成的意思。那么,英国,一个政治、经济和军事大国,一个拥有悠远而多元化历史的国度,在经过千年的积淀后,又有着怎样多姿多彩、灿烂辉煌、与时俱进的文化,从吟游诗人传颂的亚瑟王的传奇到历经磨难的贵族子弟培根的深邃再到隐居于昆布兰湖区的华兹华斯的浪漫,浓郁的英伦格调泽被后世。作为英国文化重要载体的英语,又是怎样诉述着古老而不沧桑、神秘莫测又气宇轩昂的大不列颠群岛的文明?

"从北京往西大约8 000公里,就是欧亚大陆的西部终端。从这里跨过一道海峡,有一个岛国,国名叫'大不列颠及北爱尔兰联合王国',我们通常称作'英国'。这个国家的面积仅有24万平方公里,在今天也只有6 300多万人口。"这是《大国崛起》中对英国的解说词。然而就是这么一座漂浮在大西洋上、远离欧洲大陆的孤岛,却搭上了工业革命的快船,航迹遍布世界,从西班牙人手中接过了"日不落帝国"的桂冠。

英国不仅没有因为地理位置而成为文化孤岛,反而使自身文化的产物——英语成为世界通用的语言。根据联合国教科文组织的调查,10多个国家以英语为母语,70多个国家以英语作为官方或半官方语言。随着全球化的深入,英语霸权已渗透至许多领域:政治、商业、社会、科技、网络乃至体育。单看我国,英语认证考试种类繁多,先不论这样的做法正确与否,英语的确搭起了我国与国际接轨的语言桥梁。英语作为跨文化交流的工具,反映了一种文化现象。若语言是鲜花,那文化便是滋养它的土地。本篇从地理、历史、宗教、社会等角度对英国进行了简要的概述。下面就让我们静下心来,一起去品味英国社会文化的魅力。

一、地理概况

国名：大不列颠及北爱尔兰联合王国（United Kingdom of Great Britain and Northern Ireland），简称联合王国（The United Kingdom）或英国（Britain），英文缩写为 GBR。

别称：约翰牛。

坐标：北纬 55 度 0 分 46 秒，西经 3 度 26 分 48 秒。

面积：24.36 万平方千米（包括内陆水域），由大不列颠岛（包括英格兰、苏格兰、威尔士）、爱尔兰岛东北部和一些小岛组成。英格兰占地 13.04 万平方千米，苏格兰占地 7.88 万平方千米，威尔士占地 2.08 万平方千米，北爱尔兰占地 1.36 万平方千米。隔北海、多佛尔海峡、英吉利海峡与欧洲大陆相望。它的陆界与爱尔兰共和国接壤。海岸线总长 11 450 千米。

首都：伦敦（London），欧洲最大的城市、全球最大金融中心、全球最为领先的城市之一。人口为 718.8 万（2001 年）。最热月份为 7 月，一般气温在 13—22℃；最冷月份为 1 月，一般气温在 2—6℃。2006 年 4 月，北京与伦敦结为友好城市。

国旗：呈横长方形，长与宽之比为 2∶1。为"米"字旗，由深蓝底色和红、白色"米"字组成。旗中带白边的红色正十字代表英格兰守护神圣乔治，白色交叉十字代表苏格兰守护神圣安德鲁，红色交叉十字代表爱尔兰守护神圣帕特里克。此旗产生于 1801 年，由原英格兰的白底红色正十旗、苏格兰的蓝底白色交叉十字旗和爱尔兰的白底红色交叉十字旗重叠而成。

国徽：英王徽。中心图案为一枚盾徽，盾面上左上角和右下角为红底上三只金狮，象征英格兰；右上角为金底上半站立的红狮，象征苏格兰；左下角为蓝底上金黄色竖琴，象征爱尔兰。盾徽两侧各由一只头戴王冠、代表英格兰的狮子和一只代表苏格兰的独角兽支扶着。盾徽周围用法文写着一句格言，意为"恶有恶报"；下端悬挂着嘉德勋章，饰带上写着"天有上帝，我有权利"。盾徽上端为镶有珠宝的金银色头盔、帝国王冠和头戴王冠的狮子。

国歌：《神佑吾王》（*God Save the Queen*，如在位的是男性君主，国歌名改为 *God Save the King*）

国花：玫瑰花

国鸟：红胸鸽

国石：钻石

科学节：1831 年开始，一年举办一次。

科学周：1994 年开始，在每年的 3 月举办。

圣诞节（Christmas Day），每年的12月25日，基督徒庆祝耶稣诞生的日子，是英国最大的节日。圣诞期间人们不仅能经常看到圣诞老人（Santa Claus 或 Father Christmas），而且还能吃到圣诞正餐（Christmas dinner）和圣诞布丁（Christmas Pudding），亲手装饰圣诞树，尽情欢度圣诞夜。

主要地貌：英格兰东南部平原、中西部山区、苏格兰山区、北爱尔兰高原和山区。

主要河流：塞文河（Severn River）是英国最长的河流，河长338千米，发源于威尔士中部，河道呈半圆形，流经英格兰中西部，注入布里斯托海峡。泰晤士河（River Thames）是英国的第二长河，也是英国最重要的河流，全长336千米。

气候：属海洋性温带阔叶林气候，终年温和湿润。通常最高气温不超过32℃，最低气温不低于－10℃，平均气温1月为4—7℃，7月为13—17℃。多雨雾，秋冬尤甚。年平均降水量约1 000毫米。北部和西部山区的年降水量超过2 000毫米，中部和东部则少于800毫米。每年2—3月最为干燥，10月至来年1月最为湿润。全国气候类型为温带海洋性气候。但据说，除了英国之外没有一个国家，仅仅在一天时间内可以经历四季。黎明时分，如同芬芳的春天；一个小时或稍迟会儿，乌云不知从何处聚拢，接着大雨滂沱；到中午温度下降了8℃或更多，如同严冬一般；再后来，下午后半时和夜幕降临前的一两个小时，天空晴朗，阳光普照，犹如夏日。（吴斐，2003）

资源：英国主要的矿产资源有煤、铁、石油和天然气。硬煤总储量1 700亿吨。铁的蕴藏量约为38亿吨。西南部康沃尔半岛有锡矿，柴郡和达腊姆蕴藏着大量石盐，斯塔福德郡有优质的粘土，奔宁山脉东坡可开采白云石，兰开夏西南部施尔德利丘陵附近蕴藏着石英矿。英国北海大陆架石油蕴藏量在10亿—40亿吨。天然气蕴藏量在8 600亿—25 850亿立方米。

人口：6 370万，其中英格兰拥有人口5 350万，苏格兰拥有人口530万，威尔士拥有人口310万，北爱尔兰拥有人口180万（2012年）。

民族：英格兰人占人口总数的80%，还包括苏格兰人、威尔士人、爱尔兰人等。

语言：英国名义上没有官方语，实际上以英语为主要语言。威尔士北部还使用威尔士语，苏格兰西北高地及北爱尔兰部分地区仍使用盖尔语。英格兰以外地区有其他官方语言，例如威尔士语（威尔士人口的26%使用）、苏格兰盖尔语（6万人使用）等。不列颠是一个可以划分为几个独立部分的王国，因而苏格兰、北爱尔兰（甚至可能还有康沃尔郡）都不宣称隶属于"英格兰"，因为它们的居民在严格意义上讲并不是"英格兰人"，它们是苏格兰人、爱尔兰人、威尔士人，大多数都喜欢说自己的方言，而这些方言又无法被其他地方的人们所理解。此外，世界各地移民到英国的人也讲自己的家乡语言，如孟加拉语、汉语、印地语、旁遮普语和乌尔都语等。

英国是印度以外印地语使用者最多的地方。

宗教：居民多信奉基督教新教，主要分为英格兰教会（Church of England）（亦称英国国教圣公会，其成员约占英成人的60%）和苏格兰教会（亦称长老会，有成年教徒66万）。另有天主教会和佛教、印度教、犹太教及伊斯兰教等较大的宗教社团。

二、英国历史

"Britain"这个词起源于希腊和拉丁词，而最终可能追溯到凯尔特语。有关英国历史的文字记载是从讲述凯尔特人开始的。"凯尔特"这个词语相当普遍地经常用来区分不列颠群岛的早期居民和后来的盎格鲁-撒克逊入侵者。

前55和前54年，凯撒两度率罗马军团入侵不列颠，均被不列颠人击退。43年，罗马皇帝克劳狄一世率军入侵不列颠，征服不列颠后变其为罗马帝国的行省。罗马人以位于泰晤士河口的伦敦为中心，向四面八方修起大道，连接各地的城市，使伦敦成为罗马不列颠统治和对外联系的中心。罗马人的统治从43年起延续了300多年。在罗马人于408年最后撤走之前，该岛开始遭到来自北欧的盎格鲁人、撒克逊人和朱特人的侵扰，经历了一段日趋混乱的时期。England这个词正是从Angles而来的。在此后的两个世纪中，侵扰逐步变成了定居，并建立了许多小王国。不列颠人在如今的威尔士和康沃尔地区独立生存下去。这些小王国中出现了力量较强称霸全国的王国，先是在北方（诺森布里亚王国），然后在中部（麦西亚王国），最后在南方（西撒克斯王国）。但是，来自斯堪的纳维亚的北欧海盗接着入侵英国并定居下来，尽管在10世纪时西撒克斯王朝曾击败过入侵的丹麦人并一度称霸英格兰的广大区域。

1066年发生了对英格兰的最后一次成功入侵。诺曼底的威廉公爵在黑斯廷斯战役中击败了英国人，来自法国的诺曼人和其他人来此定居。诺曼王朝（1066—1154）由此建立。在随后的3个世纪中，法语成为贵族的语言，法律结构受到了英吉利海峡彼岸所通行的那一套的影响，社会结构在某种程度上也受到了影响。

（一）大宪章及议会起源

威廉征服后建立起的强大王权对巩固封建秩序起到了积极作用，虽大封建诸侯时起叛乱，但终未能压倒王室。国王连年对外征战，需要诸侯们提供越来越多的军费。到金雀花王朝无地王约翰统治时期（1199—1216），君臣之间矛盾尖锐化。诸侯们要求维持封建权利义务，约翰王却肆意践踏既成的封建秩序，又在对外战争中失败，丢失了在法国的大部分领地。因此，不仅大封建主，就连支持王权的中、小领主乃至市民也投入到反抗国王的行列。在联合压力下，约翰被迫于1215年6月接受《大宪章》（The Great Charter），与封建主妥协。大宪章本质上是一个封建性文件，保护封建领主的利益；但也有如保护市民贸易自由这样有进步意义的条文，如"国王应当允许商人自由迁移"，"不能因小的过失而剥夺商人的商品、农民的马车和农具"。

在19世纪的大半个时间里，大宪章都被看作民主权利的基石。只是到了最后的50或60年里，历史学家批判地审视，把它视为封建文献，重新挖掘它的真实意义和重要性。正因为大宪章标志着封建社会发展的顶峰，并且准确地揭示了封建各阶层关系的本质，它同样也标志着封建社会的逝去。大宪章既代表着封建制度的鼎盛期，又提供了新发展的机会。但它并不是宪法文献，它没有体现不得随意征税的原则，也没有导致议会政治的产生，因为那时议会还不存在，它还没有确立陪审团审判的权利。因为实际上，陪审团是国家机器的一部分——这一点遭到大贵族最强烈的反对。

约翰不久就否认宪章，君臣之间内战连绵不断，1258年，亨利三世（1216—1272）为干预意大利战争，又向诸侯索取军费。1263年爆发的内战中，孟福尔在一些诸侯、骑士和市民的支持下获胜，一度俘虏亨利三世和王子爱德华，控制了国家。1265年，孟福尔召集有僧俗贵族、骑士和市民代表参加的大会，此为议会的胚胎。1295年，国王爱德华一世（1272—1307）为筹集战费，再次召集议会。除僧俗贵族外，会议还有每郡骑士代表2人、每市市民代表2人参加，史称"模范议会"。议会此后经常召开，1297年获批准赋税权，14世纪又获立法权。从14世纪中叶起，贵族和骑士、市民逐渐分别开会，慢慢演变出上下两院。议会的出现对以后英国历史的发展有积极意义。

（二）百年战争

百年战争（Hundred Years' War）起源于对法国王位继承问题的争端。当爱德华三世（1327—1377）统治英国期间，法国国王后继无人。爱德华宣称他应该成为法国的国王，因为他的母亲是最后一位法国国王的妹妹。法国贵族拒绝了他的要求，而让法国国王的一位远亲登上了皇帝的宝座。1346年，爱德华三世带兵登陆诺曼底，一场战争爆发了。

这场战争双方断断续续打了100年之久。期间，各有胜败。尽管战争早期，英国处于攻势，且一度占领巴黎，捕获法国国王。但随着时间的推移，由于在战争中开始使用枪支弹药，这极大地削弱了英国人弓箭的威力，英国的胜利也由此得不到保证。此外，法国女英雄——伟大的农民女儿贞德带领法国农民加入了战争。英国军队开始节节败退，直至1453年，英军完全被赶出法国。这场战争最终以移居英国的诺曼人的失败而告终。百年大战剥夺了英国国王在西欧大陆的继承权，但这给英国带来了意料之外的好处。战争中，随着欧洲大陆领土的节节失守，诺曼人开始将英国视为自己的家,并把他们自己归属于英国。14世纪末,英语被重新确立为官方语言,而法语实际上已停止使用。由于战争不仅没有提高反而降低了英国羊毛的出口量,所以英国尽心致力于羊毛纺织业的发展,这给英国带来了巨大的收益。战争同时也加速了英国封建主义的灭亡,因为在战争中引进了枪支弹药,这使得封建地主的城堡很容易受到猛烈的进攻。

(三)玫瑰战争

英法战争结束后不到两年,持续的无政府混乱和贵族的暴力统治引发了公开的国内战争。玫瑰之战从1455年到1485年持续30年之久,最终以血腥收场,终结了贵族统治阶级的自相残杀。但从表面上看,这场战争是爱德华三世子孙间为争夺王位而引发的王朝之战。从这个意义上说,这是爱德华三世政策失误带来的后果。本希望通过王室与大贵族的联姻将权力集中于一身,但没料到这样却使大量财富与土地集中到一小撮既有政治野心又有皇室背景的人手中。从长远来看,这不但没有加强皇权,反而促成了反对势力的集中,使得形势更加危险。爱德华于1483年逝世后,他的弟弟理查德带领旧贵族大量清除爱德华留下来辅助他年轻的儿子的新贵族。理查德将爱德华的孩子杀害后自立为王,但接着便发现自己卷入了同那些曾帮助他获得王权的贵族们的斗争中。

当亨利·都铎,一位要求继承王位的远亲抵达米尔福得港口时,在这个以叛逆和逃跑为时代特征的年代里,理查德发现自己身边几乎没有一个支持者。1485年8月22日的博斯沃斯战役,虽然双方出动的兵力很少,却标志着玫瑰战争的结束和随之结束的英国整个的一个历史时期。

经过1455—1485年的玫瑰战争(Wars of the Roses),旧贵族力量大大削弱,为资本主义关系的发展创造了有利条件,得到新贵族和资产阶级支持的亨利七世即位(1485—1509),开始了都铎王朝的统治。亨利七世建立的君主制是以一个新阶级关系为基础的、全新的君主政体。

(四)文艺复兴

都铎王朝期间,文艺复兴传入英国并达到巅峰。"文艺复兴"(Renaissance)这个词首先由意大利学者使用,原义是古罗马和古希腊文化的新生,但现代学者用它指1450—1600年欧洲国家所经历的政治、经济和文化的巨大变化。15世纪,古典文学艺术的宝贵财富被再度发现,美洲大陆也在此期间为人所知。人类思维豁然开阔,一个知识与冒险的新时期开始了。1453年土耳其占领了君士坦丁堡,横行于希腊和巴尔干半岛。希腊学者被迫逃亡。他们把古代文明的手稿带到意大利,这引发了人们对古文明的新兴趣。

然而，文艺复兴尽管继承了许多古代的成就，但并不是对古代成就的复制。绘画、雕塑等艺术作品有着新的特点与意义。很多人开始相信人类能够创造奇迹，人们的努力会赢得社会的尊重。过去教会所宣扬的被动地忍受苦难生活的理念，不再为人们重视。在这场运动中，激起人们在文学艺术领域里奋斗欲望的领导者们被称之为"人文主义者"。他们主张世界万物在理性面前都必须证明自己。不合理的事情不仅违背了上帝的旨意，而且也与人类世界的本质不符。人类有权享受生活的美好，并努力使之更加快乐。唯物主义哲学和科学思想开始向教堂信条和宗教神秘提出挑战。

都铎王朝支持并见证了文艺复兴在英国的传播，从而帮助推动英国社会向前发展，并且产生了大量经典著作。在当时众多名人中，克里斯托弗·马洛、本·约翰逊和威廉·莎士比亚是戏剧界最杰出的代表，他们的作品体现了后来被称之为"伊丽莎白戏剧"时代的特征。埃德蒙·斯宾塞用他的巨作《仙女皇后》（*The Faerie Queen*）——一部伊丽莎白女王的颂歌，把英国非戏剧诗歌推上了一个新的高度。约翰·弥尔顿的叙事诗《失乐园》（*Paradise Lost*）和托马斯·莫尔的散文《乌托邦》（*Utopia*）都是英国文艺复兴影响下的产物。弗兰西斯·培根写了一系列哲学和文学著作，充分体现了文艺复兴运动的精神。

（五）宗教改革

1529—1536 的 7 年，议会召开了一系列宗教改革会议，一致通过了一系列法令。这些法令切断了伦敦教堂与罗马的联系，使之处于自己国家的掌管之中。人们被禁止向教皇上诉，任教职第一年的收入和每户每年向教廷缴纳的一便士俸金也被取消。国王成为教会的首脑，有权任命主要教职和制定教规。

1536 年开始，宗教改革（The Reformation）的矛头直指修道院。议会指派了一个委员会，收集或编造修道院的一些丑闻，使充公行为在道义上合理化。依据他们的报告，376 间小修道院遭到没收。1539 年剩余的修道院也被没收。修道士们被完全孤立，以致无力反抗，他们和教区牧师间长久敌意使他们甚至无法从牧师那里得到支持。

仍有少数教会学校在迫害中幸存，其中的少数被捐赠给 6 个新主教管辖区。其余的则被国王拿去卖给贵族、侍臣、商人和大批投机商。这其中又有大多数被转卖给小地主、资本家和农场主。这样一来，一个庞大且有影响力的阶层形成，他们有最好的理由去维护宗教改革的战利品。政府分配修道院土地的行为从经济学角度看是失败的，但在政治上，它却是一个高招。在当时的情况下，它绝对确保了宗教改革的持续进行。

这项新举措产生了深远的影响，虽然这影响一段时间过后才得以显现——这就是英语版《圣经》的发行。《圣经》成了公有财产，而不是一本只有牧师才懂的语言艰涩的书，任何一个会识字的人手中都握着破解宗教神秘的钥匙。新教徒把圣经作为他们组织的教科书，把圣经学习作为他们一切活动的中心。对于16世纪乃至17世纪的人来说，圣经是改革者真正的指南手册，它使牧师的垄断统治摇摇欲坠。

（六）英格兰圣公会

眼下英国的许多热门话题都与英格兰圣公会有着千丝万缕的联系。比如北爱尔兰的流血冲突长达数十年，对阵双方分别是圣公会的新教徒和罗马天主教徒；查尔斯王子之前多年无法同卡米拉成婚，其中一个重要障碍在于该教会认为，离婚者不可在教堂里结婚。英格兰圣公会是英国的国教，独立于罗马教廷。基督教自1世纪中叶诞生以来，经历过一个漫长的演变过程。1054年，基督教分裂为天主教和东正教两大部分。16世纪，罗马天主教又爆发宗教改革运动，陆续派生出一些新教派（统称新教），英国圣公会即为其三大流派之一。当时，英格兰新贵族的资产阶级希望加强王权，削弱教会，摆脱罗马教皇的控制。另一方面，英王亨利八世与凯瑟琳离婚的申请，又遭到教皇的拒绝。1534年，亨利八世干脆促使议会通过《至尊法案》，规定英格兰教会不再受制于教皇，而以国王为最高领袖，英格兰圣公会从此成为英国的国教。其后，玛丽一世虽曾重修英格兰与教廷的关系，可到伊丽莎白一世却又恢复了英国圣公会的独立地位，并延伸至今。目前，英格兰共划分为南、北两个教区，分别由坎特伯雷大主教和约克大主教统辖，其中又以坎特伯雷大主教地位最高。英国其他地方也有圣公会，但均非国教，也不从属于英格兰圣公会。从管理上，该教会采取主教制，女王伊丽莎白二世作为教会的最高领袖，根据首相的建议，任命大主教和主教等。现在英国共有主教108位，其中24位资深的主教和两位大主教还在英国议会上院占有一席之地。

（七）英国资产阶级革命

16世纪后半叶到17世纪前半叶，资本主义经济迅速发展，经济实力日益强大的资产阶级和新贵族越来越不能忍受封建王权的专制统治。但詹姆斯一世和查理一世无视这些变化，坚持"君权神授"，大力加强英国国教，迫害要求"纯洁"教会的清教徒，并出售工商业专卖权，恢复早已废弃的苛捐杂税，致使矛盾激化。1628年，议会反对派提出反映资产阶级要求的《权利请愿书》，国王遂解散议会，实行11年无议会统治。为筹集军费镇压苏格兰长老派（清教中的保守派）教徒起义，查理一世被迫于1640年4月召集议会，3周后又解散议会，史称此届议会为"短期议会"。

同年11月，查理被迫第二次召集议会，这届议会一直存在到1653年，史称"长期议会"，是革命的领导中心。它的召开被认为是英国资产阶级革命的开始。1641年11月，议会向国王提出《大抗议书》；翌年1月，国王企图逮捕议会反对派首领未遂，逃出首都，8月在诺丁汉向议会宣战。

第二次内战初期，议会军节节失利。克伦威尔率领的主要由信仰清教的自耕农和手工业者组成的一支骑兵队伍，1644年取得马斯顿大捷，扭转战局，被誉为"铁军"。1645年初，议会按照克伦威尔的要求改组军队，建立"新模范军"，新模范军在1645年6月纳斯比战役中击败王党军队。翌年，国王被俘，第一次内战以议会军胜利告终。内战期间，议会先后通过法令，没收王党分子土地，拍卖给资产阶级，废除地主对国王的封建义务，但农民一无所得。战争结束后，革命阵营内部长老派、独立派和平等派之间矛盾激化。1647年底，查理国王逃跑，1648年2月，王党势力乘机又挑起内战，在独立派、平等派联合打击下，王党势力复被击败，第二次内战结束。1648年12月，克伦威尔清除了议会中的长老派；1649年1月30日，查理一世被斩首，同年宣告建立一院制共和国。资产阶级共和国先后镇压平等派和掘土派，征服爱尔兰和苏格兰，打败荷兰和葡萄牙。1707年，苏格兰正式并入英国，英国从此亦称大不列颠。1653年4月，克伦威尔驱散残余议会，12月建立护国政府，实行军事独裁。

1660年2月，斯图亚特王朝复辟。尽管查理二世和詹姆斯二世（1685—1688）力图复辟旧秩序，但革命期间发生的社会经济变革已不可逆转。1679年，围绕王位继承问题议会分成辉格和托利两派，这为近代政党的起源。1688年6月，信奉天主教的詹姆斯二世国王老年得子。为阻止天主教信徒继承王位，辉格党和托利党联合行动，邀请信奉新教的荷兰执政威廉来英国即位，11月，威廉率舰队在英国登陆，推翻复辟王朝。1689年2月，威廉和妻子玛丽同时登位，威廉称三世（1689—1702）；玛丽称二世于1689—1694年在位。这次政变史称"光荣革命"。光荣革命是地主贵族和资产阶级联合专政的开始，它所宣布的《权利法案》限制了王权，扩大了议会权力，奠定了英国君主立宪制的基础。近现代英国历史起始于17世纪中叶英国资产阶级革命。这是英国资本主义制度确立和发展的时期。

此后，英国议会君主制逐渐形成和发展，辉格和托列两党进行长期争权夺利的斗争。1714年，汉诺威王朝入主英国，辉格党取得长达60多年的政治优势。

（八）工业革命

资产阶级革命胜利后，资本原始积累更加迅速。议会法令使圈地合法化，圈地规模迅速扩大，在广大被圈占土地上建立起资本主义农场或牧场，被剥夺生产资料的农民成为"自由"劳动力，国内市场扩大。1689—1763年，英法为争夺殖民地屡开战端。法国资产阶级革命爆发后,英国政府在1793—1815年,积极组织并参加反法联盟。在整个18世纪,英国成为贩卖黑奴的国际中心。在国内,政府实行保护关税政策,高关税阻止外国商品输入,奖励本国工业品出口,以低税保护本国工商业的发展。以上种种原始积累手段为工业生产的变革提供了前提。

18世纪后半叶,在工业生产中出现并开始使用机器,这标志着工业革命(The Industrial Revolution)的开始。变革首先发生在棉纺织业领域。1733年织机中开始采用飞梭,18世纪60—70年代纺纱机普遍采用;18世纪80年代,蒸汽机投入使用。随着蒸汽机使用范围的扩大,特别是机器制造业的出现,工业革命迅速扩展到各部门。到19世纪30—40年代,各主要工业部门都采用机器,大机器生产在纺织业中已占主导地位。英国从农业国发展成工业国,工业革命至此基本完成。工业革命改变了英国的经济地理面貌,西北地区兴起一批工业大城市,人口也向那里集中。19世纪中叶,英国已成为世界上第一个工业强国,工业革命造就了两个新阶级——工业资产阶级和工业无产阶级,他们之间的对立和斗争成为英国工业资本主义社会的基本矛盾。

(九)议会改革与宪章运动

随着工业革命的勃兴,英国工商业资产阶级的力量渐渐壮大。他们的经济实力迅速增长,但缺乏与之相适应的政治权利。18世纪60—70年代,围绕威尔克斯和《北不列颠人报》事件,工商业资产阶级利益的代言人资产阶级激进主义者抨击国王的专横和议会的腐败,要求改革选举制度,取消"衰败选区",扩大选举权,在议会中增添新兴资产阶级的代表。他们的主张受到为乔治三世国王(1760—1820)所不信任的辉格党贵族的支持,辉格党人采取一些措施,进一步限制王权。18世纪末,在法国革命的影响下,下层人民群众掀起争取改革的运动,他们希望获得参政权以改善自己的经济地位,并对后来的改革做出了重大贡献。1830年,在各阶层人民的压力下,辉格党C•格雷政府提出议会改革法案,经过一年多的斗争,1832年6月,改革法案经议会两院通过、国王批准成为法律。1832年第一次议会改革法稍稍调整扩大了选举权,工业资产阶级获得政治权利,开始跻身于统治阶级的行列。

议会改革未给工人带来任何好处,他们为争取普选权进行新的斗争,宪章运动兴起。1838年,伦敦工人协会提出《人民宪章》,要求按民主原则改革议会。1840年成立全国宪章协会。1840年、1842年和1848年,宪章派在全国掀起3次群众性的向议会请愿的运动,在请愿书上签名者达数百万人,但请愿书都被否决,运动被镇压。1848年以后,运动转入低潮,逐渐销声匿迹。宪章运动虽未成功,但为工人阶级留下了宝贵的斗争遗产。

1832年议会改革后,托利党和辉格党逐渐改造成为近代资产阶级政党——保守党和自由党，两党轮流执政。19 世纪 60 年代初，在马克思、恩格斯的帮助下，英国工人投身政治斗争，支持美国、波兰人民的斗争，参与创建第一国际，在国内开展争取普选权的斗争。1868 年召开工会第一次全国代表大会，要求获得政治权利。19 世纪 80—90 年代，社会主义运动复兴，出现了"社会民主联盟"（1884）、"费边社"（1884）、"独立工党"（1893）等社会主义组织。工人运动中也出现新气象，广大非熟练工人纷纷组织起来，开展罢工斗争，号召工人队伍团结起来。1900 年，工会和社会主义组织、政党的代表共同组成"工人代表委员会"，1906 年委员会更名为"工党"。工党初建时只吸收团体会员，是各团体的选举联盟。1911 年，成立英国社会党。

（十）殖民扩张

英国的殖民地在 19 世纪猛烈扩张。1801 年合并爱尔兰，英国的正式名称为"大不列颠及爱尔兰联合王国"。同时，英国对亚洲的侵略继续扩大。19 世纪中叶，英国发动两次侵略中国的鸦片战争，参与镇压中国太平天国运动。它镇压 1857—1859 年的印度民族大起义，强化对印度的统治。1876 年，保守党迪斯累里内阁为维多利亚女王加冕，使其成为印度女皇。此后英国又称为大英帝国（或英帝国）（British Empire）。此外，在伊朗、缅甸、南非、埃及、东非、新西兰、澳大利亚等地英国也扩大侵略，还逐步对南美洲进行渗透，成为那里最大的投资者。1867 年，加拿大成为英国第一个自治领。

19 世纪末期，英国殖民扩张的重点转移到非洲，它从法国手中夺得了对苏伊士运河的控制权，进而占领埃及（1882）和苏丹（1899），积极参加殖民列强瓜分西非、东非和中非的争夺战。19 世纪末，英国在亚洲控制缅甸、阿富汗，1900 年参与镇压中国的义和团运动，并染指中国西藏，截至 1914 年，英国的殖民地已广布世界各大洲，殖民地面积计达 3 350 万平方千米，殖民地人口达 3.94 亿，是世界上最大的殖民帝国。19 世纪末 20 世纪初，英国向帝国主义过渡，1902 年国内已出现 57 家托拉斯及其他垄断组织，某些部门还加入了国际垄断联盟；银行资本与工业资本融合，财政寡头与大银行控制一切；资本输出大量增加。1899 年时食利者收入超过外贸收入的 4 倍。

（十一）两次世界大战

19 世纪 70 年代以后，英国逐渐丧失工业垄断地位。后起的德国、美国逐步赶上并超过英国，导致相互间矛盾的空前激化。20 世纪初，德国成为英国最危险的竞争对手。面对严峻的形势，英国政府积极扩充军备，尤其是海军。1908 年，自由党政府决定对海军实行"双强标准"原则，即英国军舰吨位不能少于两个最强的海军大国军舰吨位的总和。为对付德国，英国放弃 19 世纪奉行的"光辉孤立"外交政策，

1907年以后，英、法、俄"三国协约"（Triple Entente）实际上已经形成。它同已经形成的德、奥、义"三国同盟"（Triple Alliance）（1882）相对峙。1914年8月，第一次世界大战爆发，大战期间，英国派远征军到欧洲大陆，是西线战场主要参战国之一。1916年5月，英德海军为争夺海上霸权，在北海进行日德兰大海战。1917年，英国最终击败德国的"无限制潜艇战"，维护了它的制海权。战争中英帝国参战人员阵亡总数达50万以上。1918年11月，大战以德国等同盟国的失败告终。

20世纪20年代末到30年代初，爆发世界性经济危机，帝国主义国家之间矛盾加剧。德意日法西斯在东西方燃起侵略战火。新的世界大战迫在眉睫，英国对法西斯姑息迁就，纵容侵略。1937年，张伯伦出任英国首相后，更加变本加厉地推行绥靖政策。他改组国民内阁，扫除推行绥靖计划的障碍。1938年9月，他3次飞往德国会晤希特勒，并于9月29日伙同希特勒签订出卖捷克斯洛伐克的《慕尼黑协定》（Munich Agreement）。1939年9月，德国进攻波兰，欧战爆发，英国对德宣战。1940年4月，希特勒的侵略矛头指向西方，绥靖政策破产，张伯伦被迫辞职，主张对德国采取强硬政策的丘吉尔上台后，立即组织敦刻尔克撤退，把国民经济纳入战时轨道，并迅速扩充军备。1940年7—9月在德国发动的"不列颠空战"中，英国空军有效地打击了敌人，1943年5月以前，英军的主要战场在北非；1943年9月英美军队在意大利南部登陆，迫使意大利投降；1944年6月英美军队在法国诺曼底登陆，1945年5月8日德国投降。

（十二）战后重建

战后英国势力更加削弱，降为二等强国，殖民帝国土崩瓦解。殖民地纷纷独立，但大都留在英联邦内。

1947年，英国参与拟定并接受"马歇尔计划"（The Marshall Plan），从美国得到大量援助，经济逐步复苏。与此同时，工党政府还实施一些改善劳动人民现状的措施：废除1927年工会法，恢复工会合法权利；对居民实行免费医疗、食品涨价津贴以及社会保险等。第二次世界大战后的英国，由工党和保守党轮流执政，经济发展缓慢。战后初期，国民生产总值居资本主义世界第二位，20世纪50—60年代，又先后被联邦德国、法国和日本超过。1979年大选后，保守党执政，撒切尔夫人成为英国历史上第一位女首相，1982年、1987年连任。撒切尔政府采取国有企业私有化的政策，在振兴经济方面取得不小成绩，但失业现象仍较严重，罢工时起。1984年3月至1985年5月的矿工罢工是英国工人运动史上持续时间最长、规模最大的一次罢工，造成损失达30亿英镑。

英国政府是北大西洋公约组织（NATO）（1949）、东南亚条约组织（Southeast

Asia Treaty Organization, SEATO）（1954）和中央条约组织（1955）的组织者之一，1973年加入欧洲经济共同体。现在，英国是联合国安全理事会（United Nations Security Council）常任理事国，是世界几个核大国之一，是欧盟（E.U.）、北约、英联邦（Commonwealth of Nations）、西欧联盟等120个国际组织的重要成员国。英国主张同美国加强关系，努力维系同英联邦国家的传统联系，实现共同利益。

英国也重视发展与其他大国的关系，努力改善同中国、俄罗斯、印度等大国的关系。1950年1月承认中华人民共和国，1954年6月，中英达成互派代办的协议，1972年3月，两国关系升格为大使级外交关系。1982年9月撒切尔夫人再次访华，1984年12月第三次访华，签订了《中英两国政府关于香港问题的联合声明》（*Joint Declaration of the Government of the United Kingdom of Great Britain and Northern Ireland and the Government of the People's Republic of China on the Question of Hong Kong*）。英国注重保持和扩大在发展中国家的影响，积极参与全球事务，保持强大的国防力量，强调自由贸易，加强在环境保护、人权、可持续发展等问题上的国际合作，将人权问题作为其外交政策的核心。

三、君主立宪制

在盛大典礼仪式上人们总能看见英国伊丽莎白女王的身影：英国女王批准首相的任命以内阁的组成；英国女王召集议会；英国女王发表讲话宣布新一届议会的开始；英国女王总结政府的工作；英国女王给议案以许可使之成为法案；英国女王缔结条约。但英国女王没有任何实权，在现实中，她只能依据首相的建议行事并做到不偏不倚、绝对公正。女王从不否决任何事情，因为她知道那将是违背宪法的。在任何情况下，她都无法将自己的意愿付诸实施。（吴斐，2003）女王是名义上的国家元首、武装部队总司令、最高司法长官、英国圣公会的"最高领袖"，但实权在内阁。议会是最高司法和立法机构，由国王、上院和下院组成。

尽管君主立宪制（constitutional monarchy）是资产阶级向封建势力妥协的产物，但大部分英国人将君主立宪制视为一种长期形成的传统，人们所最不愿忘却的就是它的华丽盛典以及人们油然而生的种种个人崇拜之情。不仅如此，君主立宪制也是大英帝国唯一永恒不变的象征。根据选举的胜负，政治家们如走马灯般地轮换，而且在任的特定时刻每个政治家都会面对来自反对派的抨击。然而君主将超越党派之争永远存在，她代表整个国家，在她名义下完成的每一个行为都具有神圣的意义。（吴斐，2003）

四、英国经济

英国经济在经历了1990年开始的衰退后，从1992年起开始复苏。（张晓琪、杨一雪，2010：126）2008年国际金融危机爆发后，英国经济遭受重创，英国政府及时采取了一揽子刺激经济的措施，2009年下半年经济状况开始回暖。英国国家统计局公布的数据显示，2013年英国国内生产总值（GDP）为2.52万亿美元，排名世界第六。

英国的主要工业有：采矿、冶金、化工、机械、航空等；生物制药、航空是英国最具创新力和竞争力的行业。英国航空和航天产业在欧洲占第一位，是世界上该行业具有全系列生产能力的三个国家之一。英国的制药工业在世界上居于领先地位，其药品消费虽只占全球市场份额的3%，但却是世界药品主要的出口国和药品研发重要中心，在GDP中占有重要比重。自1969年发现北海油田后，石油工业迅速发展为国内第一大支柱产业，也使英国一跃成为欧盟内第一能源资源大国，并排在金融业之后成为第二大出口盈利行业。英国的主要石油公司有英国石油公司British Petroleum（BP）和英荷壳牌（Shell）。随着近些年英国政府在应对气候变化方面推出了一系列鼓励政策及措施，凭借良好的自然条件，英国的可再生能源技术将会有一个较为明朗的未来。（谷峻战，2010：18-23）

英国的农业经历了发展、衰退、发展的曲折过程。第二次世界大战以后，在国际国内多种因素的推动下，英国政府对农业采取干预、支持的政策，促使农业生产取得了令人注目的发展，改变了半个多世纪前那种农村衰落、田园荒芜的景象。尽管如此，农业在英国的国内生产总值中所占比例不足1%，从业人数约为45万，不到就业总人数的2%，低于欧盟国家5%的平均水平。农用土地占国土面积的77%，其中多数为草场和牧场，仅1/4用于耕种。以乳畜业为主，较为集中，高度机械化。

服务业是英国经济的支柱产业。经过多年发展，金融业已在英国经济中占有重要地位，其产值在GDP中的比重超过5%，就业人数在经济中的比例则超过了20%。伦敦与纽约和东京并称世界三大金融中心，也是欧洲最大的金融中心，其金融服务主要位于两个地区，即伦敦城（City of London）和港区。伦敦城是英格兰大伦敦地区正中央的城市，主要金融机构和市场包括英格兰银行、伦敦股票交易所等。口语上，伦敦当地人习惯以"The City"称呼伦敦城，"The City"也成为英国乃至欧洲金融业的别称。

五、英国教育

虽说英国历史悠久，但英国教育特别是国家教育却只是近100多年的事。1870年，英国颁布第一部国家教育法案，标志着国家教育体系的建立。

英国政府对教育非常重视,从学前、小学、中学到高等教育,国民教育体系较完善,国家教育管理系统完备,教育质量高、办学理念先进。英国对所有5—16岁的儿童实行强制性义务教育,并尽可能为其提供良好的成长环境,博物馆、图书馆等公共活动场所均免费开放。这样的做法不仅有利于学校教育,也促进社区教育的发展,为国民成长学习创造条件。

英国的教育体系大体分为学前教育(nursery,3—5岁)、小学阶段(primary,5—12岁)、中学阶段(secondary,12—16岁)和16岁后教育(post,16岁以上,包括延续教育和高等教育阶段)。在16岁后教育阶段,学生开始分流,学生根据自愿可选择上大学(university)或职业技术教育类型的专科学校(college)或就业。

英国基础教育有两大特点:①公立与私立并举。②有全国性的课程体系和评估系统。公立学校提供免费教育,私立学校一般由家长负担学费。在英国大约每13个学龄儿童中就有一个进入私立学校学习(确切比例为7%)。就课程和学历资格而言,英国存在两种不同的体制,一种是英格兰、威尔士和北爱尔兰教育体制,另一种是苏格兰教育体制。

虽然英国院校通常在9月或者10月开学,在第二年6月或者7月学年结束,但是学生也可以在其他时间入学,例如:有些高等院校将学年分为学期,从事研究的学生可以在学年中的任何时间入学。英国的学年分为三个学期,假期包括圣诞节复活节以及暑假。暑假始于7月,经过8月直至9月份。每个学期有10—14周,学校和继续教育学院一般学期较长,大学学期较短。

英国政府2013年发布的《国际教育策略》(*International Education Strategy*)报告首次透露英国教育产业可以为英国经济贡献175亿英镑。报告还指出,目前英国国际学生数量约为50万人,并称英国必须明确表示不对国际学生数量设立上限。英国凭借一流的大学教育,不断吸引留学生的到来,著名院校有牛津大学(University of Oxford)、剑桥大学(University of Cambridge)、伦敦政治经济学院(LSE)、帝国理工学院(Imperial College)、伦敦大学(University of London)等。目前,英国是中国第一大教育项目合作伙伴,在中英合作的项目研究上共投入4 700万英镑。英国商务、创新与技能国务大臣兼贸易委员会主席文斯·凯布尔博士透露,英国大使馆文化教育处的"英国未来计划"旨在2020年前实现80 000名英国学生加入到在中国的学习和工作项目中去。

六、英国文学

(一) 中世纪英国文学 (1100—1500)

中世纪是英国文学光辉传统的开端。其中最伟大的名字便是杰弗里·乔叟(1340—1400),代表作为《坎特伯雷故事集》(*The Canterbury Tales*)。乔叟是一位天才的故事家。他与后来的莎士比亚一样,运用多种素材编写故事。他以全新的视角审视所有的故事。不管是故事情节还是故事人物,经过乔叟高超的诗歌技巧加以润色,篇篇具备乔叟风格。《坎特伯雷故事集》容纳了大量轻快活泼的幽默情节,但也涉及其他的各种基调和风格。他故事中的人物——骑士、修女、牧师、地主、学者、磨房主、家庭主妇、政府官员、教会官员、农民、财产管家,还有其他各种人物——揭示出一幅中世纪生活画面。乔叟作品中丰富多彩的细节描写展现了一个时代喧闹的生活。

(二) 16世纪英国文学

16世纪是英国戏剧的繁荣时代,代表人物是莎士比亚。其悲剧代表作有《罗密欧与朱丽叶》(*Romeo and Juliet*)(1595)、《哈姆雷特》(*Hamlet*)(1602)、《奥赛罗》(*Othello*)(1604)、《李尔王》(*King Lear*)(1606)和《麦克白》(*Mac-beth*)(1606)。喜剧代表作有《仲夏夜之梦》(*A Midsummer Night's Dream*)(1596)、《第十二夜》(*Twelfth Night*)(1600)和《暴风雨》(*The Tempest*)(1611)。莎士比亚以英国历史为基础的编年史剧本包括一系列巨著,如《理查三世》(*Richard III*)(1595)、《理查二世》(*Richard II*)(1595)、《亨利四世》的上下篇(*Henry IV, parts I and II*)(1597—1598)和《亨利五世》(*Henry V*)(1599)。《尤利乌斯·恺撒》(*Julius Caesar*)(1599)和《安东尼与克利欧佩特拉》(*Antony and Cleopatra*)(1607)都是其杰出的古典题材的悲剧。在编剧技巧、诗歌及对人性的洞察上,莎士比亚显示出无人能及的天才。这些天才充分反映在他的喜剧和悲剧作品中。这些杰作自问世以来就一直占领着英语国家的戏剧舞台,并被翻译成各种主要语言。(吴斐,2003)

(三) 17世纪英国文学

17世纪的英国文学突出特征就是受到王权的直接干预,在政治思想上主张国家统一,反对封建割据,歌颂英明的国王,把文学和现实政治结合得非常紧密。(陈德凤,2010:143-144)代表人物有约翰·弥尔顿(1608—1674),代表作有叙事诗《失乐园》(*Paradise Lost*)(1667)、续篇《复乐园》(*Paradise Regained*)(1671)和诗体悲剧《力士参孙》(*Samson Agonistes*)(1671)。他的诗集还包括许多优美的十四行诗。

(四) 18 世纪英国文学

18 世纪英国文学有一个显著特征,那就是它与 17 世纪文学在样式和风格上都发生了巨大的转变。知识理性的活力使 18 世纪的文学独树一帜,这是一个充满睿智的时代——伟大的思想家和作家各持己见、百家争鸣;这也是一个怀疑主义的时代,善于思索的人怀疑所有的事实和信念。文学界评论家和书信体作家在文学界活跃起来,繁盛一时,他们常在伦敦俱乐部聚会。(吴斐,2003) 乔纳森·斯威夫特 (1667—1745) 的代表作《格列佛游记》(Gulliver's Travels)(1726),是对英国社会最尖锐的讽刺。丹尼尔·笛福的第一部作品便是他最伟大的一部小说——《鲁滨逊漂流记》(Robinson Crusoe)(1719),是所有文学作品中关于船只失事和独自存活最著名的小说。(吴斐,2003)

(五) 浪漫主义时期

与 18 世纪相比,浪漫主义文学更注重情感与想象。这一时期诞生了三位浪漫主义大师。乔治·戈登·拜伦 (1788—1824),其代表作为《唐璜》(Don Juan)(1819—1824)。约翰·济慈 (1795—1821) 擅长田园诗,这一特点在《希腊古翁颂》(Ode on a Grecian Urn) 和《夜莺颂》(Ode to a Nightingale) 这两首诗中得到充分体现。珀西·比希·雪莱 (1792—1822) 作品题材广泛,其代表戏剧《解放了的普罗米修斯》(Prometheus Unbound)(1820) 是文学界的一颗明珠。其第二任妻子玛丽·雪莱 (1797—1851) 的代表作《弗兰肯斯坦》(Frankenstein)(1818) 为世人所传颂。

此外英国最著名小说家之一简·奥斯汀 (1775—1817) 被称为 18 世纪最后一位小说家,其代表作《傲慢与偏见》(Pride and Prejudice)(1813) 细致地描述了某一社会阶层的行为方式和风俗习惯。

勃朗特三姐妹是这一时期最辉煌的文学家族,其中夏洛特·勃朗特 (1816—1855) 创作的《简·爱》(Jane Eyre)(1847) 与艾米丽·勃朗特 (1818—1848) 的《呼啸山庄》(Wuthering Heights)(1847) 最为出名。

(六) 维多利亚时代的文学

这一文学时期以维多利亚女王的名字命名,时间为 1837—1901 年。尽管浪漫主义的精神在这一时期并没有消失,但已不再有明显的主导影响。历史书籍、哲学书籍的写作与诗歌、小说创作共同继续繁荣,讽刺文学和反抗社会罪恶的文学占据重要地位。(吴斐,2003) 这一时期出现了许多现实主义文学作家,如查尔斯·狄更斯 (1812—1870),代表作有《雾都孤儿》(Oliver Twist)(1837—1839);托马斯·哈代 (1840—1928),其代表作《德伯家的苔丝》(Tess of the D' Urbervilles)(1891)

深刻反映了当时的现实生活。

（七）20 世纪英国文学

20 世纪见证了不列颠帝国的终结以及英联邦的开端。然而，英国的文明和文化继续影响着世界的其他地区，留给后人辉煌的文学遗产。

这一时期的大文豪乔治·伯纳德·萧（1856—1950）凭借自身喜剧天赋及丰富作品成为了继莎士比亚之后英国又一剧作领衔人。萧伯纳的作品充满了对婚姻、宗教等的辛辣讽刺，如《圣女贞德》（*Saint Joan*）（1923）。

爱尔兰诗人及戏剧家威廉·巴特勒·叶芝（1865—1939）在爱尔兰文艺复兴中发挥着重要作用，《诗集》（*Poems*）（1906）中收录了这位诗人的几首著名抒情诗。叶芝 1921 年发表诗体剧《在鹰的井边》（*At the Hawk's Well*）（1921），1923 年获得诺贝尔文学奖。

七、新闻媒体

英国的广播电视行业历史最悠久也最为发达，英国人的日常生活中电视、广播、报纸、杂志占据着重要地位。

英国国内总共有三家通讯社：

路透社：1850 年成立，世界重要通讯社之一，总部设在伦敦。其在 158 个国家和地区设立分支机构，拥有 1 930 名记者。

新闻联合社：1868 年创办，由 4 家公司联合经营，专门为英国和加拿大的企业提供公关和投资信息。

AFX 新闻有限公司：由法新社和《金融时报》联合经营，向欧洲的金融业及企业界提供信息服务。其在欧洲各国、美国及日本设立分支机构，总部设在伦敦。

全国有 4 家广播电视公司，其中最著名的是英国广播公司（BBC）。它始于 1922 年，由一些无线电广播器材制造商联合成立，通过征收执照费和广播器材的销售利润支撑财政运转，国家也拨一部分款项，基本是半官方的电视公司。在英国无线电广播中，BBC 迄今保持着统治力量，收听率达到了人口的 56%，其节目产出占所有广播节目的 30%。另外，BBC 不但制作电视节目，也制作广播节目，目前 BBC 就已经拥有了全球 1.2 亿的听众。（薛实军，2004：120-121）

报纸也是英国人休闲及获取信息的重要渠道。全国性高级报纸有：

《泰晤士报》（*Times*）：1785 年约翰·沃尔特在伦敦创刊，誉为"世界第一大报纸"。

《每日电讯报》（*The Daily Telegraph*）：1855 年于伦敦创刊，该报以时效性著称。

《卫报》（The Guardian）：原名《曼彻斯特卫报》（The Manchester Guardian），1821 年创刊于曼彻斯特，后迁伦敦，1959 年更名为《卫报》。

《金融时报》（The Financial Times）：1888 年于伦敦创刊，是英国金融资本的晴雨表。

全国性通俗报纸有：

《每日邮报》（The Daily Mail）：1896 年创刊，是一种知识性很强的通俗日报。

《镜报》（The Mirror）：1903 年创刊，1985 年以前命名为《每日镜报》（Daily Mirror）。

此外，英国著名期刊包括：

《经济学人》（The Economist）：1843 年创刊，与《金融时报》同属"皮尔逊父子公司"所有。

《旁观者》（The Spectator）：创刊于 1828 年，是英国全国性周刊中历史最久的杂志。

在英国，世界上公认的最优秀的报刊，如《泰晤士报》、《独立报》和《金融时报》，与声名狼藉的报刊，如《太阳报》、《星报》等并存。言其优秀，是以直言时弊、客观公正、恪守道义为原则；而所谓最差，则捕风捉影、追逐琐事艳文，如《太阳报》以报道模特、歌星、运动员的生活琐事为能事，把王室成员当成情节曲折的肥皂剧里的演员，连篇累牍地披露那些撩拨人们神经的情爱戏，即使少有的一些新闻专栏，也用荒唐的手法，以求耸人听闻。

英国广播公司（BBC）位于伦敦中心的布什大厦。它每天用 45 种语言向世界各地播送广播节目，播音员音调低沉，被人称为典型的 BBC 腔调。BBC 是非营利性公众服务机构，强调公正而无偏见，不受政治观点干扰。BBC 第一任台长就提出了这样的目标：不取悦任何广告客户，向受众提供的节目可以不考虑受众的兴趣，只考虑受众应当听到什么样的重要内容。久而久之，BBC 的风格就这样形成了，在一定程度上成为"英国之声"。

八、旅游胜地

2014 年，英国旅游局推出"欢声妙语尽在 Great 英国"广告宣传片，呈现英国各个地标建筑、各色人物、地点和体验。下面就让我们伴随着大本钟浑厚的钟声、黑色出租车的嘟嘟声、温布尔顿网球场内的呼声踏上旅途，领略时尚与传统交相辉映、皇室与平民和谐共处的英国魅力，将学院气息、浪漫古堡尽收眼底。

伦敦：君主制的中心、英国王宫——白金汉宫（Buckingham Palace），是一座拥有四层楼的正方形围院建筑，正门富丽堂皇，金色外栅栏威严庄重，周围有占地广阔的御花园，是典型的英式风格园林。

伦敦著名古钟、威斯敏斯特宫报时钟——大本钟（Big Ben），现更名为"伊丽莎白塔"（Elizabeth Tower）。它坐落在泰晤士河畔，是伦敦的标志性建筑之一，也是世界上著名的哥特式建筑之一。

英国国教教堂——威斯敏斯特大教堂（Westminster Abbey），始建于960年，原是一座本笃会隐修院，坐落在泰晤士河北岸。

大英博物馆（British Museum），又名不列颠博物馆，位于英国伦敦新牛津大街北面的大罗素广场，成立与1753年，是世界上历史最悠久、规模最宏伟的综合性博物馆。

英国首要购物街——伦敦牛津街，位于伦敦西区购物中心，每年吸引了来自全球的3千万游客到此观光购物。

伦敦碗：自伦敦奥运会落幕以后，奥林匹克历史上便留下一段佳话"东方有鸟巢，西方有饭碗"。"伦敦碗"在沿袭了传统的基础上，进行了很大的创新，下沉式碗形设计可以让观众更近距离地观看运动员的风采。

剑桥：英国乃至全世界最顶尖的大学之一——剑桥大学（University of Cambridge），位于英格兰的剑桥镇，是诞生最多诺贝尔奖得主的高等学府，英国许多著名科学家、作家、政治家都来自于这所大学。

牛津：英语世界中最古老的大学——牛津大学（University of Oxford），1209年，在牛津学生与镇民的冲突事件过后，一些牛津学者迁离至东北方的剑桥镇，并成立剑桥大学。自此之后，两所大学的竞争岁月相当悠久。牛津大学还是英国名校集团罗素盟校。

曼彻斯特：英国第二繁华城市，它是工业革命的发源地，也是世界上第一座工业化城市。英国重要的交通枢纽与商业、金融、工业、文化中心。200年后它又因足球文化享誉全球。老特拉福德球场（Old Trafford）是英格兰足球俱乐部曼联的主场，最多可容纳76 262名观众，享有"梦剧场"的美誉。

爱丁堡：英国著名文化古城、苏格兰首府。巍然屹立在城市中心一座死火山顶的爱丁堡城堡（Edinburgh Castle）三面悬崖，只有一面斜坡可以出入，可称作天然要塞，是英国最古老的城堡之一，几乎能从爱丁堡的每一个角落看到它。

九、体育活动

英格兰是现代足球的起源地，也是现代足球得以发展的摇篮。足球（football）是英格兰和苏格兰的国球，英格兰超级联赛总是被认为是世界上最好的联赛，曼联、利物浦、阿森纳、切尔西等世界知名俱乐部赢得了全球无数球迷的支持。足球和酒都是英国人的爱好，许多人一周最大的享受，就是在酒吧捧着杯啤酒，看自己所支持球队的比赛。而周六下午这样一个黄金时段，即便去酒吧也看不到联赛，要到现场去看球，姑且不论球票的昂贵，英超比赛通常都是满座，不提前几天买票，临时去球场，只能受黄牛党的宰割了。（颜强，2004）

板球（cricket）是英国主要的夏季运动，而且从乡村队到英格兰国家队各种水平层次的人都可以参加。国际板球尤其受欢迎。每年，英格兰队都会参加国内的"国际板球锦标赛"、"单日国际板球赛"和"二十20比赛"（Twenty20 matches），每年冬天还要参加巡回赛。最受关注的板球比赛无疑是"骨灰赛"——英格兰队迎战澳大利亚队，每两年举办一次。

橄榄球（rugby）运动因发源于著名的拉格比公学（Ruby Public School）而得名。原名拉格比足球。因球形似橄榄，所以中国称之为橄榄球。英式橄榄球使用的是一个鸡蛋形状的球。球手不穿防护衣很容易受伤。除了英国北部有一些职业橄榄球队外，英国其他地方打橄榄球的多是业余球员。

赛马（horse racing）在英国的受欢迎程度仅次于足球。英国法律禁止周日赛马，因此英国赛马都是在工作日、工作时间段举行。

英国被认为是高尔夫（golf）的故乡，有数以百计的世界级球场。每年7月举办英国公开赛，是高尔夫四大锦标赛中最古老也是最负盛名的比赛。

网球也是英国的一项知名运动，每年6月或7月举办的温布尔登网球公开赛（Wimbledon Championship），简称"温网"，是网球运动中最古老和最具声望的赛事。

另外，还有冲浪、帆板、水球等水上运动及滑雪、冰球等冬季运动，在英国也很受追捧。

十、右驾左行

要想了解英国及其英联邦成员国为何右驾左行，这还得翻开中古时期英国的"骑士决斗史"。以名誉为"第一生命"的英国骑士，上马决生死时，因右手持武器，所以马匹必须靠左走，才能准确刺杀对手。这样在不断地练习和对决中，骑士靠左行就形成习惯，久而久之，朝野蔚然成风。当骏马换成汽车时，现代英国骑士仍然沿袭右驾左行的传统，这一习惯并传到了英国的殖民地。

20世纪20年代，随着车祸的频繁发生，有车厂发现，若既右驾又右行，遇到超车，会影响视线，于是不约而同地出现了左驾右行的新车款。到了1927年，欧洲大陆达成"左驾驶靠右行"的行车规则。英国基于传统，仍然坚持"右驾座"的设计，但在"遵守交通安全"的共识下，首创道路中央分道标线，得以兼顾行车安全与"面子"。

十一、小　　结

大不列颠及北爱尔兰联合王国，既是第一个迈进现代社会、曾将殖民足迹印满亚洲等所有大陆板块的大英帝国，也是艾萨克·牛顿爵士（Sir Isaac Newton）等科学巨匠们的故乡；既塑造出鹰钩鼻、头戴猎帽、肩披风衣、口衔烟斗、精通破案的奇特人物夏洛克·福尔摩斯（Sherlock Holmes），也孕育出扣人心弦的哈利·波特（Harry Potter）的传奇故事。英国文化源远流长，却又总能跟随时代步伐熠熠生辉。与英国多姿多彩的文化有着千丝万缕、难以割舍联系的英语成为世界上最为广泛使用的第二语言，是欧盟、许多国际组织、英联邦国家、联合国的官方语言之一。本书接下来的内容将会结合具体实例，细细阐述英语语言与英国社会文化之间相互依赖、相互影响、互相促进、共同发展的关系。

本篇参考文献：

[1] 陈德凤. 17世界英国文学发展特点探析 [J]. 湖北函授大学学报，2010（4）：143-144.

[2] 高放等.《万国博览》欧洲卷 [M]. 北京：新华出版社，1998.

[3] 谷峻战. 英国可再生能源产业发展现状 [J]. 全球科技经济瞭望，2010（4）：18-23.

[4] 吴斐. 英国社会与文化（第二版）[M]. 武汉：武汉大学出版社，2003.

[5] 许安结. 女牧师要闯国教禁区 [N]. 环球时报，2002-04-22-14.

[6] 薛实军. 英国媒体产业化现状与评析 [J]. 生产力研究，2004（1）：120-121.

[7] 颜强. 英国足球地理：你永远不会独行 [M]. 长沙：湖南文艺出版社，2004.

[8] 曾尊固，陆斌，庄仁兴. 英国农业地理 [M]. 北京：商务印书馆，1990.

[9] 张晓琪，杨一雪. 英国国内经济与对外贸易现状分析 [J]. 现代商贸工业，2010（10）：126.

第二篇　英国英语

本篇内容提要：英国英语、美国英语之所以这样命名是因为这些国家的族语是英语。英国国内有爱尔兰英语、苏格兰英语及英格兰境内的北部英语、中部英语、西部英语、东南部英语、东部英语和伦敦语。英国英语原本就是融合了多种方言发展而来的。如果没有那些多姿多彩的方言，英国英语就会变得非常贫瘠和单调。

一、British English–UK English 与 American English–US English

The principal national variety of International American English is *US English*, and that of International British English, *UK English*. US and UK English are the two major national varieties. A national variety, as the term implies, is the form of the language used in a politically independent nation-state.

The four subvarieties of *UK English* are associated with regions that are acknowledged within the UK to be different lands or countries. Three of the UK subvarieties are Welsh, Scots, and Northern Irish...the fourth (*England English*)...England English supplies the norm for UK English as a whole.

England English has East Anglian, Kentish, Cockney, Tyneside, and so on. *UK English*, having developed in the British Isles for 1 500 or 1 600 years, is naturally more diverse than US English.

British English includes UK English, Australian English, New Zealand English, and South African English.（John Algeo,1991:5）UK English includes England English, Scots English, Welsh English, Northern Irish English.（John Algeo,1991:5）

American English includes US English, Canadian English. US English includes

Northern, North Midland, South Midland, Southern.（John Algeo,1991:5）

English is multiply ambiguous, since it may refer to:

(1) International English wherever it is spoken;

(2) The main language of the British Isles, as *England* may also refer to the UK as whole (a usage that Scots, Welsh, and Irish are apt to resent);

(3) The language of England Proper—the southern half of Great Britain, the largest of the British Isles.（John Algeo,1991:5）

从社会语言学的角度来看，英语的国际化地位造就了英语的多元化。英语不再为一国或一个民族所专有，而是一种中性的信息媒介。英国英语和美国英语也不再被看作仅有的两种标准语，而是英语的两种国别变体。当我们使用英国英语和美国英语这两个名称的时候，它们可以包含两层含义：

（1）作为国家英语的名称，它们分别指在英国和美国使用的英语。

（2）作为英语两大世界性变体的名称，它们也可以指那些分别以英国英语和美国英语作为母语、第二语言或外语的国家和地区所使用的语言。

英国英语（British English）和美国英语（American English）可能有下列几种含义：

（1）英语的两种国别变体，它们分别又包含一些次变体，即方言。

（2）英语的两种国别标准语，即英国的 Standard English 和美国的 General American。

（3）英语的两种国际性变体，比如 British English 的使用区可包括爱尔兰、澳大利亚、新西兰等；American English 可包括加拿大、菲律宾等。

不列颠诸岛英语、津巴布韦英语、非洲英语、西印度群岛英语以及澳大利亚和新西兰英语都属于英国英语体系。

二、英语与大不列颠

英语是大不列颠（英格兰、苏格兰、威尔士）和爱尔兰（北爱尔兰、爱尔兰共和国）所使用的主要语言。英语本来诞生在这里，但是由于英语有了其他国别变体，这里的英语就称为英国英语（British English）。

在英国，英语的口音众多，包括伯明翰口音、利物浦口音、格拉斯哥口音等。不过，英国从来没有明文规定过任何一种语音是"标准音"。在英国，英语的口音多达上千种，英国人可以依据一个人的口音迅速辨认出对方的成长地，甚至社会阶层。伦敦印巴人和黑人都不少，印度英语、非洲英语到处可闻。The King's English 或者 The Queen's English 被看成是具有正确发音、正确语法和正确表达的英国标准英语的代名词。

大不列颠群岛自北至南可分为爱尔兰英语、苏格兰英语、英格兰英语、威尔士英语等四个大方言区，其中每个大方言区又可分出若干小方言区。

英格兰可以划分为四大方言区：北部方言区、中部方言区、西南部方言区以及东南部方言区。England（英格兰，英国）本来不叫 England，而叫 Britain（不列颠），English 也不是不列颠的本地语，而是一种外来语。从 5 世纪中叶起，居住在欧洲大陆与不列颠隔海相望的 Angle、Saxon、Jute 等日耳曼部落开始大批渡海，移居不列颠。这些定居者的母语属于西日耳曼语的分支，进入不列颠后，经过 1 500 多年的演变，成为今日形形色色的各种英语。广义的英语史，就是这些移民语言 1 500 年来的演变史。

在英国本土，除了在英格兰使用英语以外，由于历史、政治和经济的原因，在苏格兰、威尔士和北爱尔兰也分别使用带有本民族特点的苏格兰英语、威尔士英语和爱尔兰英语，在语音、语法和词汇方面都有各自的特点。爱尔兰共和国的第一语言是爱尔兰语，而英语是第二语言。

在诺曼底人入侵英国的 1066 年，世界上只有 500 万左右的人说英语。16 世纪末，在莎士比亚的全盛时期，以英语为母语的人数仅仅是 500 万—700 万英国人。莎士比亚时代记录下的词汇只有 14 万，可现在却已达 100 万左右。

英国到了伊丽莎白及维多利亚时期，资本主义得到了迅速的发展，英国大肆对外扩张，英语语言随着资本主义对外侵略，也得到了广泛的传播。殖民入侵当然离不开文化的输出，而文化输出的最强有力的工具是语言。在英殖民地时代，英语作为大英帝国的语言更是权贵、经济地位、社会阶级的象征。在许多原殖民地国家，英语被作为官方语言来使用，这也为英语作为"世界语"打下了基础。英国这个老牌的殖民帝国把英语推广到整个世界，后来随着美国的日益强大，英语的影响力自然也越来越大。英语已成为英国最可靠的出口项目，其产品"无须工人和加工，无须传送带和组装，无须零配件，且极少维修，却能提供世界以最亲切而公开的服务"（朱风云，2003：23）。

苏格兰英语是苏格兰中产阶级和受过高等教育者的第一语言，是苏格兰低地劳动者的公共用语。苏格兰英语的两种主要成分是苏格兰语素和英格兰语素，它的使用者常常根据语境选择在话语中安排较多的苏格兰语素或英格兰语素来达到自己的交际目的。随着大众传播媒介影响的日益扩大，英国各地方言之间的差异在书面语体中正在逐渐缩小。英格兰的标准英语基本上已成为全英国的通用语言。（侯维瑞，1992：273）

三、河口英语

河口英语是一个新名称，但它不是一个新现象。这是一个趋势，已经持续了 500

年或更多——伦敦的语音特征的流行趋势，以分散地域（延续到该国其他地区）和社会（更高的社会阶层）。

Estuary English 是英语的一个变体，有自身的语音和语法特点，有实实在在操这种语言的人群，且愈来愈多。然而当我们设法界定 Estuary English 这一概念时却发现它是模糊的。当然，事物的模糊性并不是指有关该事物的信息不充分或内容无序，而是指该事物的边界划分不明确。Estuary English 正是如此，它的地理范围、它与方言和方音的关系以及它与其他英语变体的区分都是界限模糊的。Crystal（1995）戏称它是一个"使用不当的名称"（misnomer），但尽管"使用不当"，却已"引起公众的广泛注意"，成为一个为人们所接受的约定俗成的名称。

在英国，以英国东南部方言为主体的英语异体，被称为河口英语（Estuary English）。河口英语原指泰晤士河口邻近郡县组成的河口小三角区，后来扩展到同伦敦、牛津、剑桥三市构成的大三角，漫延到目前的四河口，即泰晤士（Thames）河口、亨伯（The Humber）河口、迪伊（The Dee）河口及塞弗恩（The Seven）河口。四河口皆是经济文化发达，水路交通便利的地区。河口英语的影响在这四个地区的扩散形成了一个沿海的包围圈，向英国中部地区逼近。河口英语的兴起使英国传统标准 RP 的地位在英国本土岌岌可危。

Estuary English 是由 Rosewarne 在 1984 年提出的。它有明显的语音和语法特点，在英国广为流传。自 Estuary English 一词的出现并被模糊性地解释为是英语的一种变体，介于标准音和伦敦音之间后，它引起了公众的广泛注意。

河口英语的语音特征十分明显。比如：辅音方面的特征如下：① /l/ 音元音化：The books have been supplied in error which need to be replaced。② /t/ 音喉音化：Sco(t)land、Ga(t)wick、sea(t)belt。③ /t/ 音发成塞擦音：twenty[tSwenti:]。④ /th/ 音为舌前音：bath[bA:f]。元音方面的特征如下：①高元音中性化：[i:, I] 和 [u:, U] 音与 [l] 音构成复合元音，如 feel、fill，都发成 [fiU]，fool、full 都发成 [fuU]。② Y 音发成紧元音：city、easy。③单词首音以 re- 开始的均发成 [ri:] 音，而不是 [ri] 音：resist、require、reply。④有些词汇，像 subject，无论作为名词还是动词，均在第一音节上重读；在语调处理上，平等重读介词等等。

四、爱尔兰英语

爱尔兰英语（Irish English）指的是在爱尔兰地区使用的英语。爱尔兰共和国的第一语言是爱尔兰语，英语是它的第二语言。爱尔兰英语中的爱尔兰词语，有的直接来自爱尔兰语成分，有的是保留了古英语和苏格兰语的成分，也有的是发展了英语中原有词语的意义，即使是来自爱尔兰语的成分，也是在不同的历史时期或从不同地区进入爱尔兰英语的。来自古英语的词语如：cog（考试作弊）、airy（高兴的）、bowsey（酒鬼）等。来自方言的词语如：kink（一阵笑声）、blather（喋喋不休地讲）等。借自爱尔兰语的词语如：sleeveen（狡猾的家伙）、spalpeen（坏蛋）等。

17世纪以前，整个爱尔兰岛上的居民差不多都讲爱尔兰语，只有少数城市居民才使用英语。现在的情况则完全相反：大多数爱尔兰人使用英语，只有少数居住在爱尔兰西部的人仍然操爱尔兰语。爱尔兰英语可以分为南北两种变体。南爱尔兰语是从英格兰西部和中西部传入的。爱尔兰共和国大部分地区使用的英语正是这种变体。北爱尔兰英语则源于苏格兰英语。北爱尔兰英语虽然源于苏格兰英语，然而两者在语音、语法和词汇方面却有所不同。

五、威尔士英语

大多数威尔士人以英语为第一语言，有些威尔士居民以威尔士语为第一语言。威尔士人的语言原先是威尔士语（Welsh）。威尔士与英格兰于1536年和1542年签订联盟条约之后，一直是威尔士语与英语并存，但是由于政治、经济、教育等方面的原因，威尔士人说威尔士语的人数逐渐减少。据1981年统计，只会说英语的威尔士人占人口总数的81%。

威尔士英语与英格兰南部的英语相似，并且明显受到威尔士语的影响。威尔士英语作为一种区域方言只是一种暂时现象，因为它以伦敦标准英语为基本模式，除了在语音方面略有差别以外，没有太多的地区特点。威尔士语进入英语的词语为数极少，例如：cymanfa（教堂的歌唱节）、caerffili（一种奶酪）、del（亲爱的）、Duw（上帝）、eiseddfod（艺术节）、hiraeth（渴望）、huyl（热情）等。

六、苏格兰英语

今天，提到苏格兰的语言时人们常用两个词：苏格兰语（Scots）和苏格兰英语（Scottish English）。苏格兰语主要指苏格兰低地人使用的语言。苏格兰英语指苏格兰人使用的英语。作为不列颠群岛的原住民族之一，苏格兰人最初使用的是凯尔特语（Celtic language）中的一支，即盖尔语（Gaelic），13世纪以后逐渐形成了自己的语言苏格兰语（Scots）。与英语一样，苏格兰语也是从盎格鲁-撒克逊语发展起来的。它在15世纪末到17世纪时被称为King's（Queen's）Scots，与King's（Queen's）English并驾齐驱。在1707年苏格兰并入英国之前，苏格兰语一直是苏格兰国家的语言。现在，在公共生活中已经看不到它的踪影，但是它始终存在，尤其是在下层民众间（并且有以他们的口语为基础创作的文学）。

19世纪以后，受伦敦标准英语的影响越来越大，苏格兰语与伦敦英语混成一种独特的苏格兰英语，通常称为苏格兰标准英语（Scottish Standard English）。在苏格兰，苏格兰语和标准英语构成了语用的两极：一头是说苏格兰语的乡民和写苏格兰文的民族主义者；另一头是使用标准英语的上层社会。苏格兰语中的大部分词与英语中的词对应，但少部分词在标准英语中找不到对应词。正是这些有鲜明特色的词能够激起苏格兰人强烈的民族感情。

苏格兰英语的主要成分是苏格兰语素和英格兰语素。它的使用者常常根据语境选择在话语中安排较多的苏格兰语素或是英格兰语素来达到自己的交际目的。*The Scottish National Dictionary*（《苏格兰民族词典》）收录了苏格兰英语中常用的苏格兰词语（Scotticisms），例如：lass（女孩）、ken（知道）、outwith（外面）等。苏格兰人不知不觉就会使用的词语，如：bramble（荆棘）、cleg（马蝇）、forenoon（午前）等。还有一些英语中的通用词语（尤其在教会、教育和法律领域）在苏格兰有特殊的用法，例如：beadle（圣职人员）、induction（任命牧师）、stipend（牧师的薪水）、academy（高中）、rector（中学校长）、advocate（出庭律师）、probation（出庭前的听证）等。另一种类型是反映独特苏格兰文化的词语，在英语中没有相应的语汇，例如：haggis（羊杂碎布丁）、first-foot（新年来到后第一个跨过门槛的客人）等。苏格兰英语中有不少特有的只用于苏格兰地区的词语，有的已成为英国人乃至世界各国人民所共同使用的词语。

七、考克利英语

Cockney（考克利）是伦敦东部的一个地区，那里的人讲话有一种特别的口音，之后他们说的英语就被称为 Cockney English，有时候也叫作"伦敦土音"。George Bernard Shaw（萧伯纳）曾经写过一个非常有名的剧本，叫作 *Pygmalion*。后来美国人把这个剧本改编成了一部电影，名为 *My Fair Lady*，中文将它翻译成《窈窕淑女》。里面那个卖花姑娘说的就是 Cockney English。由于伦敦东部早期是贫民窟，所以 Cockney English 就与 Received Pronunciation（标准英语发音，简称 RP）形成了鲜明的对比，前者是社会底层人说的，而后者是受过良好教育的人说的，口音一度也因此成为身份的象征。

虽然所有的伦敦东区人都是 Cockney（考克利人），但是并不是所有考克利人都是伦敦东区人。基本上只有下列的伦敦东区地区才算是传统的考克利核心地区：贝斯诺格林（Bethnal Green）、白教堂（Whitechapel）、史必特菲尔德（Spitalfields）、史戴普尼（Stepney）、沃平（Wapping）、石灰工厂（Limehouse）、波普拉（Poplar）、米尔沃尔（Millwall）、哈克尼区（Hackney）、西尔狄区（Shoreditch）、堡（Bow）以及哩尾（Mile End）。

Cockney（考克利）这个词早在17世纪便开始具有今天所使用的意义。山姆·罗兰兹（Samuel Rowlands）最先以考克利来形容伦敦人，他在其讽刺小品 *The Letting of Humours Blood in the Head-Vaine* 中使用了 "A Bowe-bell Cockney" 这个词语。约翰·明舒（John Minsheu）则是对"考克利"一词下定义的第一位词典编著者，他在其词典 *Ductor in Linguas*（1617）中对该词做了以下的解释：A cockney or cockny, applied only to one born within the sound of Bow bell, that is in the City of London. 然而他所给的语源解释却只是猜测而来，他将Cockney的语源解释为来自cock（公鸡）和neigh（马嘶声），或是来自拉丁语中的incoctus，意指raw（生）。

约翰·肯顿·霍登（John Camden Hotten）在其1859年出版的 *Slang Dictionary*（《俗语字典》）中提及考克利方言的使用，他叙述伦敦东区当地的路边摊贩使用一种奇特的俗语。

《韦氏词典》收录了这个词的另一个可能来源：伦敦过去曾被法国的诺曼人称为Land of Sugar Cake（古法语为pais de cocaigne），因为诺曼人将伦敦想象成充满安逸与奢华之地。这个有趣的想法让Cocaigne这个字成为伦敦以及其郊区的代名词，而逐渐地也发展出许多不同的拼法：法语中的Cocagne与Cockayne，以及中古英语中的Cocknay与Cockney。中古英语中的两个拼法亦可以指娇生惯养的小孩，也可指伦敦居民，而纵容或溺爱小孩则被称为to cocker someone。

后来《牛津英语词典》对Cockney这个词的语源做出了有公信力的解释。Cockney源自cock与egg，最初在1362年时意指一个奇形怪状的蛋（a misshapen egg），后来在1521年时意指对乡村的生活方式无知的人（a person ignorant of country ways），最后才形成了现在的意义。

在不同的历史时期，"Cockney"一词有不同的意思。Cockney可指：①伦敦的、尤其是伦敦东区的普通劳动者；②这样的人使用的英语。

尽管经常被人视如垃圾，Cockney English是大伦敦地区英语的主体。更重要的是，在历史上，Cockney English是澳大利亚英语的种子，是新西兰英语、部分加勒比海岛国英语以及南非英语的构成要素。

台湾地区著名歌手王力宏在其2007年推出的个人专辑《改变自己》中有一首歌即以Cockney为名，歌曲中描述王力宏在伦敦遇到的一名会说中文的Cockney Girl。此处的Cockney是"伦敦的"意思，所以歌曲描写一名伦敦女孩，说着一口伦敦口音的中文，表现了不管在地球哪里都可以听到中文，而中文也有多种口音变化，借此表达说中文人口的多样性。

20 世纪 80 年代，国际著名的海尼根啤酒曾在一个电视广告中使用 Cockney 方言。在广告中，一位来自较富裕的伦敦西区的女人正在试着学习以 Cockney 方言来说"The wa'er in Majorca don'taste like wot it ough'a"，但是不管试了几次，她还是只能够以 RP 英语发音为"The water in Mallorca doesn't taste quite how it should"。直到她喝了海尼根啤酒之后，她才能正确地用 Cockney 方言说出这句话。

2000 年初，美国的 GEICO 汽车保险公司使用一只计算机绘出来的壁虎（gecko）来代言其电视广告，而这只 gecko 说的英语带有浓浓的 Cockney 口音。

八、"女王英语"与"五味杂陈英语"

所谓"女王英语"（Queen's English）当然不是指英国王室的专用语言，而是指标准、规范、正统的英国英语，从语法规则、遣词造句、语音语调等各方面都十分讲究。历史上，能操一口标准的"女王英语"是上流社会身份和地位的象征。英语是当今世界使用最广泛的交际语言，其原产地自然是英国。在当今这个"地球村"时代，英国已是个移民众多的多元化国度。英国教育部的统计数据显示，仅在英格兰地区的 1 600 多所中小学校中，就有近百万移民学生，他们的母语不是英语。随着科学技术、信息社会的飞速发展和国际文化交流的日益繁荣，英国英语早已"五味杂陈"。在地方口音的问题上，近者有苏格兰口音、爱尔兰口音，远者有美国口音、澳大利亚口音、印巴口音、中东口音、普通话口音、广东话口音等等。

本篇参考文献：

[1] Crystal, D. English as a Global Language[M]. 北京：外语教学与研究出版社，2001.

[2] John Algeo. A Meditation on the Varieties of English[J]. English Today, 27 July, 1991: 3-6.

[3] Randolph Quirk. Language Varieities and Standard Language[J]. English Today, 21 January, 1990: 3-10.

[4] 戴军."女王英语"风光不再[J]. 光明日报，2012-8-07-16.

[5] 侯维瑞. 英国英语与美国英语[M]. 上海：上海外语教育出版社，1992.

[6] 颜治强. 世界英语概论[M]. 北京：外语教学与研究出版社，2002.

[7] 朱风云. 英语的霸主地位与语言生态[J]. 外语研究，2003（6）：23-28.

第三篇　英语与世界英语

本篇内容提要：英语已经成为一种世界性的语言。在世界英语圈里，中心是"世界标准英语"或"国际标准英语"，这是各国的英语使用者在会议、商务、度假等场合相互交谈时使用的英语。世界各国和地区所使用的英语是有差别的，大致可以分为英国英语、美国英语、澳洲英语、非洲英语、印度英语、远东英语、加勒比英语、洋泾浜英语等。

一、英语与世界

今日英语已是全球性的语言。它在世界上的传播与应用是无可比拟的，已把几百年前在欧洲占统治地位的拉丁语、法语和意大利语远远抛在后面。美国的强大使得英语在所有语言中的霸主地位得到了无可争议的加强。加拿大、澳大利亚的繁荣更使得全球对英语的热情更加高涨。达尔文的生物进化论告诉人们："适者生存。"一个事物只有适应了社会发展的需要，经得住历史的考验，才能生存、发展乃至不断发展壮大，这是自然法则。英语是经由历史选择而拥有今天的"世界语"的地位的。

目前，世界上大约有75个国家和地区将英语作为第一语言，或作为政府、法律和教育领域的语言，或第二官方语言；有的国家将英语作为第二语言（English as Second Language, ESL），或附加语言（English as Additional Language, EAL）；有的国家将英语作为外语（English as Foreign Language, EFL）。20世纪90年代中期，一些国家将英语作为国际语言（English as International Language, EIL），最近又叫作混合语（English as Lingua Franca, ELF）。英语不再属于英、美、澳、加、新诸国的专利而是属于世界，它的发展和未来取决于把它作为第二语言或者外语使用和学习的人们。

按使用人口的多少排列，目前世界上的语言依次是汉语、印地语、西班牙语、英语、阿拉伯语、孟加拉语、俄语、葡萄牙语、日语、德语和法语。但国际通用的语言却主要是英语。

近年来世界英语（World English）、国际英语（International English）和全球英语（Global English）频繁出现于报端、杂志、书籍、广播和网络。这三个概念在意义上既相近，又有所区别，它们也是同义词。它们都与同一语系或同一广泛被使用的语言相关，但它们所使用的背景和侧重点并非一样。（胡晓琼，2007：16）

二、全球英语

《全球语言英语》一书的作者戴维·克里斯特说，现在出现了一种史无前例的现象，使用某种形式英语的非英语国家人数已经是英语国家人数的三倍。仅在亚洲，大约就有3.5亿人说英语，相当于英国、美国和加拿大三国说英语人口之和。

英语是一门国际通用语言，被称之为混合语言（lingua franca）、全球英语（cosmopolitan English）。国际语言和全球语言的名称都在某种程度上反映了英语在世界上的地位。国际语言强调的是英语的国际化，在经济全球化、英语国际化的过程中，英语在走向世界的同时，自身也在不断被异化。（潘国文，2004：22）

"英语是国际语言，这是历史造成的事实，进一步将英语叫成'世界语言'，甚至'全球语言'。英语现在已经成为国际交流最通用的语言。不论称英语为世界语言，还是全球通用语言，它确实是走遍天下最通用的交流工具。"（牛道生，2008：5）

自20世纪90年代中期起，"全球"一词使用得越来越频繁，如"全球化"（globalize）、"全球村"（global village）、"全球变暖"等。全球英语指英语在全球范围内使用，尤其与社会和经济的全球化相连。全球英语这个概念意味着英语已经成为统领世界其他语言的领头羊。英语成为"地球人都知道"的语言。英语作为全球性的交流语言，会变得越来越简化易懂，越来越摆脱英美英语的束缚。

全球英语是全球人的语言，是"本土化"过程中来自不同地方的方音和方言的"大拼盘"，可用在宾馆、机场、奥运会、世界杯足球比赛、国际贸易展示会、学术交流、国际商务等场合。既然英语已成为全球语言，各国的人都在使用，也就不再是英美等"内圈国家"的专利。当全球英语出现简化体时，英国和美国人所说的不同形式的英语将成为本地方言。英语母语人士要跟全球其他英语使用者交谈，也许还要学习另外一种英语。

语言学家表示，正如拉丁语的演变，随着英语继续普及，它正在逐步裂变成由各种方言构成的语系，还可能最终发展成"各种英语"这样成熟的语言。但与拉丁语和此前的其他通用语言相比，大多数学者认为英语可能通过某种国际简化形式继续代代相传，这种简化形式就是全球英语或世界标准英语。

三、国际英语

"英语作为国际语言"指英语被多国、多民族使用,尤其是在语言教学上的使用。作为国际语言的英语,不应该仅仅作为英、美、澳、新等国的独有财产,而是世界性的共有财产。当一种语言本质上变得国际化时,它不可能仅仅局限于一种文化,非英语本族者使用英语的同时也能够保持自身的文化习俗和社会政治观念。

从社会语言学角度来看,Yano(2001: 124)把英语的用途归为两大类:作为国际交流工具的正式英语叫作 acrolect,国内或本地日常使用的非正式英语叫作 basilect。前者在国际场合使用,其语用形式较正式、规范;后者用于国内或本地,其语用形式较随便和土语化。

语言是时代的产物。当下的英语既具有开放性、国际性,同时又具有本土性和身份性。因此,一个新词 Glocal(混合词,来自 global 和 local)被创造出来形容英语的这种特性。英语发展成 Glocal 式的语言,是因为一方面英语广泛的传播使其成为国际语言,同时其表达的又是各国和各地域的现实。

作为国际语言的英语包括所有在全球跨文化交际中使用的英语变体,而不仅仅限于盎格鲁-撒克逊英语(Anglo-Saxon English,通指英国、澳大利亚、新西兰和北美使用的作为母语的语言变体)。英语成为国际语言实质上是一种"非盎格鲁化"、"非国家化"语言。英语国际化的推进必将促进英语本土化(localization/nativization)的发展。

四、世界英语的发展

英语在世界的发展分为两个阶段:第一个阶段是大批英格兰人、苏格兰人和爱尔兰人移民到北美、澳大利亚和新西兰,在这些地区产生了"新大陆母语种类"。(徐晓晴,2005:110)这些美国英语、加拿大英语、澳大利亚英语和新西兰英语形成了"新大陆英语"(New Englishes)的变体,在相当大的范围带来了世界英语的变化和发展。(徐晓晴,2005:111)

第二个阶段是18世纪和19世纪,英国在亚洲和非洲的殖民带来了第二语言种类,即"新型英语"(New Englises)的发展。(徐晓晴,2005:111)。

非洲殖民地的英语分为"西非"和"东非"两大块。西非的英语与奴隶贩卖时的洋泾浜英语和克里奥尔语的发展有联系。当地居民现在仍然用洋泾浜英语作为他们的第二语言。东非的英语主要是1850年英国殖民后广泛用于政府、教育和法律部门的语言。20世纪60年代东非的国家陆续独立之后,英语已成为这些国家的官方语言,也有很多人把英语作为第二语言。

在亚洲，英语是 18 世纪后半叶被引进南亚次大陆的。英语在印度经历了印式化（indianisation）的过程，已经像美国英语和澳大利亚英语一样具有自己的地方特色。英语在东南亚和南太平洋的影响始于 18 世纪后期，主要分布于新加坡、马来西亚、菲律宾群岛，这些英国的保护领地使用的全是洋泾浜英语。这些世界英语有其各自的特点，特别是有各自独特的口音，另外在词汇的习惯用法、语法和语篇策略上都与标准英语有明显的区别，构成了今天的"新型英语"（New Englises）的种类，这是世界英语形成和发展中的一个组成部分。

总的来说，世界英语的发展主要有三大形式：

（1）母语、本族语。母语、本族语国家指的是那些历史上将英语作为母语或本族语的国家（如：英国、美国、加拿大、澳大利亚和新西兰），这些国家有共同的传统文化和英语语言基础。

（2）第二语言。第二语言国家指的是那些曾经被英国殖民的国家（例如：印度、尼日利亚等）。

（3）外语。外语国家指的是那些用英语与说英语的本族人和外国人打交道的国家。

Kachru 做了与以上三种英语形式相对应的分类，他把世界英语分为三个同心圈（three concentric circles）：内圈（the inner circle）、外圈（the outer circle）和扩展圈（the expanding circle），它们代表了不同文化情境中的英语发展形式、英语习得模式和英语的功能分配。

五、英语国别变体

世界最通用的语言英语，事实上是一个国际语汇的大熔炉。450 年左右，当尤里乌斯·凯撒尚在人世间时，我们目前所知的英语还不存在。英语是一种相对年轻的语言，其根源可追溯到 1 500 年前的英国。当时英国的居民说的是凯尔特语。随后，盎格鲁-撒克逊人入侵到这里。古英语或盎格鲁-撒克逊语是公认的现代英语的起源，可是在漫长的历史岁月里，英语民族遭遇到多次外族人入侵，他们不仅用强大武力征服了英格兰的土地，也给这个地区的语言和思维方式带来了异邦特征，使英语在漫长的形成过程中，渗透了多种民族的成分。

公平地讲，正是因为有了这样的融合，使得英语有了得以迅速推广的有利基础，人们可以很轻易地发现英语中有自己民族的特点，所以乐于接受。而英语在国际上广泛使用的结果，反过来也使得英语本身越来越多地容纳外来语，当然也做了一些有机的综合和改变，把大量的外来语变成英语中的日常用语。请看下面这两句子：

Jane saw a baby squirrel eating ketchup left out after yesterday's barbeque. Although she was still wearing her cotton pajamas, she hurried outside to chase the creature away.（简看到一只松鼠幼崽在吃昨天烧烤后剩下的番茄酱。她不顾自己还穿着棉睡衣就冲到外面去赶它。）

这句话中，包括英语在内共用了7种语言。Baby 来自荷兰语，Squirrel 来自法语，Ketchup 源于马来语，Barbeque 是从加勒比海地区的印第安人那里借来的，Cotton 来自阿拉伯语，而 Pajamas 则来自印度的乌尔都语。

随着英语的迅速国际化和本土化，各种带有地域色彩的英语不断发展，在本地、本国的对内、对外交际中发挥越来越重要的作用。各种英语变体相继出现，除了旧有的英、美、加、新、澳英语外，还出现了新加坡、南非、印度、日本、中国等新的英语变体。

当下，国际上专门研究英语变体的学术刊物有：英国牛津大学出版社出版的 *English Today*、美国出版的 *Worldwide Englishes*、德国出版的 *English World-wide*，以及日本出版的 *Asian Englishes* 等。

（一）英语普通话

"英语普通话"这种命题，应是一个新概念。英语有许多变体，主要有美国和加拿大英语，澳大利亚和新西兰英语，印-巴英语和非洲英语；英国英语也包括北部方言、中部方言和西部方言。"英语普通话"即标准英语，其定义是，"居住在伦敦和英国东南部受过教育的人所讲的话，以及其他国家和地方的人按此方式讲的话"。

（二）XX（国名）英语

根据国际上社会语言学界的习惯用法，XX（国名）英语（英语名称为：国别形容词＋English）一般有两层含义：

（1）它是英语的一种变体。"变体是由具备相同社会特征的人在相同的社会环境中所普遍使用的某种语言表现形式。"（祝畹瑾，1992：19）从这个意义上讲，一种语言表现形式如被确定为变体，就无对错或优劣之分，不同的只是不同的人对待它的态度。

（2）它可以分别指用于国内交流的制度化英语变体或用于国际交流的使用型英语变体。如印度英语就属于前者，而日本英语则属于后者。但从汉语名称或英语名称上来看，我们无法准确判断某变体（如加纳英语 Ghanaian English）是属于两类中的哪一类。

(三)英语变体

根据《朗文语言教学和应用语言学辞典》的定义,变体是一个中性术语,用来指语言、方言、洋泾浜或克里奥尔语等。任何一种变体在语言学上都是平等的,没有孰优孰劣之分。新变体的产生往往是新的环境或英语在新的环境中起作用引起的。Kachru认为,新变体并非孤立的,而是成体系的,它的形成是英语在非英语文化背景中应用的结果。"英语一旦在一个地区被采用,不论是在科技、文学或现代化等方面,都会发生再生现象,部分是语言再生,部分是文化再生。"(李文中,1993:22)

现存的各种英语方言和变体是历史的产物。1776年的美国革命出现了两种国语:英国英语和美国英语。政治上的独立鼓励美国人把他们的方言变体作为其国家的特点而不是偏离其祖国标准的东西加以组织。其他地区在获得政治上的独立之后,其国语也随之出现:利比里亚英语(1847)、加拿大英语(1867)、澳大利亚英语(1910)、南非英语(1910)、爱尔兰英语(1922),此外还有在第二次世界大战和大英帝国解体之后出现的许多独立国家的英语。

在漫长的传播与发展过程中,英语通过与世界各地语言和文化的接触而产生了许多英国本土以外的变体,称之为海外体英语或英语的社会地域变体。通观这些变体,社会学家认为它们以三种形态存在,即作为母语、作为第二语言和作为外语。这三种形态既有同属英语,以标准英国英语为其共核的特点,也存在着相互之间和与标准英国英语之间有大大小小、多多少少差别的特点。

(四)制度化变体和使用型变体

根据两种不同的实用目的,社会语言学家提出把英语的地域变体分成两大类,即国际使用类(international)和国内使用类(intranational)。Kachru(1982)又提出两种概念,即制度化变体(institutionalized variety)和使用型变体(performance variety),分别与国内使用类和国际使用类相对应。

所谓制度化,是指作为国内使用类的变体中的变异现象已相对固定,有一定的生成与发展规律可循。而使用型变体则由于交际目的的限制,其变异的不定性较大,常随说话人的不同处境,语言水平以及受话人的不同态度和具体反应而变化,其变异现象尚未固定,无一定规律,因此不可能具有本体论意义。

(五)非本族英语与本族英语

语言学意义上的英语变体可二分为本族语和非本族语。本族语的英语变体包括美国、英国、新西兰、南非、新英格兰、约克郡英语等。非本族语的英语变体包括印度英语、尼日利亚英语、东非英语以及一些使用型变体,如俄国英语、法国英语等。

非本族英语与本族英语相比有三种变异：①非本族英语中有本土词汇；②由于学习过程中没有完全掌握句法或语法而导致了变异；③受母语的影响，在语音、词汇、句子各个层面都有一些变异。这些变异导致了不同国家英语的不同特点。但无论英语发展成多少种变体，只要各种变体之间是相通的，是可以相互理解的，每种变体都应该属于这门国际化语言的重要组成部分。随着世界英语的发展，各体英语之间总有一个共核部分或理想化的规范。正是这种共核成为联系语言和文化的纽带，保持英语的规范是为了保证交际的有效性。

六、新英语与旧英语

当今世界存在着各种各样的英语变体（Englishes）。全球化语境中已经出现的新英语变体包括印度英语（Indian English）、菲律宾英语（Philippine English）、新加坡英语（Singapore English）、非洲英语（African English）等等。这些新英语在语音、词汇和表达方式等多个层面都有别于盎格鲁-撒克逊英语，体现着各自的文化特征。

新英语是英语与全新的生活环境磨合后变化了的产物。由于在新的多元文化的生活环境中，人们必须以新的东西、新的关系或新的经验命名，必须表达新的意义、新的文化和新的观点，因而产生了许多新的术语、新的语法特点以及新的表达方式。"新英语是经过移植的变体，有自身的明显的生态特征、语境和功用。"（许丽芹，2005：14）

第二次世界大战以前，多数语言学家认为只有英国英语才是正宗的舶来品，King's English 或 Queen's English 才是唯一的标准英语。英语在世界不同国家、不同地区的传播，带来了英语本土化的问题，并形成带有地域特色的各种新英语。

"许多国家和地区的英语变种已经得到发展，并且继续这样发展下去。由于它们具有独自的词汇、语法和发音，所以被称为新英语（New Englishes），如非洲不同国家的英语、印度和巴基斯坦英语、新加坡和菲律宾英语。"（牛道生，2008：230）

自从20世纪60年代起，新英语（New Englishes）（Crystal, 2001: 131）被用来指称世界英语（International/World/Global English）的区域变体（geographical varieties）。1977年Kachru在《英语语言论坛》上发表了题为《新英语和旧模式》（*The New Englishes and Old Models*）的文章。Kachru的New Englishes之说认为，新英语应该被看作是独立的语言变体，有各自的本土的使用标准和发展标准。如果说世界英语的称谓涵盖世界各地使用的英语变体，那么新英语主要指那些以英语作为第二语言的国家的英语变体，如东南亚和非洲的一些前英国殖民地国家。与之相对的是旧英语，即以英语为母语的国家，如英国、美国、加拿大、澳大利亚、新西兰等国的英语变体。

Kachru 认为，位于内圈的是旧英语，又可称为旧的英语变体（The Old Varieties of English）。外圈包含的则是新英语或者说是新英语变体（The New Varieties of English）。比如说，斯里兰卡英语就是近年来迅速兴起的新英语（即殖民地国家英语）之一。

新英语的形成可以说是英语地方化的一种新的语言现象，也是英语发展的必然结果。到了 20 世纪 80 年代，以 "World Englishes" 或 "New Englishes" 为题的文章和书籍大量涌现，Englishes 便进入了世界各地的出版物、学术讨论会、讲座、辩论等。到了 20 世纪 90 年代，Englishes 一词被收进多部英语辞书，如 *The Oxford Companion to the English Language*（1992）、*The New Shorter Oxford Dictionary*（1993）、*The Cambridge Encyclopedia of the English Language*（1995）。

七、复数"英语"

英语作为老牌殖民主义者的语言，在历史上影响了一个又一个国家的语言。英语影响了世界，世界也改造了英语。英语正在被多个国家本土化，从而形成英语的各种变体。人们把这些英语变体称为不同的英语，因此就有了 World Englishes（世界英语）之说。例如：We should talk not English, but of many Englishes。

近几十年来，由于英语在全球的使用范围逐步扩展，传统的"标准英语模式"被打破，各国英语的不同价值取向日益明显。今天，英语虽然作为一门语言，但不再被看作是一个抽象的、有着同一标准的单数概念，英语的复数形式 Englishes 频繁出现在国内外各种媒体媒介上，用以指称世界范围内各国各地区使用的英语变体。

Englishes 一词最早见于 Strang 所著《英语史》（*A History of the English Language*, 1970）一书。（姜亚军，1995：13）与 Englishes 基本同义的一个词语是 English Languages。自 20 世纪 70 年代起，Englishes 和 English Languages 的使用日渐普遍。但 Englishes 与 English Languages 的区别在于，前者强调"言指不同之中的相同"，而后者强调"相同之处的不同"。（姜亚军，1995：14-15）

20 世纪 70 年代之前，人们普遍认为英语仅仅从属于英国、美国或其他英语本族语国家。今天，英语作为一门语言，不再被看作是一个抽象的、有着同一标准的单数概念，英语的复数形式（Englishes）频繁出现在国内外的报纸、期刊上，用以指称世界范围内各国及各地区所使用的英语变体。不可数名词 English 的复数化成了历史的必然。如今真正的世界语不是那个 Man-made Esperanto。但是这个英语不只是

English，更确切地说应是 Englishes。

随着 New English、New Englishes、World English、World Englishes 等的出现，WE-ness（世界英语概念）已经形成。（姜亚军，1995：14）虽然 1992 年出版的 Tom McArthur 主编的《牛津英语指南》（*The Oxford Companion to the English Language*）一书将 Englishes 解释为"varieties of Englishes collectively"，但 Englishes 的概念显然比传统意义上的 varieties of Englishes 具有更为丰富的内涵，因为它不仅包括了以前的内圈英语，而且也包括了外圈英语；更重要的是，它也同时赋予一大批发展圈国家的英语以独立的学术地位。（姜亚军，1995：14）

八、世界英语

英语在漫长的历史发展过程中，几乎吸取了全世界所有主要语种的有用部分，逐渐将其同化成自己的新成分。英语词汇中有 50% 以上是从世界其他语言中直接借用的或派生的。语言学界把直接借用的部分称之为世界性词汇（cosmopolitan vocabulary）。因此有人说，英语是世界上成分最杂的混合语，所以有人将 World Englishes 译为"世界混合英语"。World Englishes 的其他中文译文有：世界英语、世界诸英语（姜亚军，1995：13）、世界各类英语、世界英语变体、世界各种英语。

"在全球化的大趋势下，英语在世界各地的本土特征越来越引起包括社会语言学等在内的研究者们广泛的关注。由于英语的内涵与外延已从原本作为母语的定义范围延伸并涵盖到作为非母语的范围，因而有了当今的热点研究领域：世界英语（World Englishes）。这种语言多元变体的现象不仅反映了语言自身的变化和发展，更重要的是反映了社会文化、全球经济、国际社会、国际政治的变化和发展。"（郑新民，2009：104）

印度籍美国著名学者 Kachru 是世界英语理论的主要代表人物之一，他运用社会现实主义的方法，基于多年对印度英语的研究，提出了 World Englishes（WE）（世界英语）的概念，认为世界英语指的是不同文化背景中所使用英语的模式或变体，其理论宗旨是试图揭示各种变体的典型特征。他还提出了很多关于世界英语的连锁模式，包括三个同心圈模型、世界英语的规范化、英语的全球化和本土化等。

Kachru 和 Smith 共同主编的《世界英语》（*World Englishes*）刊名中的"英语"一词用复数指的是各种英语变体和不同文化背景下人们使用的不同英语。世界英语可意指标准英语、非标准英语、英语母语、英语方言、洋泾浜英语、克里奥尔语、通用语等所有的英语和英语变体。

McArthur（2004: 3）认为世界英语有两层含义：它既是"英语作为世界语言"

的简称，也是英语变体如美国英语、澳大利亚英语、英国英语、爱尔兰英语、尼日利亚英语、新西兰英语等的总称。它涵盖了英语的各个方面：方言、洋泾浜、混合语、变体、标准语、话语、写作语等等。世界英语的特征之一就是英语的灵活性和表达民族文化的功能。随着英语的不断发展，承载不同文化背景的新英语不断涌现；英语也许可以表达多种文化的价值观念和宗教信仰。

英语是世界语言的事实意味着没有任何国家能独占这种所有权。当一种世界通用语被来自不同文化背景的人们所使用时，语言的所有权将会向非本族语者转移。世界性英语不再由英式英语或美式英语来主导。正如足球这种国际体育项目已经不再被人与发源地英格兰联系在一起一样，英语也不再属于母语国家的人，而属于整个世界。

九、贬义国别英语

英语中往往使用"名词＋English"来称呼那些英语家族中低一等的变体，如Hong Kong English；而能登堂入室的规范英语变体都是以"形容词＋English"来命名，例如British English、American English、Australian English。

Chinese English 略带贬义，而 Sinicized English 则有"中国式英语"之嫌。中国各体英语（China Englishes）过去得不到西人的认可，曾被斥责为"鸽子英语"（Pigeon English）。（顾卫星，2008：13）

19世纪及至20世纪初，Americanisms（美国英语）曾被认为不规范。Americanese 是一个用以贬低美国英语的词语。Americanese 的字面意义是"美国式英语"，但明显带有蔑视的含义。

Singlish 意为"新加坡式英语"，它是一种在新加坡多元种族文化背景影响下所形成的、混合了其他在新加坡广泛使用的语言的英语。新加坡英语是一种汇集汉语、英语、马来语和印地语的混合语言。2000年时任新加坡总理的吴作栋发起了一场全国性的讲地道英语的运动，鼓励人民讲标准英语。新加坡总理在2001年4月的一次倡导"讲正确英语"的活动时说，年轻人要尽量避免说 Singlish。（郑新民，2007：86）2002年，新加坡政府又提出，为了迎接邻国的挑战，现在比任何时候都更需要讲地道的英语，而不要讲 slovenly English（含沙射影地意指 Singlish）。

十、洋泾浜英语

"洋泾浜"一词在《汉英大辞典》里的解释是：上海租借地名。该地华人、洋人杂处，语言混杂，一些人以不纯正的英语跟英美人交谈（语法依据汉语，词语来自英语），这种英语被讥称为"洋泾浜英语"，亦泛指不规范使用的外语。《辞海》对洋泾浜的解释是：鸦片战争以后，产生于中国沿海几个通商口岸的一种混合语。词语极少，多半来自英语，语法基本上依据汉语。由此看来，洋泾浜英语其实就是中国人在和外国人打交道的过程中学来的一种变了形的英语。

不洋不土的洋泾浜英语是一种以本土民族的语言为基础，借用外来民族语言中的一些最常见的词语和最简单的句子结构融合而成的语言变体。英语称之为 Pidgin English。黑人讲的英语为 Black English，印第安人讲的英语为 Amerindian English。这种英语包括了一种被语言学家叫作混合语或克里奥尔语（Creoles）的新英语混杂变种。

马克思曾指出："语言也和意识一样，只是由于需要，由于和他人交往的迫切需要才产生的。"（马克思，1960：34）人们在生产和生活过程中，实际的需要自然而然催生出交流的媒介——语言。语言是天然的有机体，它完全不受人类意志的支配，它根据一定的规律自发地产生和发展。洋泾浜语是一种接触语言。人们在接触过程中，必然会进行信息交际，而有些人则因不能使用同一种语言而不得不借用洋泾浜语来满足实际和紧急交际的需求，于是，洋泾浜语作为一种交际补偿工具应运而生。

洋泾浜语是一种交际系统，它发展于操不同语言的人们之间，是作为操不同语言者进行贸易或为达其他目的所使用的一种交际语言。从专门意义上讲，洋泾浜语是指从两种或两种以上语言中吸收其构成成分的交际语。洋泾浜语还有其他名称，如："临时使用语"、"语际语"或"混合语"。

关于"Pidgin（洋泾浜语）"一词的来源说法不一。Pidgin 被广泛认为是英语词 business 经过粤语的变音而形成的。Pidgin 还拼成 pigeon。还有人认为 Pidgin 来源于葡萄牙语 ocupação，即商业贸易。另外，还有人认为它源于希伯来语 pidjom，意即 barter（易货贸易，物物交换）。

语言学家根据洋泾浜语的发展阶段，将其划分为四种类型：行话、稳定的洋泾浜、扩展的洋泾浜和克里奥尔语。每一类型的特点均表现在其复杂性的逐渐发展上。

在行话（jargon）这一阶段，洋泾浜语刚刚开始成为一种独特的语言，其个性特征非常明显，通常语音体系极为简单，词汇也很少，多为一两个词的单句。这种行话的适应范围极为有限，且多数是贸易行话，如齐努克行话（Chinook Jargon）便是一种从 18 世纪开始在北美沿太平洋西海岸使用的贸易语。

稳定的洋泾浜语（Stable Pidgin）是一种比较规则、比较复杂的语音体系，在使用方面也已有了社会标准。在这一阶段，洋泾浜语在结构和词汇等方面都已稳定下来。在挪威北部俄国商人和挪威渔民之间使用一种贸易洋泾浜语——卢森诺斯克语（Russenorsk）。因为它是一种作为季节性贸易的语言，其在结构上并没有发展，中心词汇也只有 150—200 个单词。

Extended Pidgin 是扩展的洋泾浜语。除了上述情况以外，还有一些洋泾浜语，它们不仅已经稳定下来，而且还不断发展，成为一种语法更为复杂的语言，并作为固定的交际语使用；有时还成为官方语言或具有其他地位。

在克里奥尔语这一阶段，洋泾浜语被克里奥尔化了。也就是说，它被儿童作为第一语言获得，尤其是在城市地区。在扩展的洋泾浜语和克里奥尔语之间没有明显的结构差异，二者在语言结构方面呈现出共同特点。二者的区别更大程度在于其社交作用而不在于其形式。

洋泾浜语还可以按其使用的社会环境不同分为以下几种类型：

（1）航海洋泾浜。航海洋泾浜使用于海上及海岸地区，在不同国家的海员、乘客以及沿岸地区人们之间作为交际语使用。最典型的有如下几种：①地中海沿岸各地广泛使用的一种以罗马语为基础的洋泾浜语林呱弗兰咔，这种语言从中世纪开始一直沿用到 1909 年，在 21 世纪消失。②冰岛曾流行过一种以巴斯克语为主要词汇的洋泾浜语，用于欧洲人和北美东部印第安人之间的交际，开始于 16 世纪，17 世纪停止使用。③上面提到的卢森诺斯克洋泾浜语便是 19—20 世纪在北角（North Cape）附近前苏联和挪威海员之间使用的交际语。

（2）贸易洋泾浜语。航海洋泾浜语和贸易洋泾浜语之间的界限不容易划分，因为航海洋泾浜语通常也用于贸易。北冰洋沿岸使用的洋泾浜爱斯基摩语就是一例。它主要用于 19 世纪和 20 世纪初的美洲捕鲸船上，被爱斯基摩人和异国海员作为交际语言使用。中国的洋泾浜语也是如此。它产生于 1715 年（最早的文字记录是 1743 年），一直沿用到 21 世纪初，在中国沿海作为中国人和欧洲商人之间的交际语言，是一种典型的贸易语。

（3）种族之间的交际语。除贸易之外，洋泾浜语还用于其他更广泛的领域，如传教、政治谈判、不同语言的人民共同举办的庆典等。

（4）劳动力洋泾浜语。许多洋泾浜语是在工作环境中产生的，有些是原殖民者与家庭中当地雇工之间的交往，如竹洋泾浜语（Bamboo English）。还有一些发展于欧洲工厂主和他们的当地工人之间。

"任何语言都发生于现实生活，它在诞生之前，有两个条件：言语交流的需要和对某一语言模式的趋近。"（马伟林，2005：191）从世界范围来看，洋泾浜英语主要由英语和本地语接触而产生，词汇主要来自英语，语法则来自当地语言。易言之，洋泾浜英语以英语形式出现，是一种带有当地色彩的英语变体。形成洋泾浜语的社会原因有：军事占领、家庭内部主仆之间的交往、种植园经济，当然很重要的一个原因是商贸往来。按照使用区域的不同，洋泾浜英语被赋予不同的名称。如"日本洋泾浜语"、"越南洋泾浜语"、"所罗门群岛洋泾浜语"、"毛里洋泾浜语"等，都是因其使用地域而得名的。在越南战争期间曾流行一种以英语为基础的洋泾浜语，称为"竹洋泾浜语"；在肯尼亚欧洲人和当地非洲人之间使用几种斯瓦西里语的变体，称为"斯瓦西里洋泾浜语"。中国的洋泾浜英语在中国沿海地区存在了200多年之久，是林林总总的洋泾浜语言中重要的一种。

反映语言之间关系的理论最重要的是由Schleicher（2008: 211-224）提出的谱系树模型，他认为语言之间是一种同源的发展过程。语言谱系树清楚地描绘了语言与语言间亲缘与层级关系，后辈语言体现为语言谱系树上祖先语言的某一支点。当一种语言在扩张演化的过程中，有各种细枝末节区分的不同团体的语言分歧达到系统性的变革后，新的语言就应运而生。所谓后辈语言与祖先语言是相对的。语言演变的参照点是祖先语言，语言演变后的是后辈语言。但后辈语言也有可能继续演变。虽然演变是渐进的，但变革是突然的。按照语言家谱，近代英语和近代德语来源于日耳曼语支；而法语、西班牙语、意大利语和罗马尼亚语则是拉丁语的子语。拉丁语作为一种母体，按照语言的发展规律，演绎了新的语言的产生过程。

洋泾浜语的产生方式则有别于单一语言的历史演变过程。洋泾浜语没有一个独立的母体，它来源于语言接触和语言混合，是一种独立的语言变体，绘制它的语言谱系图需要涉及多个语言，所以在谱系树中找不到它的位置。

因为谱系树模型忽略了语言之间的接触，所以需要重新审视该模型分析语言的有效性。一般来说，分析语言间关系的理论角度主要有三：①语言谱系树的思路；②考虑语言之间接触的词汇扩散理论；③单纯从地域上考虑的方言学的思路。

十一、混杂英语

在英、美、加、澳、新等以英语为母语国家之外的广大地区，其中特别是在非洲、加勒比地区和太平洋群岛，流行着一种带有鲜明的地方色彩的混杂英语。不论在圭亚那茂密的种植园、巴基斯坦喧闹的集市，还是在南非豪华的板球场、肯尼亚拥挤的海滨浴场，甚至在英语国家本土的大街小巷或边远地区，人们都可以听到这类五花八门令人称奇的混杂英语。

所谓混杂英语说的是"语言基因"之间的一种颇富创造性的"杂交"而产生出的一种英语词汇和语法与当地语言混杂在一起的语言。这种全新的英语对讲"正宗"英语的英美人来说，可能是完全陌生的，甚至犹如一门新的外语。

西非地区的混杂英语早在17—18世纪时就已诞生。这种混杂英语尽管有90%的词汇来自英语，但人们使用这些词汇的方式与英国人完全不同，无怪乎连英国的语言专家、学者都会感到如同读/听"天书"。

英国语言学家们把西非和加勒比地区的混杂英语归属于"大西洋家族",而把夏威夷、巴布亚-新几内亚等太平洋岛屿的混杂英语归属于"太平洋家族"。他们认为,太平洋家族的混杂英语与当地历史悠久的种植园经济息息相关。如在西印度群岛,当时盛行的奴隶买卖把成千上万非洲黑人带到当地的种植园干活,这就是西印度群岛各种混杂英语得以产生的大背景——那时,来自不同地区,操着不同语言的各色人种在一起居住、劳动,迫切需要进行交流,于是带有不同土语色彩的各种各样的混杂英语便应运而生了。

甚至在美国南卡罗来纳州岛屿上生活的黑人至今讲的仍是一种加纳风格的混杂英语。由于长期与外界隔绝,这种语言自18世纪进入此地之后就一直没有发生大的变化。由于未受到美国主流英语的影响,所以它是北美黑奴说过的混杂英语中少见的幸存者,因此是一种纯正的混杂英语。而在美国其他地方,它在公共场合已几乎绝迹了。其原因在于:白人主流社会对混杂英语一直持排斥态度。

与美国普遍对黑人混杂英语的敌视态度形成鲜明对比的是,不论是西非、加勒比地区,还是夏威夷、西印度群岛,人们大多为自家的混杂英语感到自豪。

十二、加拿大英语

"就加拿大而言,当殖民化完成英语成为支配性语言后,语言接触及其结果分三种情况,第一是英语和原住民语言的接触,后者对前者产生了影响;第二是移民语言对支配性语言英语的影响;第三是英国英语和美国英语接触后所产生的变化和结果。所有这些接触在加拿大产生了一种语言变体,即加拿大英语。"(李桂山,2008:18)

加拿大英语是英语的一个分支,它的早期发展史同英语的另一大分支——美国英语的早期发展史相似。1770年美国独立战争后,一条政治上的分界线把加拿大同美国分隔开来,加速了加拿大英语和美国英语之间的差别。200多年后的今天,加拿大英语变成了与英国英语、美国英语大体相似,而又独具特色的区域性变体。

广义上的加拿大英语指的是加拿大几个不同区域的英语,如纽芬兰英语(Newfoundland English)、滨海诸省方言(Maritimes dialects)、不列颠哥伦比亚方言(Columbia dialects)、中部与草原诸省加拿大方言(Central and Prairie Canadian)等。那些操法语的加拿大人被叫作Francophones,而那些操英语的加拿大人则被称为Anglophones。

加拿大英语既受英国英语也受美国英语的影响,在加拿大英语中有不少加拿大词语(Canadianisms)。加拿大英语词汇反映了这个国家的特殊性。加拿大英语吸收了印第安人和因纽特人语言的词汇来指称某些自然现象。法语和英语同为加拿大的官方语言，两者相互对立、相互渗透，加拿大英语中的法语借词就比英语的其他国别变体多，有些英语里原有的法语词在加拿大带上了别的转义。加拿大英语在历史上曾经受到英国英语的巨大影响，但现在主要受到美国英语的影响。

加拿大英语虽不是一种独立的语言，但却是一种独具特色的英语变体。加拿大英语经过上百年的发展已经成为一种独具特色的英语变体。加拿大与美国同在一个地域，美国英语在加拿大似乎无处不在。一方面，由于历史、地理等原因，加拿大英语兼具了美国英语和英国英语的许多语言特征，这种兼容性构成了加拿大英语的一个重要特征。另一方面，加拿大英语在同英语传统核心保持密切联系的同时，也产生了许多源于加拿大独特的历史环境和反映加拿大特有的文化传统的语言元素，形成了加拿大英语的独特性。此外，加拿大是一个多元化国家，所以加拿大英语另一个语言特征还体现在语言来源上的多元性。移民无疑是引发语言接触的一个重要因素。另一个对加拿大英语造成重大影响的因素是与其毗邻的超级大国美国。美国具有强大的平面和立体媒体的力量，美国在形态、社会、文化、经济、教育等各个方面都深刻地影响着加拿大和加拿大英语。

十三、加勒比英语

众所周知，英语是世界上使用人数最多的语言之一，也是使用者覆盖地域最广的一种语言。但事实上，在英、美、加、澳、新等英语国家之外的广大地区，特别是非洲、加勒比地区和太平洋群岛，流行的却是一种带有鲜明的地方色彩的混杂英语。

语言基因之间一种颇富创造性的"杂交"，产生出一种英语词汇和语法与本地语言的混杂英语，而这种全新的英语对讲正宗英语的英美人来说，可能是完全陌生的，甚至犹如一门新的外语。加勒比英语就是这样一种令人称奇的混杂英语。

"加勒比英语"一词包含两个意思。狭义的加勒比英语指与国际标准英语较接近的加勒比标准英语；广义的加勒比英语指加勒比标准英语和加勒比母语型英语混合语（Caribbean Creole English）。Caribbean English 也称为 Caribbean Creole。

加勒比英语是多样化的，以 Jamaican English（牙买加英语）为例，它也称作 Jamaican Creole，因为它在西印度群岛拥有的人数最多。牙买加存在两种水平的英语：① Standard English，它属于官方语言。② Jamaican English，是牙买加人在牙买加讲的英语，也被称为 Broken English，它的发音与伦敦和纽约的英语有所不同，往往还造字，喜欢把一些英文字增添别的意义。

十四、非洲混杂英语

在非洲，英语是三种通用语之一（另外两种是法语和葡萄牙语）。非洲有十几个国家把英语作为官方语言。由于 16—17 世纪掠奴贩奴的结果，非洲的一些国家使用一种类似洋泾浜的英语——把英语中的字词生搬硬套在非洲语言的语法结构上，产生一种 African English，也叫作 African Creole，或者 African Krio，也就是黑白混血黑人英语。非洲人讲的英语多是 African Krio，这其中还有些法语和葡萄牙语。African Krio 主要是口语，用在日常生活中和一些非正式的场合。

混杂英语产生的大背景——那时，来自不同地区，说着不同语言的各色人种在一起居住、劳动，迫切需要交流，于是带有不同土语色彩的各种各样的混杂英语便应运而生了。其实非洲西部地区的混杂英语早在 17—18 世纪时就已诞生——当时大批英国海员来到西非海岸做生意，于是"造就"了形成西非式混杂英语的特殊历史背景。英国语言学家们把西非和加勒比地区的混杂英语归属于"大西洋家族"，而把夏威夷、巴布亚 - 新几内亚等太平洋岛屿的混杂英语归属于"太平洋家族"。"太平洋家族"的混杂英语都与当地历史悠久的种植园经济息息相关。

十五、尼日利亚英语

由于受不同的背景条件的影响，英语在尼日利亚呈现几种不同的面貌：标准英语、普通英语（General English）、混合语（Nigerian Pidgin English）。标准英语是指在尼日利亚的标准英语，它的语音受说话人的母语影响，但语法方面受影响很小。尼日利亚普通英语不但在语音方面，而且在语法上也受使用者的母语影响；影响不仅来自当地，而且还部分地来自过去大量前往尼日利亚教书和经商的印度人。尼日利亚英语混合语是西非英语混合语的组成部分，许多地方与塞拉利昂英语混合语和喀麦隆英语混合语相似。它的地位虽然不高，却是当地社会真正的共用语，使用的人最多。

Nigerian Pidgin English 为尼日利亚非母语型英语混合语，通常用于多种语言并存的环境。母语不同的人不愿意学习或者不会其他部族的语言，在这种情况下，比标准英语容易学的、夹杂了当地语言因素的、在政治上较为中立的英语混合语便流行起来。尼日利亚使用混合语的人多为双语使用者。尼日利亚英语中有很多新造的词看似国际英语，但指义却是尼日利亚的，如：go-slow（交通堵塞）、yellow fever（交通指挥员）、kill-and-go（防暴警察）。

十六、南非英语

非洲地区英语是由英国殖民主义者传入的。区域性英语影响力比较大的国家是南非，南非英语已经成为世界英语家族中一个颇具国际影响力的英语变种。

南非英语（South African English，SAE）系指南非白人用作母语的英语。英语与南非荷兰语（Afrikaans）同时作为南非官方语言。南非所用的英语有好几种变体：南非白人用作母语的英语、南非荷兰人用作第二语言的英语（Afrikaans English）、南非混血人的英语（Cape Colored English）、南非黑人的英语，以及南非印度人的英语。

南非英语虽然源于英国英语，但由于它既受到荷兰语的影响，又受到南非另一种官方语言——南非公共语（Afrikaans）的影响，因而逐渐形成独具特色的英语变体。作为白人第一语言的南非英语有三种变体：保守型（conservative）SAE、高雅型（respectable）SAE和激进型（extreme）SAE。

作为与Afrikaans语并列的官方语言，英语在南非是许多出生于不同民族人的第二语言。在这些民族中，南非籍荷兰人（Afrikaners）和南非籍印度人（Indian South Africans）居住既集中，以英语为第二语言的人占的比例又大。印度人迁徙南非的起因是奴隶制的废除。获得自由的黑人不愿意继续在种植园工作，农场主通过政府向别的国家寻求劳动力。于是同样在英国统治下的印度就成了若干英国殖民地劳动力的新来源。但是由于受种族隔离制度的影响，南非籍印度人同以英语为母语的南非白人接触不多，所以英语中仍然夹杂有较多的印度语言因素。有些词是直接从印度语言中译借的，有的则是赋予普通英语词特殊的意义：bhajia（油炸辣味快餐）、jhanda（经幡）、marry out（跨民族婚姻）。

十七、澳大利亚英语

澳大利亚英语（AusE）是英语的地域变体之一，它最早起源于城镇语言，主要是英国东南部的城市语言和爱尔兰语言，由囚犯、冒险家和早期的自由移民从大不列颠带到澳大利亚，再经过与本土的土著语磨合，继而与来自不同文化背景的移民语言相结合，逐步形成了独具特色的澳大利亚英语。（葛俊丽，2008：36）澳大利亚英语存在着一种很特别的民族性和多样性。

Australia这一名称源于拉丁语 terra Australis，意为"南部大陆"。1606年，荷兰一航海家最先发现这块大陆时，误以为是一块直通南极的陆地，即用拉丁文命名为 terraaustralis（南方的土地）。

"Australian"一词于1814年最初用以指澳大利亚土著人，但不久便亦可用以指居住在该大陆上的其他人。在语言学家谈及澳大利亚语言时，"Australian"一词往往用以指其原义，即澳大利亚土著人讲的语言，不包括澳大利亚英语及其变体。Australia 的缩略词 Aussie 的不同拼写形式有 Ossie 以及 Ozzie，其简化形式 Oz 的应用却大受欢迎。非正式的称为 Aussie English，正式的称为 AusE。澳大利亚人特别喜欢用 -ie 这个词尾。他们认为这个词尾用起来特别方便，它可以加在名词上，也可加在动词、形容词上，而且还可用来将长词缩短。

澳大利亚文化最为突出的特点就是它的多样性。从民族构成来看，澳大利亚是世界上的多民族国家之一，共有140多个民族生活在这片土地上，统称为澳大利亚人，其文化的多样性不可避免。澳大利亚的主要语言是英语，但是由于澳大利亚独特的地理位置、民族情况等诸多因素，在历史发展的进程中，演化出许多不同的英语变体，其中包括土著英语、移民英语、白人英语。澳大利亚英语从单纯的殖民英语发展到独具民族特色的地区英语。

所谓澳大利亚英语是一个用来描述澳大利亚口头和书面英语形式的术语，如同英语在其他国家产生的变体一样，澳大利亚英语在词汇、发音方面由于历史和社会的以及环境的因素而发生了种种变化。不过，不论这种变化有多大，澳大利亚英语与其母语（英国英语）有着无法割舍的共同内核。从另一个视角来看，这意味着澳大利亚英语还发展了自己的某些鲜明的地域特征。在澳大利亚英语中，不论是口头还是书面语都具有一种鲜明的澳大利亚民族的特征，正是具有澳大利亚地域特色的那一部分英语发展和丰富了原有的英语，因而被称之为澳大利亚英语。澳大利亚英语常常通过各种各样的术语来加以说明，其中有澳大利亚英语的发音、澳大利亚英语的说话方式、澳大利亚人的口音和澳大利亚英语的口语等等。

英语在澳洲的最早出现是在 1788 年，英国政府把澳大利亚作为因犯流放地而开辟和建立了澳洲定居地，从一开始就出现了语言方面明显的差别。比如说，随船队一起来澳洲的军事人员、监狱看守和行政管理人员所使用的英语被称之为 Polite or Cultivated English（礼貌英语或文雅英语）；而因犯们使用的英语则被称之为 Broad English（粗俗英语）。可以看出，澳洲定居地开始建立之初，在语言上就有了文野之分。英语在澳洲的使用和流行，还有一些语言学形式上的变化，而且，后来在澳洲殖民地、定居地出生和长大的人所说的英语中出现了不少新方言。不过，由于英语或英语方言毕竟产生于同质的语言，因此，不管语言本身如何演变，总还是相同之处多于不同之处。易言之，虽然英语中存在着一种澳式的发音现象，但是英语的发音主要是由社会因素决定的，而不是由澳洲本土的地区性因素造成的。

在研究澳大利亚英语的时候，人们应当考虑以下三个主要因素：①因为早期的定居者大多数来自英国的各地区，所以，早期移民的英语带有鲜明的地方色彩。②澳洲定居者之中大多数是英国人，这一事实本身便成了澳大利亚英语之所以具有澳大利亚语言标准的主要因素。③英语本身借助于地区的同质性而使各殖民定居地作为一种语言发展中的萌发或核心地区的作用便由近及远地逐渐传播开来。于是，人们在潜移默化的社会大环境中创造出一种新型的澳大利亚式的英语。（刘丽君等，1998：493-495）

英语被认为是澳大利亚作为一个独立国家的标志。要想向世界表明澳大利亚是一个独立的国家，它就必须有一个单一的语言标志，这就是英语。（杜学增，2000：62）

澳大利亚英语是英语的澳大利亚变体。由于最早来澳大利亚定居的英国人中有许多是来自英国社会底层（主要是流行Cockney English的伦敦东区）的流放犯，结果伦敦东区人的发音习惯主宰了澳大利亚英语发音，并世世代代流传下来。

文雅澳大利亚英语（Cultivated Australian English）——文雅澳大利亚英语在发音和语言风格上非常接近英国的RP，它可以说是以RP为模式的英语。

粗俗澳大利亚英语（Broad Australian English）——粗俗澳大利亚英语在发音和语言风格上最能体现澳大利亚英语的特点。说粗俗澳大利亚语的人多为工人以及传统上处于社会中下层的男性。粗俗澳大利亚英语最能体现澳大利亚英语的特点。

普通澳大利亚英语（General Australian English）——普通澳大利亚英语是介于文雅澳大利亚英语和粗俗澳大利亚英语之间的一种为大多数人所使用的语言，它也为中产阶级所接受和使用。

文雅澳大利亚英语、粗俗澳大利亚英语和普通澳大利亚英语都属于澳大利亚标准英语的范畴。

由于澳大利亚是一个多民族的国家，反映在语言上便是语言状况的多样性，这一点在民族语言方面表现得尤为突出。澳大利亚有近200种土著语言，100多种社区语言，十几种洋泾浜语和克里奥尔语。当然，英语变体也不少。澳大利亚的英语变体主要有：

（一）土著英语（Aboriginal English）

欧洲人到达澳大利亚后，英语的影响力上升，土著人不得不学会英语以求生存。于是一个新的英语变体，也就是土著英语便产生了。土著英语在土著人的生产劳动和社交生活中处于领先地位。

土著英语也被称作黑人英语（Blackfella English），它实际上是澳大利亚标准英语和澳洲土著方言混杂之后的语言形式。

Pidgin（洋泾浜语）和Creole（克里奥尔语）都是指非英语民族的人在接触英语以后，把英语和本身的语言，通常是口语混合起来，逐渐形成的一种口语语言。后者还可以是某一部落社会唯一的或本身的语言。澳大利亚原来有许多讲不同语言的土著部落，他们在和英国人的接触中，形成了许多不同的 Pidgin 和 Creole 语言。现在绝大多数的土著人都讲英语，但是和一般澳大利亚人讲的英语不同，因此被称为土著英语。

澳大利亚土著英语可分为若干次变体。这些次变体不同于澳大利亚标准英语，也不同于克里奥尔语。它们与澳大利亚标准英语的差异在语音、语调、语汇、语法方面是很容易区分开来的。

澳大利亚土著英语的发展过程大致可分为：土著语言→洋泾浜语→克里奥尔语→澳大利亚土著英语。土著语和英语的频繁接触产生了以英语为基础的洋泾浜语。当洋泾浜语由第二语言变为第一语言后，便产生了克里奥尔语，克里奥尔语进一步发展就出现了在澳大利亚特有的土著英语。土著英语是澳大利亚英语的一种变体。

土著英语与克里奥尔语的差异反映在它们各自的社会功能、人们的需要以及使用者的个人动机上。某些土著英语变体是在一个正式的学习过程中产生的，人们学习的目的是为了掌握说标准澳大利亚英语的能力。但克里奥尔语则是为了共同交际的需求而产生的。土著英语不仅是澳大利亚英语的一种主要的英语变体，而且具有重要的社会功能。像所有非标准英语变体一样，它能提高澳大利亚土著人的民族或群体意识，促进他们的内部团结与和谐。操土著英语是显示自己民族归属的一个重要标志。（杜学增，2000：58-59）

（二）白人英语

澳大利亚白人英语也是澳大利亚英语的一个变体。白人英语是这个国家的官方语言，处于突出的地位。操这种英语的人是土生土长的澳大利亚人，或者年龄很小就移民澳大利亚的人。澳大利亚白人英语可以界定为：由本土出生的澳大利亚人使用的一种英语方言。它的使用和发展是随着一大批英国犯人流放到澳大利亚而开始的。澳大利亚白人英语，尽管在语音、词汇、语法等方面与英国英语有许多共同之处，但它毕竟是在一种特殊的历史、地理和社会环境下演变而来的，因而在其语音、语调、语汇、语法、语篇等方面具有不同于其他英语变体的特征。

（三）移民英语

移民要想融入澳大利亚社会，英语是必不可少的通行证（passport）。移民使用的母语对他们学习一种新的语言，即英语，会产生各种各样的影响。由于移民使用的母语种类繁多，使得移民英语也就产生了各自不同的特点。实际上，人们很难为移民英语下一个准确的定义。有多少种来自非英语国家的移民，就有多少种移民英语。造成移民英语形式多样化的因素有移民所使用的母语、移民进入澳大利亚的年龄、移民以前使用英语的情况、移民所接受的教育，以及移民在澳大利亚的各种社会接触。

尽管如此，语言学家发现澳大利亚存在着一些特点明显的移民英语变体，这些变体主要是由于社区语言的影响而形成的一些特点。使用这种移民英语的人不仅是第一代移民，其后代也使用。比如，澳大利亚希腊移民英语、澳大利亚犹太移民英语、澳大利亚中国移民英语等均属此类。

十八、新西兰英语

新西兰英语是世界英语区域性方言学领域里杀出的一匹黑马。长期以来，人们一直忽视了对新西兰英语的研究，而把它当作澳大利亚英语看待，或者被外界的人认为新西兰英语的特点与澳大利亚英语的特点相同。然而，20世纪80年代，研究人员通过集中研究新西兰英语的变异，对新西兰英语的看法有了改变。人们开始研究新西兰英语在社会语言学方面的许多特征。对新西兰英语研究所产生的兴趣提示人们，只有对新西兰英语进行大量研究，才能够使我们了解新西兰英语在语言学方面所发生的变异和变化。（王泽民、朱萍萍，2000：574）

新西兰英语是英语的新西兰变体。新西兰英语只有不到200年的历史。英国标准音虽在那里很有影响，但由于地理位置、移民以及土著毛利语的影响等，新西兰英语很有特色，明显有别于英、美以及其他国家和地区的英语。

新西兰英语的发展情况跟澳大利亚十分相似，英国的探险家库克于1769年10月来到新西兰，到1840年2月正式成为英国的殖民地时，岛上已经有了大约2 000名英国人，他们多数来自澳大利亚，到新西兰建立捕鲸站或向当地土著毛利人（Maori）进行传教。在此后的几十年中，来自英国和澳大利亚的移民逐步增加，其中多数为英国人，所以新西兰英语发音跟澳大利亚英语发音相似，但更接近英国的发音。

新西兰英语是英语大家族中的一个成员，虽说不如英国英语、美国英语、加拿大英语重要，甚至不如近邻澳大利亚英语，但随着新西兰与其他国家在官方、民间交往上的日益密切，越来越多的人开始关注起新西兰英语的语言特点。从语法的角度来看，新西兰英语的语法相当规范，它和别的地方的英语的区别主要在发音和词汇上。

跟澳大利亚相比，形成独立的新西兰语的过程比较慢。在优雅的新西兰英语（Cultivated New Zealand English）、普通新西兰英语（General New Zealand English）和大众新西兰英语（Broad New Zealand English）的选择中，优雅的新西兰英语跟英国英语发音特别相似，而跟澳大利亚英语的差别却越来越明显。

新西兰有好几种英语变体，即Pakeha English（新西兰白人英语）、Maori English（毛利英语）、Scottish English（苏格兰英语，新西兰南岛的 Dunedin 市居住着大批苏格兰移民），其中毛利英语是新西兰英语的一种重要变体，具有 100 多年的历史，在新西兰尤为流行。在漫长的发展过程中，由于受毛利语与毛利文化的影响，其发音、词语、表达方式、语法等方面与新西兰英语有着较大的差别。除了在新西兰南岛的 South land 省以及 Otago 省的 Dunedin 市有明显的苏格兰方言外，新西兰英语中并无其他方言。

发源于新西兰的英语词汇主要有五个来源：①来自波利尼西亚语词，其中主要是毛利语词。②赋予普通英语词新西兰意义。③英国英语的方言词变成了新西兰英语的标准用词。④来自澳大利亚英语的借词。⑤完全的新西兰词。新西兰英语在词汇上与澳大利亚英语最大的不同，是新西兰英语从当地毛利人的方言中借用了相当多的词汇，这些词汇已融入进新西兰英语词汇。例如：blackballs（骗子）、lolly（糖果）、singlet（背心）、fowls（小鸡）、hoot（钱）、washine（女人）等。受毛利语影响，有时出现名词复数不加 -s 或 -es 的现象。例如：从毛利语引进的 Maori（毛利人）一词，单复数形式都是 Maori。（牛道生，2008：256）

十九、毛利英语

目前新西兰有 400 多万居民，其中 15% 为毛利族。毛利的意思是普通或一般。毛利人用 Maori 这个词表示他们与欧洲人不同。几千年前，毛利人从亚洲移居波利尼亚岛屿。850 年，由于战争等原因，毛利人乘独木舟向南航行，发现了新西兰。14 世纪初，大批毛利人迁往新西兰，极少数定居澳大利亚。毛利人实行部落制，是新西兰最早的主人。英国人征服毛利人之后，英语一直是新西兰唯一的官方语言，也是唯一的教学语言。直至 1974 年，毛利语才成为官方语，享有与英语同等的法律效力。但在欧洲人占 80% 的新西兰，英语自然占绝对优势，成为全国的普通话。毛利人要想在社会上立足，就必须熟练地使用英语，否则便寸步难行。随着时间的推移，越来越多的毛利人与英国人互相学习彼此的语言，熟悉彼此的文化，两种语言与文化互相渗透，自然就形成了毛利英语（Maori English）。（李桂南，2002：32）

新西兰英语是一种英语变体，而毛利英语则是新西兰英语几种变体中最为重要的一种，因此可以说毛利英语是变体中的变体，在社交中起着非常重要的作用。毛利语名词没有数的变化，名词出现在毛利英语句子里同样没有复数词尾，例如：A Maori nation exists comprising various iwi（iwi 是"部落"的意思）。在以毛利人为土著居民的新西兰，通过 100 多年的变化与发展，毛利英语已形成一种不可忽视的英语变体。从语言学的角度来分析，这是必然的结果，因为它符合语言的发展规律。

二十、新加坡英语

英语与其他语言和文化的接触会产生两种结果,即全球化和本土化。"Glocal(global + local)"一词反映了英语全球化到英语本土化的发展。"随着 20 世纪 90 年代国际互联网的普遍使用,英语国际化的趋势更加势不可当。然而英语在国际化的同时,又出现了本土化倾向。带有强烈地域色彩的新加坡英语的出现就是英语本土化的最好例证。"(文秋芳、俞希,2003:6)

新加坡英语是众多英语变体中的一种。早期英国殖民者在当地办起学校,英语从此被传播、使用。由于多种族聚居,人们最早使用的英语类似于一种洋泾浜英语,即语法简单,发音不稳定。尽管新加坡国土面积很小,仅有 647.5 平方千米,但种族、语言和文化却相当丰富。新加坡种族多元,有华人、马来人、印度人等,宗教也多元,有佛教、伊斯兰教、印度教、基督教、天主教等。新加坡是除中国大陆、香港地区、台湾地区之外唯一以华人为主,且华人占人口大多数的国家,华人主政堪称是一大优势。"新加坡现有人口 400 多万,其中以华人比例最大,占 77.4%,马来人次之,占 14%,印度人占 7.2%。"(郑新民,2007:84)

人际交往与语言接触属于二位一体的存在。易言之,语言就是人,人就是语言。语言的接触就是人的接触和交往,语言的影响就是人的影响。(袁友芹、张敬爽,2010:74)由于人种复杂,新加坡的语言背景自然也复杂起来。上述三大族及其他种族的语言又分为很多方言语支,如以华语为母语的华人,其方言就多达十几种,如福建话、潮州话、广东话、海南话、客家话、福州话、上海话、兴化话、福清话、广西话等。(云惟利,1996:27)其他语言如马来语(新加坡国歌 *Majura Singapura* 就是用马来语创作的)和泰米尔语,也可细分为多种语支。这种移民社会所特有的复杂的语言现象,为英语在新加坡的落地生根,提供了得天独厚的有利条件。

受华裔的母语影响,新加坡英语中掺入很多汉语(确切地说是我国南方方言)的词汇及语法,非英语成分很大,具有很强的混合语的特征。随着一代又一代的新加坡人以母语的形式学习这种英语,使它的语音、语法、词汇逐渐定型,最终形成现在这样一种成熟的英语变体。严格意义上讲,新加坡英语已不是 Standard English(标准英语),而是形成了特有的 Singaporean English,也称为 Singlish(新式英语)。Singlish 的使用得到社会的认可,但新加坡前总理李光耀批评这种 Singlish 为 slovenly,不规范而且邋遢、懒散,并鼓励国民讲 clear and clean English。然而提到学习语言的情况时,新加坡民众认为 Standard English 不是他们自己的语言,而且永远也不会成为自己的语言。Singlish 的赞同者说,Singlish 是英语这棵大树一个新的、独一无二的、有生命的分枝。为 Singlish 辩护的人说:"标准英语的口语类很多,爱尔兰人的花言巧语、伦敦的方言、澳大利亚的土腔，而 Singlish 就是这个多口音俱乐部的最新成员。"（于秀华，1995：44）新加坡前驻联合国大使 T. T. B. Kob 曾经说道："当我在国外开口说话时，我希望我的同胞很容易就能识别我是新加坡人。"（朱跃，1994：6）这句话典型地反映出新加坡人对新加坡英语"地区性"和"民族性"的要求。

新加坡英语在当地的文学作品中占有一席之地。很多诗人和作家认为新加坡文学汲养于新加坡英语，它能够表达出的幽默效果是标准英语所不能及的。新加坡诗人 Alvin Pang 认为没有新加坡英语，诗歌和戏剧中的人物对话就缺少了神韵。（Bokhorst-Heng, 2005）新加坡英语在新加坡作家笔下生辉，并被一些作家奉为是"标准英语不可匹比的表达生动的语言"。下面摘选一段出自新加坡作家 Catherine Lin 的文字，这段简单的文字的确表达得很生动：

Yes, Madam, quite big family—eight children, six sons, two daughters, Big family! Ha! Ha! No good., madam, in those days, where got family planning in Singapore.（于秀华，1995：44）

二十一、印度英语

在殖民主义语言政策的指导和保护下，英语基本成为各殖民地的唯一官方语言。印度作为英国最大的殖民地，被英国人统治了近 200 年。200 年的殖民统治不仅使英语成为殖民统治时期的印度官方语言，而且在印度独立后仍保留其官方语言之一的地位。

除了特殊的历史原因外，其他因素对英语在印度的发展起到推波助澜的作用。这些因素首先包括英语在世界上的广泛传播和在科技、贸易等领域的广泛应用。其次，英语在印度的发展过程中所形成的"官方地位"，使其在印度产生较大影响。作为"官方语言"，它在印度的传播速度与印度国内其他本土语言的传播不可相提并论。

在英国人对印度实行殖民统治前，印度是一片有着 500 多个土邦国林立的大陆，几乎每个地区都有自己的语言。出于殖民统治的需要，英国人在印度精英阶层推广英语教育，会说英语逐渐成为印度人身份地位的象征。有着 12 亿人口的印度精通英语的人超过 2 亿，是世界上掌握英语人数第二多的国家，仅次于美国。

印度因英语语言的优势，在全球一体化的形势下在某些领域收益明显。印度人可以无任何语言障碍地到西方接受教育或工作，在西方国家留学和工作的印度人数量要远远超出其他国家。印度人之所以能够在国际舞台上颇有市场，其良好的英语水平功不可没。在联合国机构中,印度人也占了相当比重,这可能与其语言优势有关。英语已成为印度向现代化迈进和加速西化进程的重要媒介。印度软件业能从当年的蹒跚学步发展到现在年出口60亿美元,一跃成为软件巨人,英语的作用功不可没。在印度IT服务业,经过几小时的语言培训,大学生就能胜任呼叫中心的工作,向欧美用户提供热线咨询服务。挑选出的佼佼者一般只需要经过几十个小时的语音中和(accent neutralization)培训,就可以消除印度口音,使美国客户感觉不出和他对话的是一个外国人。印度宝莱坞摄制的电影能够走向世界甚至与好莱坞形成分庭抗礼之势,英语的功劳不容抹杀。在近些年举行的全球小姐选美大赛中,印度小姐频频夺冠,除了她们姣好的身材和迷人的容貌外,印度小姐能够使用英语来确切表达自己的思想,展示自己的才智,无疑也是获胜的一个不可或缺的筹码。

对于印度富人而言,流利的英语和牛津发音马上就能体现其身份,比头衔、姓氏、地位或海外银行的账户来得还快。"目前,在整个印度,把英语作为教学媒介语言似有不可阻挡之势。那些受过英语教育的部分人士被称为社会精英,形成为新贵阶层:他们不论在政府还是在公司,总能得到令人羡慕的工作;他们高傲、排他,远离大众;所有的游戏规则似乎都由他们制订。而他们之所以拥有特权无疑是因为他们掌握英语。"(牛道生,2008:308)

印度是多民族种族的国家。各邦之间,各种姓和亚种姓之间以及各地区之间,语言差别极大。1961年印度人口普查表明,全国共有1 652种语言。在其后的普查中,政府把这些语言归类到15种宪法规定的官方语言和91种其他语言。由于长期为英国殖民地的缘故,英语在印度有着深广的基础。学校从小学开始就实行英语教学,所以在印度,不仅中上阶层的人能熟练地使用英语,即使街头的小商小贩也同样可以毫无困难地讲英语。在语言如此多样的国家里,英语在印度反而成了通用语言,充当着非常重要的媒介作用。由于差别很大,印度人跨地域交流有些难度,甚至有了"出邦跟出国差不多"的说法。因为很多印度人之间用各自的母语很难交流,所以只好用英语来交流。

印度英语总的特点是:发音奇特,语速非常快,没有重音,不讲快慢、节奏(每个音节的时长)一样,不讲英语语法或者说讲的是印度英语的语法,词汇中印地语和英语混用。

二十二、美国黑人英语

美国黑人英语不同于普通美国英语,是美国英语许多变体中的一种。黑人英语的形成是特定的社会环境、教育背景和经济状态所致,这与民族本身无关。并不是所有的黑人都说黑人英语,也不是说黑人英语的人都是黑人。说什么语言与人所处的社会环境有关,与肤色无关。

语言维系着一个民族的人际感情,语言具有团结和区别的功能,它是团结本民族集团成员的纽带,具有将本语言社团区别于其他语言社团的作用。因此对本族语言的忠诚是人们的一种普遍心理,本族人之间说本族语会增加亲切感。本族语的使用还往往形成一种社团压力,不遵守使用本族语的社会公约的人会遭受到本社团的冷淡,而语言忠诚在本族语受到歧视时往往表现得更为明显。语言是一种社会身份的象征。

黑人英语是社会语言学家特别感兴趣的一种语言现象。黑人英语与其他语言变体一样是一个民族身份的象征,是一个民族社会文化的象征。一个人的语言变体的改变意味着社会文化身份的改变和社会价值观念的改变。这也是黑人不愿意放弃他们语言模式的原因之一。

黑人英语的形成是由多种因素引起的,它受到时间、地域、种族、社会和社会集团等因素的制约。黑人英语来源于多种渠道:既跟白人英语有关,也跟非洲语言有关。语言像一面镜子,它深刻地反映了社会、政治、经济、学术思想等诸多方面的情况与关系。人的社会、政治和经济地位始终决定了他的语言地位。美国黑人英语也不例外。

黑人英语在许多方面确实与别的变体有差异,但任何一种变体与别的变体之间总是存在差异的。黑人英语具有其自己的语音、语法、句法特点,也有它自己的某些独特的词汇。此外,说黑人英语的人也与其他社会集团的人一样,具有他们独特的言语交际方式。黑人英语同其他英语变体一样,是有规则支配的、成系统的,富有交际表达力和灵活性。

黑人英语与其他变体一样是一个民族身份的象征,是一个民族社会文化的象征。一个人的语言变体的改变意味着社会义化身份的改变和社会价值观念的改变。这也是黑人不愿意放弃他们语言模式的原因之一。

黑人英语是一种社会方言,其使用者遍及美国大部分黑人社区。据 Dillard 调查,大约有 80% 的黑人使用黑人英语。(颜治强,2002:34)

因为在语音、语法等方面不同于美国的标准英语,黑人英语曾被视为次等的或低劣的英语变体。这在语言学上是没有根据的。黑人英语具有其鲜明而系统的语言特征。但这些特征不是混乱的和任意的,它们呈现出一定的规律性。

黑人英语到底是一种方言(dialect)还是一种语言(language)?有人认为,(方久华、熊敦礼,2003:114)"美国黑人英语本质上是一种独立的体系。它与标准英语之间的关系远比一种方言与其标准语之间的关系复杂得多,应该将它作为一种独立的语言进行研究"。

另一种观点则认为黑人英语是"一种语言及副语言的特征。这种特征在一个同心的连续体上代表了西非人、加勒比人以及从非洲被贩运到美国的黑奴的后裔的交际能力。它包括黑人，尤其是那些被迫接受殖民环境的黑人的各种惯用语、行话、黑话、个人语言以及社会方言"（方久华、熊敦礼，2003：111-112）。

过去，西方许多语言学家常把黑人英语有别于标准美国英语这一事实归咎于黑人种族低劣，他们拒绝将黑人英语作为英语的一种变体进行考察与研究。而今，许多语言学家认为黑人英语的确有别于白人英语，但这丝毫不能说明黑人种族比白人低劣卑贱，因此不能以种族歧视的偏见去探讨黑人英语，而应将黑人英语作为一种独特的英语变体进行研究。

黑人英语作为英语中的一个子系统，它有自己特殊的语言规则，又继承了很多南方方言和其他英语方言的语音、词形和句法特征。黑人英语虽不规范，但并非杂乱无章，它有一些与标准英语不同的语法规则。

Labov（1972）等人把黑人英语划定为标准英语的一种变体，他们认为无论千变万化，黑人英语的核心语音语法规则都和标准英语保持一致。那么何为语言变体呢？语言在社会语言学家的眼中是一个"有序的异质体"。有序使得社会交往正常进行；异质则让同在一个社会中的芸芸众生人以群分。中国人说中国话，美国人说美国话，这就是"有序"。各个局部的"有序"就形成了以言语差异为显著区别特征的不同的言语社团或者叫作言语共同体（speech community）；在一个"有序"的言语社团中，又可以不同时代、不同地域、不同行业、不同身份、不同性别等标准区分出不同的"变体"，这就是所谓"异质"。

根据"异质"程度的差异，社会语言学把语言的异质变化区分为三个层次：语言变异（linguistic variation）——整体宏观变迁；语言变体（linguistic variety）——局部宏观差异；语言变项（linguistic variable）——局部微观调整。黑人英语已是成熟而又重要的英语变体之一，随着黑人地位的上升，黑人英语在社会中将发挥着越来越大的作用。

二十三、中国各体英语

剑桥大学出版社 2003 年出版的"英语研究丛书"中的《中国英语的社会语言史》（*Chinese Engslishes—A Sociolinguistic History*），其作者 Kingsley Bolton 用 "Chinese Engslishes" 一词涵盖了"广州皮钦语"、"中国式混合英语"和"中国沿海英语"。他在此书中指出，"中国英语"是"中国各体英语"、"中国式混合英语"从不自觉到自主变体、从非标准式到更规范形式逐渐演变的结果。（Bolton, 2003）作者试图用 Chinese Englishes 一词涵盖"广州洋泾浜"、"中国式混合英语"（Chinese Pidgin English）和"中国沿海英语"。该书的书名使用了 Chinese Englishes（中国各体英语），而不是 China English 或 Chinese English 的单数形式，该书公开宣称英语在中国存在不止一种变体，而是多种变体共存。

Robert A. Hall（1944）是最早将"中国皮钦英语"或"中国别琴"称为"中国各体英语"的学者。（Bolton, 2003: 161）中国各体英语包括中国皮钦英语（Chinese Pidgin Englishes），其历史渊源至少可以追溯到16世纪的"澳门葡语"（Macao Portuguese），"澳门葡语"对中国各体英语的雏形"广州英语"（Canton English）的形成产生了直接而重要的影响。作为中国各体英语最早表现形式的广州英语是一种变体英语，由广州人在对外贸易的实践中逐渐创造。英语在中国"洋泾浜化"，以"洋泾浜化"的皮钦英语为表现形式，是中国各体英语形成和发展的第二阶段。上海"洋泾浜英语"是英语在中国"洋泾浜化"的代名词。几乎与上海"洋泾浜英语"共时的"中国口岸英语"（China Coast English），又称英华英语（Anglo-Chinese English）或混杂英语变体（hybridised varieties），（Bolton, 2003: 178）指用口岸城市方言标注、具有特殊词汇的英语变体。从总体上看，"中国口岸英语"的专门词语大部分源于印度英语（Anglo-Indian provenance）。"中国口岸英语"专门词汇不仅在口岸城市形成定势，许多词汇还逐渐进入"香港英语"（Hong Kong English），更有一些登上了大雅之堂，进入英国、美国和其他英语之中。（Bolton, 2003: 180-185）"香港英语"是"中国各体英语"在香港的延伸和发展的结果。（顾卫星，2008：14）

"当今中国英语虽然不能认为完全是中国各体英语从不自觉到自主变体、从非标准形式到更规范形式渐进演变的结果，但它受中国各体英语音位、词汇和语篇等的影响是客观存在的。即使在当今英国英语和美国英语等主流英语中，中国各体英语的词汇也屡见不鲜。"（顾卫星，2008：14）英语在中国本土化有着百年历程，其源头可以追溯到皮钦英语（Pidgin English）。英语在中国的不断变体和"洋泾浜化"也是"中国各体英语"自我扬弃的"非洋泾浜化"。（顾卫星，2008：14）

（一）中国英语

英语在国际化过程中与使用国特有语言和文化充分接触、融合，其必然结果就是英语的本土化（nativization），形成各种使用型变体（performance variety）。中国英语正是英语在中国本土化之后形成的使用型变体。

"中国英语变体，广义地说，指的是被具有中国语言和文化背景的人普遍使用，带有汉语语言和文化特征，能完成语言使用目的，并被其他语言和文化背景的英语

使用者接受和认同的英语变体。"（潘章仙，2005：i）

中国英语是以标准英语，或称规范英语，为核心，表达中国社会文化诸领域特有事物，具有中国特色的一种英语变体，具有独特的不可替代的地位，有别于英语学习过程中的错误的中国式英语。中国英语主要构成包括音译词、译借词以及独特的句式和语篇。

中国英语有着几乎和美国英语同样长的历史。中国英语可追溯到其源头皮钦语（Pidgin）。它形成于18世纪的广州。从时间纬度上来观察，中国英语作为一种变体有着自己的发展历史。从1637年中国接触英语开始，中国英语主要经历了两个阶段：皮钦语和外语。皮钦语的产生是因为在语言接触的最初阶段交际双方缺少共同语所致。中国英语在每一个历史时期都有不同的特征表现。

"中国英语"是英语中不可缺少的一部分。为了将"中国英语"与"汉化英语"（Sinicized English）或"中国式英语"（Chinglish）区分开来，我们先为其正名。中国英语指的是：说汉语的人们所使用的，以标准英语为核心的、具有无法避免或有益于传播中华文化的中国特点的英语变体。广义上讲，中国英语是中国人在中国本土所使用的英语，一方面包括英语的共核部分，另一方面则包括中国本土化英语特征。狭义上讲，它是带有典型中国特色，用来表述中国社会文化的英语。中国英语有下列特征：

（1）它是英语全球化和本土化的产物；
（2）享有英语的所有权，是世界英语大家族的重要组成部分；
（3）是一种规范、合理的使用型变体；
（4）能够反映中国社会文化特色；
（5）有两个主要功能：既是国际交流的工具，又被广泛用于国内诸多领域，如经济、外贸、外交、政治、科技、旅游和各种媒体；
（6）中国英语主要体现在语音、词汇、句子和篇章等层面，依赖语音、词汇和语义的结合；其中词汇层面的特征最为显著。（高超，2006：59）

（二）中国英语的对应英语

关于"中国英语"的对应英语，人们有着不同的说法。汪榕培（1994）认为，用China English 或 PRC English，以区别于 Chinese English（不规范英语）和 Chinglish（带有贬义）。用 PRC English 会更好一些，以避免 Chinese 和 China 二者的混淆。（贾冠杰，2006：60）

人们习惯于把中国英语和中国式英语加以区分，分别译成 China English 和 Chinese English，但笔者认为把"中国英语"翻译成 Chinese English 比较合乎国际惯例，因为英国英语、美国英语、澳大利亚英语、新加坡英语都被译成 British English、American English、Australian English、Singaporean English，为什么不能将"中国英语"译成 Chinese English 呢？

金惠康（2004：62）提出用 Chinese English 组成一个新词 Chinish，来树立中国英语独立自主的、正在走向国际化和规范化的全新形象。这样既可以区别已有贬义的 Chinese English，又能避免使用"名词＋English"所构成的 China English 一词。如果用 Sino-English 呢？其实，日本英语也面临类似中国英语的处境，所以也有日本学者用 Japanese English 组合了一个新词 Japlish 来避免这种尴尬。中国英语能不能认同 Chinish 一词，还需拭目以待。

（三）中式英语

中式英语是指中国人在学习和使用英语时，把汉语的语言规则运用到英语语言之中，受汉语的思维方式和相应文化背景知识的干扰和影响而说出或写出的不合英语文化习惯的畸形英语。"中式英语"以前叫"洋泾浜英语"。中国的洋泾浜英语（Pidgin Chinese English）起源于 18 世纪的广州。综观中国洋泾浜英语的发展历史，它可以分为皮钦英语和中国英语两个主要阶段，其中皮钦英语起源于广州英语（Canton English），盛行于上海皮钦英语（Shanghai Pidgin English）。

"中式英语"，因其半英半汉、不英不汉，被一些人戏称为"具有汉语特色的英语"。例如：smilence（笑而不语）、emotionormal（情绪稳定）、Chinsumer（到国外旅行疯狂购物的中国人）、Vegeteal（开心网上的"偷菜"）。人们在网络上传播和把玩着这些中式英语单词，新词还在不断被发明出来。这样的英语每天都在我们中间出现，见于街头的广告词，见于我们的英语报刊，见于政府报告的英译文本。（Joan Pinkham, 2000）

Chinglish 把 Chinese 和 English 两个词合二为一，指以汉语为母语的人在学习英语时，经常受到汉语影响而造成语言错误。Chinglish 的构成元素分别取材于 Chinese 和 English 两个词，或称自由词素 chin- 和 -glish。这种复合词的构成遵循缩合法（blending），即用两个或两个以上自由词素各自的一部分构成新词。

Chinglish 是一种畸形英语，它不同于皮钦语和克里奥尔语。它也不是一种英语的国别变体。Chinglish 是个人在语言习得中产生的错误，不具有殖民主义的成分。它规律性不强，其语法受汉语影响较大。

有人将 Chinglish 译为"汉式英语"（王初明，2003：2）。"汉式英语"、"汉化英语"就是带有中国特色的英语。Chinese English 也被称为 Qinglish。它是指拼写无误、语法不错，但外国读者感到难懂、甚至不懂的译文。

作为贬义词的 Chinglish 和 Qinglish 与"Chink"一词有关。Chink（清国人）源于清朝的 Ching，它在英文的俚语中也是中国人的意思，但带有贬义色彩。

二十四、广东洋泾浜英语

广东洋泾浜英语有自己的历史、结构以及一系列功能。洋泾浜语是语码转换和借用外来词后的一种语言变体，而这种变体是基于一定的理据的。广东洋泾浜英语的特点是语法依据粤语，语音经过粤语音系的适当改造，语法规则减少到最低限度，词汇的项目比较少。

（一）语音方面

洋泾浜语的语音在很大程度上取决于使用者的母语发音。汉语是单音节语，不存在复辅音（上古汉语除外），所以有复辅音存在或以辅音结尾（包括以 -e 结尾的开音节）的英语词往往须加上一个元音，以形成广东人易于发音的音节，例如广东洋泾浜英语中的 makee、catchee、muchy、counta 等，有时甚至加上一整个音节，如 wantchee。广东的居民以汉语粤方言为母语，这一点对他们广东洋泾浜英语语音的形成影响很大。广东洋泾浜英语元音缺乏长短和强弱的区别。英语元音与汉语元音有相当距离，为了方便起见，广东洋泾浜英语的元音往往简化为 [a]、[i]、[o] 等形式，如 purser 就简化为 posa。洋泾浜语的书写借用英语中的 26 个字母，但是这尚不能完全正确地反映它们的读音。英语中的有些辅音在汉语中很难发音，就用相近的其他辅音来代替，如 v- 与 r- 都是广东人不易发的音，一般分别用 w- 与 l- 来代替，如 very 变成 welly，prime 变成 plum。

（二）词汇方面

洋泾浜语的重要语言成分是外来词。洋泾浜语的词汇量很小，以便使人易于记忆与使用。所以一词常有多种意义，如 cathee 除了 get、bring、find 等意思外，还有 become 的意义。同时又以简单易记的小词来代替难读难记的大词，例如以"Chinchin you take care for my."代替"I beg you to patronize me."。像 patronize 这样正式的词，广东洋泾浜英语里几乎是不存在的。同时又以简单的词的结合来减少词汇量，如 this 加上 side 成为 here 的意思，top 加上 side 成为 upstairs 的意思，windowside 则相当于 by window。不但 side 可以这样用，time、fashion 也有类似的用法。

（三）语法方面

在语音、词汇和语法三者当中，语法往往是最稳定、最不容易发生变化的。但广东话却对广东洋泾浜英语语法造成一定的影响。英语中没有量词，汉语中必须有，否则中国人说起话来就不自然。但汉语中的量词众多，不易译成英语，于是为洋泾浜英语设计了一个通用的量词piece。不管是一匹马的"匹"，还是一个人的"个"，人们都通用piece。汉语中的名词与代词均无屈折变化，广东洋泾浜英语中的代词因此也省去主宾格、所有格的差异，如以my代替me，以he代替him。

广东洋泾浜英语里还将英语动词作为辅助动词，以扩大某些动词的表现能力。如makee（make）毫无必要地加在see之前，成为"you makee see this side."的形式。这受广东方言的影响。在广东话里，"你去过吗？"要说成"你有去无？"答话则为："我有去。"在广东洋泾浜英语里，makee的作用有如上述句子中的"有"。

（四）词源方面

广东洋泾浜英语的形成过程比较特殊。因为葡萄牙人比英国人早到中国（广东）近百年，因此在产生洋泾浜英语之前就有了洋泾浜葡萄牙语的出现。后来前者逐渐取代后者，成为中国沿海一带流行的唯一洋泾浜语言。但原来一些重要的频繁使用的葡萄牙语词仍然保留了下来，成为洋泾浜英语中的成分，但这些成分并非直接照搬，而是经过了讹变。洋泾浜英语主要用于对话，是一种靠声音而不是靠文字，靠听讲而不是靠阅读来交流的混合语，所以，其拼写形式往往不固定，因人而异，因时代而异，如sabbee在20世纪70年代一般写作savvy。

语言具有创造性，人们可以用一些基本的单词，运用已掌握的语法规则，创造出无数的句子。广东洋泾浜英语完全符合语言的这一特点。在语言输入不足的情况下，当语言学习者无法领悟到该语言的结构时，他就会用该语言的词汇，求助于母语的结构，混合地使用语言，创造出新的语言，例如long time no see（好久不见了）。在广东洋泾浜英语中，有相当一部分结构源于广东话。如Send one piece coolly come my shop[send a scrvant to my shop]（派一个服务员到我店里来），这种句子结构符合广东话的特点。

本篇参考文献：

[1] Bokhorst-Heng, W.D. Debating Singlish[J].Multilingua, 2005, 24(3): 185-209.

[2] Bolton, Kingsley. Chinese Englishes: A Sociolinguistic History[M]. Cambridge: Cambridge University Press, 2003.

[3] Campbell, L. Historical Linguistics: An Introduction 2nd Edition [M]. 北京：世界图书出版公司，2008.

[4] David Crystal. English as a Global Language[M]．北京：外语教学与研究出版社，2001．

[5] Gunnel Tottie. An Introduction to American English[M]．北京：北京大学出版社，2005．

[6] John Algeo. A Meditation on the Varieties of English[J]．English Today, 27 July, 1991.

[7] Joan Pinkham. The Translator's Guide to Chinglish[M]．北京：外语教学与研究出版社，2000．

[8] Kingsley, B. Chinese Englishes: A Sociolinguistic History[M] .Cambridge: Cambridge University Press, 2003.

[9] Pinkham, J. The Translator's Guide to Chinglish[M]．北京：外语教学与研究出版社，2000．

[10] Randolph Quirk. Language Varieities and Standard Language[J]．English Today, 21 January, 1990.

[11] Tom McArthur."-(g)lish names"and other matter[J]．English Today 67，Vol. 17, No. 3, July, 2001.

[12] Tom McArthur. World English, Euro-English, Nordic English? [J]．English Today，Vol 19, No. 1, January, 2003.

[13] McCarthur, T. Is it world or international or global English, and does it matter? [J]. English Today, 2004, 20/3.

[14] Yano, Y. World Englishes in 2000 and beyond [J]．World Englishes, 2001, 20/2.

[15] 杜瑞清，姜亚军．近二十年中国英语研究述评[J]．外语教学与研究，2001（1）：37-41.

[16] 杜学增．澳大利亚语言与文化 [M]．北京：外语教学与研究出版社，2000．

[17] 高超．世界英语理论与中国英语研究综述 [J]．国外外语教学，2006（4）：55-60.

[18] 葛俊丽．论澳大利亚英语的变异现象及其文化因素 [J]．中国外语，2008（2）：36-39.

[19] 顾卫星．"中国各体英语"的历史演变 [J]．外语与外语教学，2008（7）：11-15.

[20] 胡晓琼．全球化环境下"Global English"的发展趋势及对中国英语教学的启示 [J]．国外外语教学，2007（2）：16-23.

[21] 贾冠杰．英语词汇——诸多文化的混合体 [J]．中国外语，2006（3）：58-61.

[22] 姜亚军. 近二十年 World Englishes 研究述评 [J]. 外语教学与研究, 1995（3）: 13-19.

[23] 金惠康. 中国英语 [M]. 北京: 外语教学与研究出版社, 2004.

[24] 李桂南. 毛利英语研究 [J]. 外语教学, 2002（4）: 32-35.

[25] 李桂山. 加拿大英语特点探究 [J]. 解放军外国语学院学报, 2008（4）: 18-23.

[26] 李文中. 中国英语与中式英语 [J]. 外语教学与研究, 1993（4）.

[27] 刘红卫. 加拿大英语特征探究 [J]. 武汉大学学报, 2003（6）: 766-771.

[28] 马克思. 德意志意识形成 [M] // 马克思-恩格斯全集（第三卷）. 北京: 人民出版社, 1960.

[29] 马伟林. 中国皮钦英语的历史地位 [J]. 学术界, 2005（2）: 190-195.

[30] 牛道生. 英语与世界 [M]. 北京: 中国社会科学出版社, 2008.

[31] 潘章仙. 中国英语变体中的语言和文化认同 [M]. 北京: 北京大学出版社, 2005.

[32] 盛跃东, 张昀. 论中国网络皮钦语的区别性特征 [J]. 浙江大学学报, 2005（4）: 145-151.

[33] 万昌盛. 关于英语的正确性 [J]. 现代外语, 1994（1）: 34-38.

[34] 王初明. "补缺假说"与"哑巴英语"和"汉式英语" [J]. 外语界, 2003（5）: 2-5.

[35] 王炎. 引进外来语是把双刃剑 [N]. 北京晚报, 2012-10-10-36.

[36] 王泽民, 朱萍萍. 英语国家概况 [M]. 北京: 中国人事出版社, 2000.

[37] 汪榕培. 英语词汇的国别研究 [J]. 外语与外语教学, 2000（6）: 27-31.

[38] 文秋芳, 俞希. 英语的国际化与本土化 [J]. 国外外语教学, 2003（3）: 6-11.

[39] 许丽芹. 多元文化语境中的"新英语"语言变体 [J]. 外语与外语教学, 2005（9）: 13-15.

[40] 徐晓晴. 世界英语的发展与中国英语变体 [J]. 苏州大学学报（哲学社会科学版）, 2005（1）: 110-113.

[41] 颜治强. 世界英语概论 [M]. 北京: 外语教学与研究出版社, 2002.

[42] 于秀华. 谈英语的多样性 [J]. 外语学刊, 1995（4）: 40-44.

[43] 英语词汇发展史话 [N]. 参考消息, 2001-02-09-12.

[44] 云惟利. 新加坡社会和语言 [M]. 新加坡: 南洋理工大学中华语言文化中心, 1996.

[45] 袁友芹, 张敬爽. 菲律宾英语: 语言迁移及其深层机理探究 [J]. 外语学刊, 2010（6）: 73-75.

[46] 周振鹤. 中国洋泾浜英语最早的语词集 [J]. 广东社会科学, 2003（1）: 77-84.

[47] 朱风云. 英语的霸主地位与语言生态 [J]. 外语研究，2003（6）：23-28.

[48] 朱跃. 论新加坡标准英语的建立原则和语言特点 [J]. 现代外语，1994（4）：6-12.

[49] 郑新民. 新加坡英语教学改革窥探 [J]. 外语界，2007（4）：83-87.

[50] 郑新民. 多元文化语境中"亚洲英语"的变化与发展 [J]. 外语研究，2009（1）：104-107.

[51] 祝畹瑾. 社会语言学概论 [M]. 长沙：湖南教育出版社，1992.

第四篇　英语与英语国家

本篇内容提要：目前，世界上大约有 75 个国家和地区将英语作为第一语言，或作为政府、法律和教育领域里的语言，或第二官方语言；有的国家将英语作为第二语言（English as Second Language, ESL），或附加语言（English as Additional Language, EAL）；有的国家将英语作为外语（English as Foreign Language, EFL）。20 世纪 90 年代中期，一些国家将英语作为国际语言（English as International Language, EIL），最近又叫作混合语（English as Lingua Franca, ELF）。英语不再是英、美、新、加、澳诸国的专利而是属于世界，它的发展和未来取决于把它作为第二语言或者外语使用和学习的人们。

当罗马帝国如日中天的时候，拉丁语被称作"世界语"；在亚历山大大帝后继者的时代，希腊语被称作"世界语"；17—19 世纪，法语也曾经是欧洲宫廷、贵族和外交家使用的语言——100 多年前歌德曾经说过，旅游者如果会法语，就可以到处旅行而不需要翻译。如今，"新世界语"的称呼落到了英语头上，可谓实至名归。毕竟，迄今为止真正影响整个世界并得到广泛传播的只有英语。有学者称这种现象为"语言帝国"（Linguistic Imperialism），不管喜欢，还是不喜欢，人们对此是无可奈何的。英语的国际化已经成为不可否认的现实，它确实是走遍天下最通用的交流工具。

今日英语已是全球性的语言。它在世界上的传播与应用是无可比拟的，已将几百年前在欧洲占统治地位的拉丁语、法语和意大利语远远抛在后面。美国的强大使得英语在所有语言中的霸主地位得到了无可争议的加强。加拿大、澳大利亚的繁荣更使得全球对英语的热情更加高涨。达尔文的生物进化论告诉人们："适者生存。"一个事物只有适应了社会发展的需要，经得住历史的考验，才能生存、发展乃至不断壮大，这是自然法则。英语是经由历史选择而拥有今天的"世界语"的地位的。

近年来"世界英语"（World English）、"国际英语"（International English）和"全球英语"（Global English）频繁出现于报端、杂志、书籍、广播和网络。这三个概念在意义上既相近，又有所区别，它们也是同义词。它们都与同一语系或同一广泛被使用的语言相关，但它们所使用的背景和侧重点并非一样。

按使用人口的多少进行排序，目前世界上的语言依次为汉语、印地语、西班牙语、英语、阿拉伯语、孟加拉语、俄语、葡萄牙语、日语、德语和法语。但国际上通用的语言却主要是英语。

《牛津英语词典》前总编罗伯特·波奇菲尔博士（Dr. Robert Burchfield）曾说："英语已经成为世界通用语，地球上任何通文墨、受教育的人，如果不懂英语，那么他就要吃亏。人们立马就会察觉到贫穷、饥馑、疾病，认为它们是最残酷无情的也是最不能容忍的剥夺，语言的剥夺是不易察觉的，但同样是具有重大意义的。"

母语是一个人出生以后，最早接触、学习并掌握的一种或几种语言。母语一般是自幼开始接触、并持续运用到青少年或之后，一个人所受的家庭教育或正式教育中，尤其是早期教育，有相当部分是通过母语传授的。母语的另一个解释则是一个人的民族语，并不一定是一个人最早接触、学习并掌握的"语言"，例如"母岛"、"母国"等等，仅仅表示"根源"的意思。母语不仅仅表示为母亲对某个人说的语言，而是他认定的民族语。一种语言演变成多种语言，这一种语言便是这多种语言的母语。母语指自己国家的语言。（百度百科）

今天，世界上除了英国、美国、加拿大、爱尔兰、澳大利亚、新西兰等以英语为母语国家外，以英语为第一/第二语言的国家和地区超过70多个，它们是：South Sudan（南苏丹）、Antigua and Barbuda（安提瓜和巴布达）、Barbados（巴巴多斯）、Belize（伯利兹）、Botswana（博茨瓦纳）、Cameroon（喀麦隆）、Dominica（多米尼克）、Federated States of Micronesia（密克罗西亚）、Fiji Islands（斐济）、Ghana（加纳）、Grenada（格林纳达）、Guyana（圭亚那）、India（印度）、Jamaica（牙买加）、Kenya（肯尼亚）、Kiribati（基里巴斯）、Lesotho（莱索托）、Liberia（利比里亚）、Malawi（马拉维）等。

按照目前国际语言学界的说法，世界上讲英语的国家和地区可分为三大类：

第一类是将英语作为母语的国家和地区。把英语作为母语的国家除了英语最早的诞生地英国之外，还主要包括曾经为英国殖民地的美国、加拿大、南非、澳大利亚、新西兰，以及巴哈马、牙买加、巴巴多斯、格林纳达、特立尼达和多巴哥、圭亚那等国家和地区。这些国家和地区各自创造了一种有别于英国英语的，具有各国民族本土语言特点的英语变体。

第二类是将英语作为第二语言的国家和地区。这些国家和地区大多都也曾是英国的殖民地，如尼日利亚、印度、菲律宾、西非、东非等。截至 2006 年 12 月，英联邦有 52 个成员国，英语在这些国家占有特殊的地位。虽然英语在这些国家有许多变体，但是在 20 世纪中叶之前，其中的大部分国家使用的是英式英语。随着国际交往活动的日益频繁，这些国家里的中产阶级已趋向把英语当作第一语言，正逐渐把英语作为母语来使用。

第三类是把英语作为外语的国家和地区。根据联合国教科文组织的统计，目前世界上以英语为母语的人口虽然只有 3 亿多，但在一定程度上懂英语的人已达 7 亿多；面向世界的广播节目当中，60% 以上用英语播音；世界上约 2/3 的工程文献用英语写成；今天，全世界的文字出版物、音像出版物大约 85% 是用英语出版的。

第五篇　Englisc、X-(g)lish、Englises、Englishes 与英语

本篇内容提要：正如足球这种国际体育项目已经不再被人与发源地英格兰联系在一起一样，英格兰英语已不再属于英语母语国家，而是属于整个世界。本篇从对 Englisc、X-(g)lish、Englises、Englishes、Englic、Globish 等术语的溯源与解读，阐述英语从英格兰英语发展成世界英语。

美国英语、加拿大英语、澳大利亚英语和新西兰英语形成了 New Englishes（新大陆英语）；印度英语、新加坡英语、韩国英语、中国英语等则构成了今天的"新型英语"（New Englises）。近些年来，英文辞典陆续收录了一些以 -glish 结尾的合并词，表示"X 式英语"。随着 New English、New Englishes、World English、World Englishes、Global English、International English、International Englishes、Englishes、Cosmopolitan English、English as a Lingua Franca、English Languages 的使用日渐普遍，WE-ness（世界英语概念）已经形成。英格兰是英语的发源地，但英格兰英语现在也只是世界英语中的一员而已。作为国际语言的英语实质上已是一种非"英格兰化"、非"英语母语国家化"的语言。

一、English English（英格兰英语）

英语是大不列颠（英格兰、苏格兰、威尔士）和爱尔兰（北爱尔兰、爱尔兰共和国）的主要语言。英语本来诞生在这里，但是由于英语有了其他国别变体，这里的英语就称为英国英语（British English）。

从 450 年的古英语算起，英语至今已有 1 500 多年的发展史了。大约在 449 年，

居住在西北欧的 Angles（盎格鲁）、Saxons（撒克逊）和 Jutes（朱特）三个日耳曼部落借罗马帝国衰落、自顾不暇之机一举侵入大不列颠诸岛。在经历了一个半世纪之后，他们占据了英国的全部领土。由于当时盎格鲁人的势力最强大，早期的拉丁学者就将古英语称为 Englisc，意为"盎格鲁人的语言"。经过语言自身拼写和发音演变，Englisc 变成今天的 English。Angle-ish 指的是 Angles 人的语言。Anglish 变成了 English。随着时间的推移，盎格鲁、撒克逊和朱特这三个部族最终融成为一体化的 Angli 民族。Anglia 指他们在不列颠所占据的地盘。后来，Anglia 又演变为 Englaland，意即 the land of the Angles。再往后，Englaland 因读音和拼写的方便而简化为如今的 England，音译为"英格兰"。

今天，英语作为一门语言，不再被看作是一个抽象的、有着同一标准的单数概念，英语的复数形式（Englishes）频繁出现在国内外的报纸、期刊上，用以指称世界范围内各国及各地区所使用的英语变体。不可数名词 English 的复数化成了历史的必然。如今真正的世界语不是那个人造的 Esperanto（世界语）。但是这个英语不只是 English，更确切地说应是 Englishes。

英格兰是英语的发源地，English English 意为"英格兰英语"。但英格兰英语现在也只是世界英语中的一员而已。正如足球这种国际体育项目已经不再被人与发源地英格兰联系在一起一样，英格兰英语也不再属于英语母语国家，而是属于整个世界。作为国际语言的英语实质上已是一种非"英格兰化"、非"英语母语国家化"的语言。

二、X-glish（X 式英语）

合并词（portmanteau word），又称为紧缩词、杂交词、混合词或合成词，是由两个词的音义合并而成的词，如 smog 由 smoke 和 fog 合成，motel 由 motor 和 hotel 合成。

作为国际语言的英语已是一种非"英式英语"或"美式英语"。英语的国际化在全球范围内形成了各具文化特色的、带有地缘政治、经济和民族特色的多种英语变体。每一种变体在语言的各个层面，如语音、词汇、句法、语篇、文体等，都或多或少地带有本土的特色。使用者不同地域、文化身份所带来的多元文化碰撞使得英语产生了前所未有的、极具本土特色的世界各类英语变体。近些年来，英文辞典陆续收录了一些以 -glish 结尾表示"X 式英语"的合并词，如 Chinglish（中式英语）、Singlish（新式英语）、Spanglish（西式英语）、Frenglish（法式英语）等。

Spanglish 一词是指西班牙式英语，就像 Chinglish 指的是中国式英语一样，都是混有自己母语特色的英语。Spanglish 是拉丁美洲部分国家和地区所使用的语言，一种西文与英文杂合的语言。

　　Deuglisch 是个用德文创造出来的字，它的前半部来自 Deutsch [German（德语）的德文写法]，后半部来自 Englisch [English（英语）的德文写法]。Deuglisch 这个字也经常被写成 Deutschlish 或英语化的 Denglish。它是指将德语与英语混合使用的"德式英语"（大多为德国年轻人所使用），其中的英语则以美式英语为主。

　　英语在印度经历了印式化（Indianisation）的过程，已经像其他各式英语一样具有自己的地方特色。英国曾经在亚洲拥有一些殖民地国家，包括印度、孟加拉、斯里兰卡、巴基斯坦、尼泊尔等国，这些国家在民族和语言方面都呈现出多样性的特点，其中印度最甚。英语虽然是印度的官方语言，但印度人却在生活中改造了英语，把地道的 English 打造成了 Hinglish（印式英语，Hindi 与 English 的合成）。以前，印度人普遍把讲一口流利、地道英语的人视为高身份的象征，但现在，大多数印度人都崇尚讲一口夹杂着印度词或印度腔的 Hinglish，并乐在其中。

　　新加坡是个典型的移民国家，这里居住着众多外来人口，包括华人、马来人、印度人、印尼人、西方人等，他们大部分都保留着自己的母语，这就使新加坡逐渐变为一个东西方语言的大熔炉。走在大街小巷上，我们经常可以听到人们同时用两三种语言聊天，而且还聊得不亦乐乎。也正是在这个兼收并蓄的过程中，Singlish（新式英语，Singapore 与 English 的合成）——"新加坡式英语"形成了。

　　亚洲还先后出现了其他的 Asian Englishes（亚洲各类英语），如 Malenglish/Manglish（马来西亚式英语）、Konglish（韩式英语）、Putonglish（普式英语）、Cantonglish（广式英语）、Hong Konglish（港式英语）。

　　很多国家的英语变体以国际英语为共核，运用国际上普遍使用的基本词汇和语法，但又有自己一些特有的词汇、表达法和语言学特征，拥有自己的一套说法。它们都声称自己的英语已成为一种新的变体。还有很多暂时没有被英文辞典收录的以 -(l)ish 结尾的表示"X 式英语"的合并词，例如：Arablish（Arabic English）（阿拉伯式英语）、Benglish（Bengali English）（孟加拉式英语）、Czenglish（Czech English）（捷克式英语）、Danglish（Danish English）（丹麦式英语）、Dunglish（Dutch English）（荷兰式英语）、Taglish /Tagalish（Tagalog English）（塔加路式英语，塔加路为菲律宾国语）、Engrish/Japlish/Janglish/Janpanglish/Jenglish/Nihonglish（Japanese English）（日式英语）等。

　　这种双语混合语现象不仅在上述国家和地区有，在世界其他各地都很普遍。世界上有多少个地方，就能有多少种 X-(l)ish（各式英语）。这也是英语在全球化过程中由于文化差异而产生的一种"本土化"现象。语言在其传播、使用的过程中，常常会受到使用者思维、意识、习惯的影响，渐渐地就"入乡随俗"了。这在世界上任何一个国家、地区都难以避免。本土化英语为英语注入了生机与活力，正是这些丰富多彩、多姿多态的本土化表达形式才使得英语自身的发展成为可能。

"英语一旦在某一地区被采用，不论其目的是科学、技术、文学还是获得名望、地位或是现代化，它就会经受一个再生过程，部分是语言的再生，部分是文化上的再生。"（杜瑞清、姜亚军，2001：38）Kachru（转引自文秋芳、俞希，2003：6）指出："本土化是语言充满活力的表现，是语言创新的结果。它体现了外来语言的地方性功能、新语境下的'会话文化'和交际策略，以及来自地方语言的'迁移'。"

三、Chinglish/Qinglish、Chinish、Chinese Englishes

"中国英语"是世界英语中不可或缺的一部分。"中国英语"有别于"汉化英语"（Sinicized English）或"中式英语/汉式英语"（Chinglish/Qinglish）。Chinglish 指以汉语为母语的人在学习英语时，经常受到汉语影响而造成语言错误。"中国英语"指的是：说汉语的人们所使用的，以标准英语为核心、具有无法避免或有益于传播中华文化的中国特点的英语变体。关于"中国英语"的对应英语，人们有着不同的说法。汪榕培（1994）认为，用 China English 或 PRC English，以区别于 Chinese English（不规范英语）和 Chinglish（带有贬义）。"用 PRC English 会更好一些，以避免 Chinese 和 China 二者的混淆。"（贾冠杰，2006：60）。金惠康（2004：62）提出用 Chinese English 组成一个新词 Chinish，来树立中国英语独立自主的、正在走向国际化和规范化的全新形象。他认为这样既可以区别已有贬义的 Chinese English，又能避免使用"名词＋English"所构成的 China English 一词。

英语中往往使用"名词＋English"来称呼那些英语家族中低一等的变体，如 Hong Kong English；而能登堂入室的规范英语变体都是以"形容词＋English"来命名，例如，British English、American English、Australian English。鉴于此，把"中国英语"翻译成 Chinese English 比较合乎国际惯例。根据国际上社会语言学界的习惯用法，XX（国名）英语（英语名称为国别形容词＋English）的含义是：它是英语的一种变体。"变体是由具备相同社会特征的人在相同的社会环境中所普遍使用的某种语言表现形式。"（祝畹瑾，1992：19）任何一种变体在语言学上都是平等的，没有孰优孰劣之分。从这个意义上讲，一种语言表现形式如被确定为变体，就无对错或优劣之分，不同的只是不同的人对待它的态度。

四、Englishes、Englises、Englic

英语在全球的扩展可分为两个阶段：第一个阶段是大批英国人殖民、爱尔兰人移民北美和英国人殖民澳洲，在这些地区产生了新大陆母语种类。由此产生的美国英语、加拿大英语、澳大利亚英语和新西兰英语形成了 New Englishes（新大陆英语[美洲新大陆和澳洲新大陆]）的变体，并在相当大的范围内带来了世界英语的变化和发展。

第二个阶段是 18—19 世纪，英国在非洲和亚洲的殖民带来了第二语言种类，即 New Englises（新型英语）的发展。（徐晓晴，2005：111）这些新兴的英语有其共同的历史渊源以及与英语文化关系密切。但是，这些英语变体有各自的特点，特别是有各自独特的口音，另外在词汇的习惯用法、语法和语篇策略上都与"新大陆英语"有明显的区别，因此构成了一种"新型英语"。

印度英语、新加坡英语、韩国英语、中国英语等构成了今天的"新型英语"（New Englises）种类，这是世界英语形成和发展中的一个组成部分。《反写帝国》（*The Empire Writes Back*）（1989）的作者用大写的英语（English）来指"从前帝国中心的语言，即大英帝国使用的语言"，用小写的英语（english）来指"作为一种语言符号的英语，在世界各地经过改变的颠覆而生成的英语的变体"。（徐颖果 2009：99）在谈及"语言"英国化或英语化时，过去常用"Anglicize"一词，现在则常用 Englishise/Englishize、Englishisation/Englishization。（Tan 2001: 45-46）

日本著名的研究世界英语的学者 Yano 甚至杜撰出"Englic"（英格利克）一词，其含义为:It is a variety of English dissociated as much as possible from the sociocultural norm of Britain, the US, or other countries where English is a first language. It is a socioculturally neutral medium for international communication.（Yano 2001: 128）

语言是时代的产物。当下的英语既具有开放性、国际性，同时又具有本土性和身份性。因此，一个新词 Glocal（混合词，来自 global 和 local）被创造出来形容英语的这种特性。"Glocal"一词折射出英美式英语到非英美式英语，英语全球化到英语本土化的发展。英语既是国际化的，又是本土化的。英语发展成 Glocal 式的语言，是因为一方面英语广泛的传播使其成为国际语言，同时其表达的又是各国和各地域的情况。英语作为全球语言或世界语言的名称在某种程度上反映了英语在世界上的地位。"不论称英语为'世界语言'，还是'全球语言'，它确实是走遍天下最通用的交流工具。"（牛道生，2008：5）英语现已成为"地球人都知道的语言"。英语作为国际语言的地位愈来愈稳固。有些人甚至用 Globish（Global English）——即"全球语"——作为世界语言。

"全球语"是 20 世纪 90 年代出现的一个概念，指的是英语已经成为统领世界其他语言的领头羊。全球语言受到"全球化"一词的影响。在 20 世纪 90 年代中期"全球"一词使用得越来越频繁，如"全球化"、"全球村"、"全球经济"、"全球一体化"

等。"全球英语"指英语在全球范围内使用,尤其与社会和经济的全球化相连。"全球英语"是全球人的语言,是"本土化"过程中来自不同地方的方音和方言的"大杂烩",可用在奥运会、世博会、世界杯足球比赛、国际贸易展示会等场合。成为"全球语言"的英语,各国人都在使用。

五、World Englishes

英语为世界使用,世界也改造了英语。英语正在被多个国家和地区本土化,从而形成英语的各种变体。人们把这些英语变体称为不同的英语,因此就有了 World Englishes 之说。World Englishes 的中文译名除常见的"世界英语"之外,还被译作世界混合英语、世界混杂英语、世界诸英语、世界各类英语、世界英语变体、世界变体英语、世界各种英语、世界英语族、世界语、世界各品类英语、世界杂合英语、世界各种英语变体等。

The New Oxford English Dictionary(1998)对 World Englishes 进行了前所未有的详尽解释:World English>noun [mass noun] the English language including all of its regional varieties, such as North American, Australian, New Zealand, and South African English. —a basic form of English, consisting of features common to all regional varieties. Englishes 的概念显然比传统意义上的 varieties of Englishes 具有更丰富的内涵,因为它不仅包括了以前的"内圈英语",而且也包括了"外圈英语";更重要的是,它也同时赋予一大批"发展圈"国家的英语以独立的学术地位。(姜亚军,1995:14)

Englishes 一词最早见于 Strang 所著 *A History of the English Language*(《英语史》)(1970)一书。(姜亚军,1995:13)与 Englishes 基本同义的一个词语是 English Languages。但 Englishes 与 English Languages 的区别在于,前者"言指不同之中的相同",而后者强调"相同之处的不同"。(姜亚军,1995:14-15)

1977 年 Kachru 在《英语语言论坛》上发表了题为 *The new Englishes and old models* 的文章。到了 20 世纪 80 年代以 World Englishes 或 New Englishes 为题的文章和书籍大量涌现。Englishes 便进入了世界各地的出版物、学术讨论会、讲座、辩论等中。到了 20 世纪 90 年代,Englishes 一词被收进多部英语辞书,如 *The Oxford Companion to the English Language*(1992)、*The New Shorter Oxford Dictionary*(1993)、*The Cambridge Encyclopedia of the English Language*(1995)。

从 20 世纪 80 年代开始陆续出版了以研究 Englishes 为主题的杂志,如 *English World-wide*(《世界英语》)、*English Today*(《今日英语》)、*Asian Englishes*《亚洲英语》等。随着英语作为一种 Lingua Franca 被广泛应用于国际、国内交流,各种区域性变体不断涌现,关于英语的新名词由此产生。随着 New English、New Englishes、World English、World Englishes、Global English、International English、International Englishes、Englishes、Cosmopolitan English、English as a Lingua Franca、English Languages 的使用日渐普遍,WE-ness(世界英语概念)已经形成。

现在,世界各地人们学习、使用的英语,不是"女王英语"或"牛津英语",而是 Englishes。Englishes 不仅包括美国式、澳大利亚式,还包括印度式、新加坡式、日本式、加勒比式、中国式、尼日利亚式等。单说 English 时,这种"裸"English 不属于任何国家,(陈国华 2010:292)它是一个含有多个"变体"的语言集合体。

六、结束语

盎格鲁人(Angles)的语言 Englisc 经过语言自身拼写和发音演变成今天的 English。盎格鲁、撒克逊和朱特这三个部族最终融成为一体化的占据并定居在 Anglia 的 Angli 民族。Anglia 又演变为 England,音译为"英格兰"。English English 即"英格兰英语",易言之,英格兰是英语的发源地。

英文中一些以 -glish、-lish、-ish 结尾的合并词,表明英语的国际化打破了以英国英语和美国英语为中心的格局,在全球范围内形成了各具文化特色、带有地缘政治、经济和民族特色的多种英语变体。人们把这些英语变体称为不同的英语,因此就有了 World Englishes 之说。英语现已成为地球人都知道的 Globish(全球语)。

英语是世界语言的事实意味着没有任何国家能独占这种所有权。当一种世界通用语为来自不同文化背景的人们所使用时,语言的所有权将会向非本族语者转移。世界性英语不再由英式英语或美式英语来主导。正如足球这种国际体育项目已经不再被人与发源地英国联系在一起一样,英语也不仅再属于母语国家,而属于全球。

本篇参考文献:

[1] Bolton, Kingsley. Chinese Englishes: A Sociolinguistic History[M]. Cambridge: Cambridge University Press, 2003.

[2] McArthur, Tom."-(g)lish names"and other matter[J]. English Today, 2001(3):2.

[3] Tan, Peter. Englishised Names?[J]. English Today, 2001(4):45-53.

[4] Yano, Yasukata. World Englishes in 2000 and beyond[J]. *World Englishes*, 2001(2):119-131.

[5] 陈国华. 重新认识英语和英语教育的地位 [J]. 外语教学与研究,2010(4):291-293.

[6] 杜瑞清，姜亚军. 近二十年中国英语研究述评 [J]. 外语教学与研究，2001（1）：37-41.

[7] 贾冠杰. 英语词汇——诸多文化的混合体 [J]. 中国外语，2006（3）：58-61.

[8] 姜亚军. 近二十年 World Englishes 研究述评 [J]. 外语教学与研究，1995（3）：13-19.

[9] 金惠康. 中国英语 [M]. 北京：外语教学与研究出版社，2004.

[10] 牛道生. 英语与世界 [M]. 北京：中国社会科学出版社，2008.

[11] 文秋芳，俞希. 英语的国际化与本土化 [J]. 国外外语教学，2003，（3）：6-11.

[12] 徐晓晴. 世界英语的发展与中国英语变体 [J]. 苏州大学学报（哲学社会科学版），2005（1）：110-113.

[13] 徐颖果. 族裔与性属研究最新术语词典 [Z]. 天津：南开大学出版社，2009.

[14] 祝畹瑾. 社会语言学概论 [M]. 长沙：湖南教育出版社，1992.

第六篇　英国与女王陛下政府

本篇内容提要：英国实行的是君主立宪制，国王/女王是国家元首，是象征性的。党派通过议会选举，占议会多数席位的上台组阁，即该届政府产生。政府对议会负责，政府首脑称首相。

女王陛下政府（Her Majesty's Government）是英国政府的官方名称，当英国君主是男性时称为英王陛下政府。在大英帝国的历史上，"英王陛下政府"这一称号起初只由伦敦的帝国政府使用。随着英联邦的组成，自主执政的自治领开始取得独立的主权，在政治地位上跟联合王国（英国）相同，因此从1920—1930年开始英国政府以外的自治领政府也使用"国王陛下政府"的名号，而殖民地、海外领土、省政府仍旧使用"XX政府"的称号。然而今天大多数英联邦国家的政府已经改用"XX政府"的称号，所以英国政府现在是"女王陛下政府"这一名衔的主要使用者。"女王陛下的不列颠政府"这一词一般是在处理外交时使用，最常见的使用在英国护照上。

一、Parliament（议会）

英国议会，又称威斯敏斯特议会，是英国的最高立法机关，是英国政治的中心舞台。

早在13世纪时，势力强大的贵族为了维护自己的特权，限制王权，迫使国王成立了议会，参加者还有贵族、教士、骑士和市民代表。议会有决定征税、颁布法律等权利。1258年，英格兰国王亨利三世的妹夫西蒙·德·孟福尔男爵武装闯宫，迫使亨利同意召开会议，签订限制王权的《牛津条约》。根据该条例，国家权力由贵族操控的十五人委员会掌握，为此引进了新名称——Parliament。"Parliament"一词出自法语，意为"商议"，后在英语中表示议会。

政府从议会中产生，并对其负责。国会为两院制，英国议会由上院（贵族院）、下院（平民院）共同组成，行使国家的最高立法权。英国议会创建于13世纪，迄今已有700多年的历史，被称为"议会之母"。自有议会以来，通常在伦敦的一座古老的建筑——威斯敏斯特宫（议会大厦）举行会议。每年开会两次，第一会期从3月末开始，到8月初结束；第二会期从10月底开始，到12月圣诞节前结束。

上院的议员不是由选举产生的，由王室后裔、世袭贵族、法律贵族、家权贵族、终身贵族、苏格兰贵族、爱尔兰贵族、离任首相组成，无任期限制。由于女王可以临时增封爵位，而议员死亡无需增补，所以贵族院议员人数不定。

下院议员选举采用小选举区相对多数选举制，即每一选区产生一名议员。英国法律规定，英国大选采取最多票当选的选区选举制度。组成下院的650名议员分别从全国650个选区选举产生，赢得所在选区最多选票的候选人将代表该选区进入英国议会下院。在下院中获多数席位的政党领袖由女王任命为首相并负责组阁。首相和下院议员的任期同为5年。首相有权在任期内提请女王解散议会下院，举行大选。因此，首相一般会在任期届满前一年左右选择有利时机宣布提前举行大选。

Upper House（House of Lords）（上议院贵族院）

Lord High Chancellor（议长）

Deputy Speaker（副议长）

Lower House（House of Commons）（下议院）（平民院）

Speaker（议长）

Deputy Speaker（副议长）

British Government（英国政府）

Prime Minister, First Lord of the Treasury and Minister for the Civil Service（首相兼首席财政大臣和文官部大臣）

二、Ministers in the Cabinet（内阁大臣）

（一）Ministers in the Cabinet（内阁大臣）

Secretary of State for the Home Department（内政大臣）

Lord High Chancellor（大法官）

Secretary of State for Foreign and Commonwealth Affairs（外交和联邦事务大臣）

Chancellor of the Exchequer（财政大臣）

Secretary of State for Trade and Industry and President of the Board of Trade（贸易和

工业大臣兼贸易委员会主席）

Secretary of State for Defense（国防大臣）

Lord Privy Seal and Leader of the House of Commons（掌玺大臣兼下院领袖，有时兼上院领袖）

Secretary of State for Employment（就业大臣）

Lord President of the Council and Leader of the House of Lords（枢密院长兼上院领袖）

Secretary of Agriculture, Fisheries and Food（农业、渔业和粮食大臣）

Secretary of State for the Environment（环境事务大臣）

Secretary of State for Scotland（苏格兰事务大臣）

Secretary of State for Wales（威尔士事务大臣）

Secretary of State for Northern Ireland（北爱尔兰事务大臣）

Secretary of State for Social Service（社会事务大臣）

Secretary of State for Energy（能源大臣）

Secretary of State for Education and Science（教育和科学大臣）

Chief Secretary to the Treasury（财政部常务大臣）

Secretary of State for Transport（运输大臣）

Chancellor of Duchy of Lancaster（兰开斯特公爵郡大臣）

（二）Ministers not in the Cabinet（非内阁大臣）

Attorney-General（检察总长）

Lord Advocate（苏格兰检察长）

Solicitor-General for Scotland（苏格兰副检察长）

Parliamentary Secretary to the Treasury（下院财政委员会秘书）

Economic Secretary to the Treasury（财政部经济事务次官）

Financial Secretary to the Treasury（财政部财务事务次官）

Minister of State（国务大臣）

Parliamentary Under Secretary of State（政务次官）

Permanent Secretary of State（常务次官）

三、Local Government（地方政府）

County（郡）

District（区）

Region（大区）

Parish（行政区）

Metropolitan District（城市区）

Metropolitan County（城市郡）

Borough（District）Council（市、区政会）

City of London（伦敦城）

Council of London Borough（伦敦市政会）

Greater London Council（大伦敦市政会）

四、Judiciary（司法机构）

司法机关（judicial branch）是行使司法权的国家机关。狭义上的司法机关仅指法院，广义上的司法机关还包括检察院。司法机关与立法机关、行政机关互不从属。

Court of Appeal（上诉法院）

Criminal Division（刑事上诉庭）

Civil Division（民事上诉庭）

High Court of Justice（高等法院）

五、Political Party（政党）

（一）Conservative Party（保守党）

保守党是英国的老牌大党，距今已有300多年的历史。保守党是英国两大主要执政党之一，另一个党是英国工党。保守党在20世纪的英国是占主导地位的政党，出现过丘吉尔和撒切尔夫人等著名首相。保守党自从于1997年大选败于布莱尔领导的工党以后，它一直处于反对党的状态，2010年同自由民主党组成联合政府重新上台执政。现任党首是戴维·卡梅伦。

Chairman（主席）

Annual Session（年会）

Chief Whip 总督导、督导长

National Executive Committee（全国执行委员会）

Conservatives' 1992 Committee（保守党后座议员委员会）

（二）Labor Party（工党）

英国工党于1900年2月由职工大会（即总工会）发起创立，初称劳工代表委员会，由隶属于职工大会的工会组织、费边社、独立工党以及社会民主联盟组成，1906年改称工党。工党的组织由领袖、议会党团、议会外组织和总部组成。在野时每年选举领袖，并设副领袖；执政时可不改选，也不设副职。议会党团由下院全体工党议员组成。每届议会开始即选举领袖、副领袖和总督导员。在野时，由领袖、副领袖、下院议会党团主席、上院工党领袖、两院总督导员以及工党议员代表等组成议会委员会，领导议会党团活动。执政时，则由工党内阁代替，另设联络委员会与后座议员保持联系。后座议员（back-bencher）为英国议会下院中坐在后排议席的普通议员。按英国下议院的惯例，执政党议会党团领袖、在政府中任职的议员以及反对党影子内阁的成员等重要议员坐在前排，普通议员则坐在后排，故称后座议员。

Leader（领袖）
Deputy Leader（副领袖）
National Executive Committee（全国执行委员会）
General Secretary（总书记）
Chairman of Parliamentary Group（议会党团主席）

第七篇　英国与英联邦

本篇内容提要：鼎盛时期的大英帝国，被称为"庞然大物，巍然屹立，叱咤风云，左右世局"。英国本土的面积并不大，但它在从非洲到亚洲，从拉丁美洲到大洋洲的广阔范围内曾拥有众多的殖民地和自治领域，构成了一座"日不落帝国"的大厦。但随着时代的变迁，尤其是全世界民族独立的呼声不断高涨，这座帝国大厦在20世纪30年代便开始出现了裂缝。英国政府出于无奈，不得不以英联邦的形式替代原来的英帝国。

一、大不列颠及爱尔兰联合王国与大不列颠及北爱尔兰联合王国

英国全称"大不列颠及北爱尔兰联合王国"，是由英格兰、苏格兰、威尔士和北爱尔兰组成的联合王国，一统于一个中央政府和国家元首。英国位于欧洲大陆西北面，英国本土位于大不列颠群岛，被北海、英吉利海峡、凯尔特海、爱尔兰海和大西洋包围。

英国现在的国旗来源于几次皇旗之间的合并。英国国旗为"米字旗"，此旗产生于1801年，是由原英格兰的白底红色正十旗、苏格兰的蓝底白色交叉十字旗和北爱尔兰的白底红色交叉十字旗重叠而成，形成一个"米"字。而威尔士的旗帜并没有被融入英国国旗，威尔士的旗帜以绿白各半为底和一个红色火龙。

1921年，爱尔兰南部26个郡脱离英国统治，英国国名从"大不列颠及爱尔兰联合王国"改为"大不列颠及北爱尔兰联合王国"，但国旗式样未变。

和大多数国家不同的是，英国并没有正式用法律来确认米字旗为英国国旗，不过在功能上"米字旗"与国旗已没有差别。1908年，英国议会曾宣布说"米字旗应该被认为是英国国旗"。1933年，英国内政大臣直接对外宣布"米字旗就是英国国旗"。

二、大英帝国与日不落

16世纪之前，英国还只是一个默默无闻的岛国。然而到了19世纪，它成了世界上的头号强国。在维多利亚女王统治的年代，凡是地图上涂有粉红颜色的地方都是大英帝国的领地，其领地面积比本土面积大100余倍。第二次世界大战前，大英帝国统治下的领土总面积和人口总数达到了全世界的1/4。英国的殖民地几乎遍布地球上的每一个角落，太阳一天24小时都能照到英国的领地，所以当时的英国又被称为"日不落帝国"（sun-never-setting empire）。这种帝国扩张达到了世界文明史的顶峰。

英国的迅速崛起与1688年的"光荣革命"密不可分，通过这次革命英国率先建立了当时世界上最民主的君主立宪制度。此后英国国内稳定，人心思进，集中精力发展经济，对外积极开展贸易活动，争夺殖民地。到18世纪，英国已经是世界上头号海军强国，掌握了全球制海权。18世纪后期，英国率先开工业革命之先河。随着工业革命的展开，大量的财富，仿佛像变戏法似的冒了出来，英国因此又成为世界第一富国。到19世纪中期，英国成为世界上第一个工业化国家，它大量出口工业成品，进口大量原材料和农副产品，英国成为世界工厂、经济中心。

经过3个世纪的争夺和扩展，英国建立了庞大的大英帝国。英帝国除拥有本土英伦三岛外，还拥有自治领、殖民地、代管地等。英帝国最强盛时的领土遍及五大洲。难怪英国经济学家杰文斯沾沾自喜地说："北美和俄罗斯平原是我们的玉米地；芝加哥和敖德萨是我们的粮仓；加拿大和波罗的海是我们的林场；澳大利亚和西亚是我们的牧羊地；阿根廷和北美的西部草原有我们的牛群；秘鲁运来它的白银，南非和澳大利亚的黄金流到伦敦；印度人和中国人为我们种植茶叶，而我们的咖啡、甘蔗和香料种植园遍及西印度群岛；西班牙和法国就是我们的葡萄园，地中海是我们的果园……我们得意洋洋、充满信心，极为愉快地注视着帝国的微风……"

进入20世纪以后，随着美国和德国的崛起，英国的霸权地位受到了严重的挑战。第一次世界大战结束后，英国的殖民地纷纷独立，经济中心也转移到美国。第二次世界大战期间，英国首相丘吉尔带着痛苦和激愤回忆他在出席（伊朗）雅尔塔会议时的心情："我的一边坐着巨大的俄国熊，另一边坐着巨大的北美野牛，中间坐着的是一头可怜的英国小毛驴。"第二次世界大战结束后，英国的地位进一步下降，逐渐沦为二流强国，日不落帝国解体。

三、联邦与邦联

(一) 何谓联邦

《现代汉语词典》(汉英双语)对"联邦"的释义为:"由若干具有国家性质的行政区域(有国、邦、州等不同名称)联合而成的统一国家,各行政区域有自己的宪法、立法机关和政府,联邦也有统一的宪法、立法机关和政府。国际交往以联邦政府为主体。"(**federation; union; commonwealth;** union of administrative regions with the power of a state, each administrative region having its own constitution, legislative body, and government, but the union also having its central constitution, legislative body and government. International contacts are made mainly with the **federal** government.)

《新世纪汉英大词典》在"联邦"这一词条下面的英语释义为"federation; union; commonwealth";"联邦共和国"中的"联邦"的英语释义为"federal/federated"。

(二) 何谓邦联

《现代汉语词典》(汉英双语)对"邦联"的释义为:"两个或两个以上的国家为了达到某些共同的目的而组成的联合体。邦联的成员国仍保留完全的独立主权,只是在军事、外交等方面采取某些联合行动。"(Confederation; league or alliance formed by two or more countries for some common purposes, with member countries maintaining total independence and sovereignty, but taking certain combined actions in defense and foreign affairs.)

邦联是"国家的联合",而联邦是"联合的国家"。

四、英联邦 (The Commonwealth、Commonwealth of Nations)

英联邦是英国对联邦其他成员国在政治、军事、财政经济和文化上施加影响的组织,由英国和已经独立的前英帝国殖民地国家或附属国组成。第一次世界大战后,英国势力遭到削弱,各殖民地人民纷纷要求独立,便逐渐用英联邦代替英帝国的称号。20世纪20年代,加拿大、南非、爱尔兰自由邦对英帝国施加压力,要求明确自治领的地位。1926年帝国会议宣布共同声明:"大不列颠和各自治领都是英联邦内部的自治共同体,地位平等,它们的外交和内政事务方面都互不从属,但共同效忠英王,它们在英联邦中是自愿联合的成员。"

英联邦国家是由英国的"女儿国"变为它的"姊妹国"。"英联邦",是指英国和一些曾经是英国殖民地的独立国家，以及英国的附属国，殖民地和其他统治地区的集合体，它是比联邦甚至邦联还松散得多的联系形式。

现在西方许多邦联国家已被联邦所代替，但是邦联目前也没有绝迹。现代社会不时也出现邦联国家联合体，英联邦实质上是"英邦联"。

再如，1990年12月苏联解体后，1991年，前苏联的12个国家组成了独立国家联合体（简称"独联体"）。从本质上看，这个所谓的"独联体"其实就是"邦联"。

英联邦（British Commonwealth of Nations）是一个以英国为主导的国家联合体，由多个主权国家（含属地）组成，成员大多为前大英帝国的殖民地或附属国。该组织元首为英国女王伊丽莎白二世。基于其历史渊源，人们常常以 British Commonwealth 称之，来和世界上的其他联邦做区分。英国外交部，全称为 The Foreign and Commonwealth Office（外交及联邦办公厅）。

英联邦不是一个共和国，英王是英联邦的名义元首。英联邦不设权力机构，英国和各成员国互派高级专员，代表大使级外交关系。随着英联邦内部联系越来越不稳定，如今，英国已不再是英联邦的主宰，英联邦也只是一个供各成员国进行政治、经济磋商与合作的松散组织。

The British Commonwealth 是以 The United Kingdom 为核心，以大英帝国过去的殖民地而现已独立的国家为基础组建的一个跨亚洲、非洲、北美洲、大洋洲的国际性组织。

英联邦前身是英帝国，由英国及其自治领和其他已独立的前殖民地、附属国组成。第一次世界大战后，英国慑于日益高涨的殖民地民族解放运动，调整了同原英帝国其他成员之间的关系。1926年，"英帝国会议"中的帝国内部关系委员会提出，英国和已经由殖民地成为自治共和国的加拿大、澳大利亚、新西兰和南非是"自由结合的英联邦的成员"，"地位平等，在内政和外交的任何方面互不隶属，唯有依靠对英王的共同效忠精神统一在一起"。1931年，《威斯敏斯特法案》从法律上对此予以确认，英联邦正式形成。1947年，印度、巴基斯坦各自宣布独立并加入英联邦。1949年，印度成为共和国，选举了自己的国家元首。从此英联邦成员由须对英王效忠的原则演变为英联邦成员"接受英王为独立成员国自由联合体的象征"。

加拿大原为印第安人与因纽特人的居住地，16世纪沦为法、英殖民地。1867年，英将加拿大省、新布伦瑞克省和诺瓦斯科舍省合并为一个联邦，成为英国最早的自治领。此后，其他省也陆续加入联邦。1926年，英国议会通过《威斯敏斯特法案》，承认加拿大的"平等地位"，加拿大开始获得外交独立权。1931年，加拿大成为英联邦成员国。

在这个由多个成员国组成的"英联邦"中，实行联邦制的国家有：加拿大、澳大利亚、印度、马来西亚、尼日利亚、肯尼亚、乌干达及圣基茨和尼维斯等8个成员国，但其中只有澳大利亚、尼日利亚与圣基茨和尼维斯在国名全称中标出"联邦"字样，其余的40多个成员国都采用了与联邦迥异的单一制国家结构。

五、英联邦成员国

英联邦是英国对联邦其他成员国在政治、军事、财政经济和文化上施加影响的组织，由英国和已经独立的前英帝国殖民地国家组成。第一次世界大战后，英国势力遭到削弱，各殖民地人民纷纷要求独立，便逐渐用英联邦代替英帝国的称号。英联邦没有设立任何权力机构。

英联邦主要组织机构有：联邦政府首脑会议、亚太地区英联邦政府首脑会议、联邦财政部长会议及其他部长级专业会议。1965年起设立英联邦秘书处，其职责是促进英联邦的合作，筹划英联邦各级会议。秘书处设在伦敦。英联邦元首为伊丽莎白二世女王，她同时身兼包括英国在内的16个英联邦王国的国家元首。英联邦成员国包括：

联合王国（The United Kingdom）

加拿大（Canada）

澳大利亚（Australia）

新西兰（New Zealand）

南非（South Africa）

印度（India）

巴基斯坦（Pakistan）

斯里兰卡（Sri Lanka）

加纳（Ghana）

马来西亚（Malaysia）

尼日利亚（Nigeria）

塞浦路斯（Cyprus）

塞拉利昂（Sierra Leone）

坦桑尼亚（Tanzania）

牙买加（Jamaica）

特立尼达和多巴哥（Trinidad and Tobago）

乌干达（Uganda）

肯尼亚（Kenya）

马拉维（Malawi）

马耳他（Malta）

赞比亚（Zambia）

冈比亚（The Gambia）

新加坡（Singapore）

圭亚那（Guyana）

博茨瓦纳（Botswana）

莱索托（Lesotho）

巴巴多斯（Barbados）

毛里求斯（Mauritius）

瑙鲁（Nauru）

斯威士兰（Swaziland）

汤加（Tonga）

西萨摩亚（Western Samoa）

孟加拉（Bangladesh）

格林纳达（Grenada）

巴布亚新几内（Papua New Guinea）

塞舌尔（Seychelles）

所罗门群岛（Solomon Islands）

图瓦卢（Tuvalu）

多米尼加（Dominica）

基里巴斯（Kiribati）

圣文西亚（Saint Lucia）

圣文森特加格林（Saint Vincent and Grenadines）

瓦努阿图（Vanuatu）

伯利兹（Belize）

安提瓜和巴布达（Antigua and Barbuda）

马尔代夫（Maldives）

圣基茨和尼维斯（St. Kitts and Nevis）

文莱（Brunei）

纳米比亚（Namibia）

六、英国的海外领土

英国的"海外领土",之前叫"海外属地",最早被称为"海外殖民地"。目前,英国还保留有安圭拉、百慕大、英属维京群岛、开曼群岛、直布罗陀、皮特凯恩群岛等13块海外领土。随着这些原"海外属地"易名为"海外领土",当地居民自动具有英国公民身份,有权移居英国本土,而不必办理移民手续,还可以到欧盟国家去找工作。这些领土上共居住着大约20万居民,70%以上的居民平均年收入高于英国本土。

本篇参考文献:

[1] 蔡跃蕾,张伟.历史上的几大帝国[N].环球时报,2003-05-12-11.

[2] 房乐宪.邦联主义与欧洲一体化[J].欧洲研究,2003(4):73-85.

[3] 和风.英国米字旗的由来[N].环球时报,2006-04-18-8.

[4] 侯学华.邦联国会在美国宪政体制变动中的作用[J].贵州社会科学,2011(9):112-118.

[5] 惠宇主编.新世纪汉英大词典[Z].北京:外语教学与研究出版社,2003.

[6] 沙中土."日不落"的余辉:英联邦[J].地图,2006(9):104-105.

[7] 现代汉语词典(汉英双语)[Z].北京:外语教学与研究出版社,2002.

[8] 苑晓光."联邦"还是"邦联"[J].科教文汇,2006(7):113-115.

第八篇　英国国王、女王与联合王国

本篇内容提要：英国女王即英国女性君主。英国君主是英国及英国海外领地的国家元首，男性君主称为国王（King），女性君主称为女王（Queen）。现任的君主是1952年6月2日登基的伊丽莎白二世女王。在一般场合称呼"英王"为"英皇"，"英女王"为"英女皇"，但正式的翻译应为国王（King）和女王（Queen）。英国政府被称为"女王政府"，名义上由女王负责任命大臣，但事实上女王不能任命或罢免大臣、官员；首相一职一般由下议院多数党领袖担任，然后由首相"建议"女王任命其他内阁成员。英国政府不向女王负责，它必须向下议院负责，即间接地向英国选民负责。

一、英国国王/女王

英国国王（King）或女王（Queen）是世袭的国家元首、议会的重要成员、司法的首领、全国武装部队的总司令和英国国教的世俗领袖。现英国女王的全称为：Elizabeth the Second, by the Grace of God, of the United Kingdom of Great Britain and Northern Ireland and of Her Realms and Territories Queen, Head of the Commonwealth, Defender of the Faith（托上帝之恩，大不列颠及北爱尔兰联合王国和她的其他领域及领地之女王、英联邦元首、基督教的保护神伊丽莎白二世）。

在法律上，英王的职权有：任免内阁首相、大臣、高级法官和各属地的总督；召集、终止议会会议和解散议会；加封贵族和颁授荣誉；批准和公布法律；统帅军队；对外宣战和媾和等等。但实际上，国王的活动多数属礼仪性质，大事都是根据议会、内阁或首相的建议或指令行事。也就是说，法律上赋予英王的权力已让给内阁和议会。

英国是君主立宪制（constitutional monarchy）国家。君主立宪制又称立宪君主制，是相对于君主独裁制的一种国家体制。君主立宪是在保留君主制的前提下，通过立宪，树立人民主权、限制君主权力、实现事实上的共和政体。君主立宪制限制了古代的帝王独裁，变成了"王在议会，王在法下"的主流观点。

广义上的君主立宪制分为议会制君主立宪制和二元制君主立宪制（这个更常被称为立宪君主制）。君主立宪制的特点是国家元首是一位君主（皇帝、国王、大公等，教皇有时也被看作是一个君主）。

与其他国家元首不同的是，一般君主是终身制的，君主的地位从定义上就已经高于国家的其他公民（这是君主与一些其他元首，如独裁者的一个区别，一般独裁者将自己定义为公民中的一员，但出于客观需要他必须掌权为国家服务），往往君主属于一个特别的阶层（贵族），此外世袭制也往往是君主的一个特点。

君主虽然是国家元首（head of state），但君主的产生方式与权力范围，会依各个国家的制度而不同；即使是同一个国家，往往在不同时期，君主的产生方式与权力范围也各不相同。

君主立宪制国家不同于君主制国家，其权力受宪法限制，如我们每年都可在报上看到 Queen's speech（女王敕语），即英国女王的施政演说，她在每年议会开会（当年的 10 月或 11 月至第二年的 10 月或 11 月，持续 1 年）时宣读施政方针，这种类似美国国情咨文（State Union Message）的演说由内阁拟定，女王只是照本宣科而已。

二、英国王室宪章

所谓王室宪章（Royal Charter）是英国国王以君主名义，授予某个个人或法人团体以某项权力、权利的正式文件。这种权力（权利）可以建立在一个都市、一所大学、一个团体，也可以是确定某个地方、或某项重要财产的所有权。

目前已知最古老的王室宪章颁发于 1066 年，即法国诺曼底公爵征服英国的同一年，英格兰第一位诺曼底人国王"征服者威廉"颁发给苏格兰人一个宪章，允许他们建立自治城市，目的是拉拢这些北方实力派，巩固新建立的王朝。按照传统，王室宪章以鹅毛笔在精美的羊皮纸上用花体书写，通常是件精美的书法作品。

三、英国王位的继承顺序

英国王位为世袭制。1701 年颁布的王位继承法规定，英王去世后由其长子或长女继承，男性优于女性。长子如已死亡，则由其后嗣继承。若长子去世时尚无子女，则由英王的次子或后嗣继承。如英王无子，就由英王长女或其后嗣继承。英王如无子女，才由其弟继承。1952 年继位的现女王是英国汉诺威王朝的第十一代君王。

英国王位的继承顺序（order of succession to the throne），前九名是：

Prince Charles（女王长子）

Prince William（Charles 之长子）

Prince Henry（Charles 之二子）

Prince Andrew（女王二子）

Prince Edward（女王三子）

Princess Anne（女王之女）

Peter Phillips（Anne 公主之子）

Zara Phillips（Anne 公主之女）

Princess Margaret（女王之妹）

四、女王与英镑

英镑（Pound）是英国国家货币和货币单位名称。英国虽然是欧盟的成员国，但尚未加入欧元区，故仍然使用英镑。英镑硬币正面均为伊丽莎白二世各时期的侧面像，反面图像依面值变化。

旧版英镑硬币：

1便士硬币：亨利二世国王勋章，为带铁链的城堡吊闸上饰以皇冠。它最早出现在亨利七世银币的中央，后来用在半便士银币和3便士铜币上。

2便士硬币：威尔士王子勋章，为三根鸵鸟羽毛插在冠状头饰上。在查理一世时期，此图案出现在银币1便士、半便士的背面。

5便士硬币：苏格兰徽章，为带两片枝叶的苏格兰蓟托着一顶皇冠。蓟花是苏格兰的象征。自詹姆士六世起，不少苏格兰硬币都采用此图案。

10便士硬币：大不列颠及北爱尔兰联合王国国徽的一部分，为一只戴皇冠的雄狮。乔治四世时期的先令和6便士上首次出现此图案。

20便士硬币：戴皇冠的玫瑰花饰。玫瑰是英国的国花，且象征都铎王朝。

50便士硬币：大不列颠女神，她戴头盔，左手握着橄榄枝，右手握着三叉戟。该图案首次出现在1672年发行的半便士和四分之一便士铜币上面。

2008年开始发行新版英镑硬币。1便士、2便士、5便士、10便士、20便士和50便士都附有英国国徽盾牌徽章的一部分，可以把币拼起来组成完整图案，唯独1英镑附有完整的盾牌徽章。每款硬币另一面则是传统的英女王头像。

五、女王与国家/民族团结的象征

伊丽莎白二世即位的时候，大英帝国已走上没落之路，不可一世的"王权"被英国人给打倒了，女王成了一个"统而不治"（reign but not rule）的人物。有人把她说成"偶像",有人把她比作一个"摆设"。但事实上,英国女王作为国家元首,是国家和民族团结的象征,在国家政治的危急关头,能起到别人不能起的作用。例如,1957 年麦克米伦首相因健康原因不得不辞去公职,在谁做首相接班人的问题上,一时难以做出抉择。这时女王根据麦克米伦的建议,利用自己的特权,邀请道格拉斯·霍姆组阁,完成了政权的平稳过渡。

君主制在英国有悠久的历史,除了 17 世纪资产阶级革命曾有短暂的中断外,一直持续下来,延续至今,英国老百姓已经习以为常。一个尊重传统的民族,不会轻易改变这一流传久远的政治制度。现在,但凡与王室有关的庆典或活动,英国人都抱有很大的热情。而女王根据近两个世纪形成的宪法传统和惯例,她不具体干预政事,所以,她几乎是不会犯错误的。

伊丽莎白二世在位的 62 年(截止 2014 年)间,英国首相换了 10 余位,当过美国总统的也有 10 人之多,可女王却稳坐王位。可以毫不夸张地说,她是我们这个剧烈变迁的时代里最沉默、也最尊贵的见证者。近年来,虽然时常听到以"共和制"取代"现代君主制"的呼声,但究竟用什么样的共和制取代目前的君主制,迄今还没有人拿出个令人觉得较为清晰的蓝图来。还有,英国王室与以往已有很大的不同,在保留传统的各种盛典仪式的同时,王室成员走出了高墙深院,与社会各界建立了各种联系,这对王室的延续自然起了很好的作用。

本篇参考文献:

[1] 史宗星. 英女王活得很谨慎 [N]. 环球时报,2002-02-04-4.
[2] 赵燕灵,宋念中. 英女王生命不息不退位 [N]. 环球时报,2006-04-21-4.

第九篇　英格兰与苏格兰

本篇内容提要：英国的全称是"大不列颠及北爱尔兰联合王国"，大不列颠又分为英格兰、苏格兰和威尔士三大块。英格兰和苏格兰虽然同处面积不到 21 万平方千米的不列颠岛上，却有着迥异的民族背景和历史渊源。1707 年 5 月 1 日，在伦敦英格兰国会大厦的威斯敏斯特大厅里著名的《联合法案》（Act of Union）正式通过。苏格兰与英格兰正式合并，组成大英帝国。根据最近的民意调查，半数苏格兰人希望与英格兰分家。300 多年前由贵族们促成的合并缺少民众基础。

一、苏格兰

"国家"这个概念，世界各大语言里只有中文用"国"和"家"这两个意义联合组成。这绝非偶然。国和家命运攸关是中华社会漫长演进史最深刻的总结之一，国家兴衰在大多数时代里都对塑造大多数人的个人命运扮演了核心角色。儒家把家和国当作每个人毕生的归属和寄托。

作为英伦三岛的一部分，苏格兰的历史非常久远，843 年就建立了真正意义上的苏格兰王国。作为英国的一部分，苏格兰包括大不列颠北部、赫不里底群岛、设得兰岛和奥克尼群岛。史前时代皮克特人曾居住在那里，它曾被罗马人侵略过但从来没有被占领，在 5 世纪后分裂成许多小的王国。到了 9 世纪，苏格兰绝大部分都被合并成一个国家，但是与英格兰人的冲突很快就爆发了，从而导致了一系列血腥战争。当苏格兰国王詹姆斯六世在 1603 年继承了英格兰王位后，这两个国家合并了。1707 年 5 月 1 日，在伦敦英格兰国会大厦的威斯敏斯特大厅里著名的《联合法案》（Act of Union）正式通过。根据该法案，英格兰与苏格兰合并成一个国家。苏格兰成为英国的一部分，爱丁堡是其首府，格拉斯哥是最大的城市。至此，独立了 800 多年的苏格兰王国彻底退出了历史舞台。在过去的 300 余年中，英格兰和苏格兰，包括威尔士，对外称为"联合王国"（United Kingdom）。英国人常说自己的国家是"四个民族，一个王国"。一个王国就是联合王国，四个民族就是今天的英格兰人、苏格兰人、威尔士人和北爱尔兰人。

在过去的300年时间里，不时有着来自苏格兰和威尔士的极端民族主义者要求恢复独立的呼声，但一直没有成为主流。1999年，时任英国首相布莱尔领导的工党政府同意允许苏格兰拥有自己的议会，以此换取地方势力的更大支持。除了国防、外交和税收三项权力在英国议会外，其余政府事务都在苏格兰议会。

苏格兰有自己的法律系统，司法和教育与英格兰极不相同。苏格兰还有自己的银行系统，它发行的钞票与英格兰银行的钞票一同流通。在国际足联里，四个足协同时来自英国：英格兰、苏格兰、威尔士和北爱尔兰。

二、英格兰与苏格兰

英国的全称是"大不列颠及北爱尔兰联合王国"，大不列颠又分为英格兰、苏格兰和威尔士三大块。英格兰和苏格兰虽然同处面积不到21万平方千米的不列颠岛上，却有着迥异的民族背景和历史渊源。当年罗马帝国兴起并登陆不列颠岛后，吞并了盎格鲁-撒克逊人的英格兰，却筑起防御性工事，将北部的苏格兰隔绝在其势力范围之外。罗马帝国衰落后，撒克逊人恢复了对英格兰的统治，11世纪时又被诺曼底人征服。与英格兰的主体民族不同源、却和爱尔兰的凯尔特人同源的盖尔人，则开始统治原由皮克特人做主的苏格兰，并建立起盖尔人的王朝。

英格兰（England）是大不列颠及北爱尔兰联合王国领土的主要部分，因此习惯上"英格兰"一词也泛指英国。英格兰位于大不列颠岛的东南部，苏格兰以南、威尔士以东，还包括怀特岛、锡利群岛和沿岸各小岛，面积约13万平方千米，是英国面积最大、人口最多、经济最发达的区域。在历史上，英格兰与苏格兰之间以哈德良长城为界。英格兰这个名字源自"盎格鲁人"（Angles），其原名"Engla-lond"意为"盎格鲁人之地"，他们继凯尔特人之后来到这个地方，属日耳曼民族。

盎格鲁人系指居住在今德国石勒苏益格盎格琳半岛（德语Angeln为狭窄的意思；Angeln一词与英语中的agnail、德语中的eng同源。拉丁语转写为Anglia）的日耳曼民族，42年罗马帝国占领不列颠后，他们迁徙到今天的英格兰。所以，"英格兰"一词可理解为"原来居住在德意志盎格琳半岛（窄水旁的半岛，Angeln）的人所迁徙到的领地"。

历史上，英格兰曾多次试图吞并苏格兰，双方为此发生过多次战争。1603年3月24日，终身未嫁的英国女王伊丽莎白一世去世后，按其遗愿她的侄孙、苏格兰国王詹姆斯六世于当年7月25日加冕成为英格兰国王，即斯图亚特王朝首任国王詹姆斯一世，出现一君治两国的局面。于是 1707 年 5 月 1 日，两国国会干脆签署了《联合法案》，将英格兰与苏格兰合二为一。

三、Scottish（苏格兰人）与 British（英国人）

语言是一种身份或认同（identity），它是区分不同民族与文化的手段，从而成为人们所属群体最重要的认同标记之一，在个体之间和群体之间起着区别异同的作用。语言是国民身份认同的最主要的指标之一。一个现代民族的构建并最终形成民族国家，离不开作为外化的载体——本民族的语言。

民族国家是一个以民族为载体、以人文传统为纽带而形成的、享有独立主权的政治共同体，它包括明确的疆界、共同的文化传统、独立行使的最高司法权，以及不可剥夺的公民权。

据 Smith（1991；转引自陈平，2008：5）统计，20 世纪 70 年代早期，世界上只有 10% 的国家是单一民族国家。拿今天的欧洲来说，除了冰岛可算是由单一民族构成的国家外，其他都是多民族国家，最常见的情形是由一个或数个主体民族和其他少数民族组成。从这个角度来看，联合国的英文名称 United Nations 严格说来是用词不当。最简单的证明是英国的苏格兰、威尔士和北爱尔兰，无论是从传统意义还是现代意义来讲，都是公认的不同民族（nation），但它们在联合国都没有独立的国家席位。

大多数英国人都至少有两种身份。首先，他们认为自己同属英国民族，是 British（不列颠人），这是国家层面上的国家民族身份。同时，他们又各自分别认同英格兰、苏格兰、威尔士和爱尔兰民族，这是次级层面的民族认同。四个构成部分都有很强的民族性：虽然他们的英国护照上都无一例外地印着"国籍：英国公民"字样，但他们还是会因为相异的历史、文化和民族背景而自视为英格兰人、苏格兰人、威尔士人、爱尔兰人等，与他们英国人的身份平行相应。

在英国，自称为英国人（即不列颠人，British）的并不多，大家更为认同的是自己的民族，一般都称自己为英格兰人（English）、苏格兰人（Scottish）或威尔士人（Welsh）等。

"英国民族是在历史上统一国家的基础上形成的民族，即国家民族。"（陈平，2008：8）外来的少数民族移民及其后裔，如来自亚洲、非洲和加勒比海地区的移民，一般认为自己同属英国民族（British nation），认为自己是 British（不列颠人），但不是 English（英格兰人）。英国民族国家固然可以放在最高层面，即从 British 的民族国家角度予以观察，但是，前提是必须以英吉利民族为基础。可以这样说，从地域来说，它经历了从英吉利民族的形成到不列颠民族形成的转换，但是对不列颠民族的认同程度和忠诚程度远不及对自己民族的认同与忠诚。

由于近年来苏格兰人口及经济的增长均呈下降趋势，为缓和这种状况，英国议会每年会给予苏格兰更多的支持，包括政策、财政补贴和税收，这导致苏格兰地区的人均公共福利远远高于英格兰地区，这让一些英格兰人感到不快。而在另一方面，不少苏格兰人认为苏格兰丰富的石油和自然资源导致了英国近年来经济的持续增长。如果这些资源仅为苏格兰所用，他们会比现在富有很多。

欧盟扩大了，欧元也已流通多年，似乎国家的边界在消失，国家内部隔阂也在趋于消融。但事实并非如此。美国著名学者亨廷顿在《我们是谁》中写道："超国家特性的出现加剧身份认同的狭窄化，这导致越来越多的苏格兰人自称为 Scottish（苏格兰人），而不称为 British（英国人）。"

四、苏格兰与大英帝国

1707 年，苏格兰与英格兰合并后，苏格兰在 1730—1800 年迎来了一段辉煌时期。这个时期的苏格兰拥有政治学家休谟和经济学家亚当·斯密。由于苏格兰和法国在地理和宗教上的关系，法国启蒙运动思潮最先从苏格兰传入英伦半岛。伏尔泰说过，英格兰的启蒙思想都来自苏格兰。英国 20 世纪著名的历史学家波拉德也曾在其著作《英格兰史》中提到，英国真正意义上的对外扩张全是在苏格兰和英格兰合并后进行的。因此，苏格兰和英格兰的结合虽然不情愿，但却成就了大英帝国。

都说世上之事，分久必合、合久必分。大英帝国鼎盛时期，苏格兰人心安理得地享受既得利益；而当第二次世界大战后英国迅速衰落，风光不再时，久埋心底的苏格兰分离主义情绪就开始冒泡。特别是从 1969 年，苏格兰海岸外的北海油田的勘探与开发，使英国迅速从石油进口国变成了石油自给和输出国。苏格兰人认为，即便不能独享北海石油的开采收益，至少分配一部分给苏格兰才对。

其实英国现代政治史可以让苏格兰人感到自豪。布莱尔和布朗都是来自苏格兰的英国前首相。布莱尔的姓氏源于苏格兰西部。自 19 世纪以来，英国姓布莱尔的人现在已经增加 50%。过去的 20 年里，英国政府的内阁中近半数阁员来自苏格兰，他们演讲中的苏格兰口音也让苏格兰人觉得特别亲切。

高喊独立的苏格兰人其实也明白，想要完全摆脱英国利少弊多。多数苏格兰人担心的是经济上没有英格兰的支援很难维持。苏格兰地广人稀，除渔业和石油开发外，经济发展主要依赖同伦敦相联的金融业、建筑业等来支撑。2007 年，时任英国首相的布莱尔曾表示，任何分裂英国的企图都是疯狂的，统一对英格兰、苏格兰都是好事，也有利于英国的发展。

五、苏格兰与哈德良长城

在英国的不列颠岛上，有一条有名的古长城的遗迹，这就是哈德良长城（Hadrians Wall）。哈德良长城是罗马帝国在占领不列颠时修建的，从建成后到弃守，它一直是罗马帝国的西北边界。哈德良长城包括城墙、瞭望塔、里堡和城堡等，完整地代表了罗马帝国时代的戍边系统。

早在43年，罗马军队入侵了不列颠，只是占领到21世纪时的英格兰地区，难以向北推进，而北方的苏格兰人屡次进犯罗马帝国的占领地。哈德良皇帝来到不列颠视察，下令修建长城，以保卫罗马帝国的占领地。由3个罗马军团历时约6年（122—127）分段筑成了哈德良长城，对于当时的超级大国罗马帝国来说，这也是一项惊人的庞大工程。在罗马人看来，长城以南，是受罗马教化的"文明人"，长城以北，是"野蛮人"（Barbarian）。

哈德良长城全长约为130千米，从英国的泰恩河畔沃尔森德一直延伸到索尔韦湾，地跨英格兰和苏格兰两地。当时哈德良防范的主要是现在的苏格兰人，从英国地图上看，哈德良长城就像是一条"楚河汉界"，把英格兰和苏格兰分割开来，而这一割就让两地民众的感情淡漠了数百年。

如今，喜欢沿着哈德良长城走走看看的英国当地人，多数都是英格兰人。他们通常不会越过英格兰地界。而苏格兰人则很少提到去参观哈德良长城，即便它已经被联合国教科文组织列为来自英国的世界文化遗产。苏格兰直到18世纪初都一直拒绝被纳入英格兰，很多苏格兰人当时视哈德良长城为分界线。如今的苏格兰，一些仍然排斥英格兰的人会在游行抗议的时候，举起绘有哈德良长城标志的旗帜标语，还有一些专门的网站，也是拿"哈德良长城"作为名称中的一部分，喻义独立意愿不息。

英国的正式国名为"大不列颠及北爱尔兰联合王国"，简称"联合王国"（UK）。对于英国人来说，"联合"的意义非常重大，正是因为300多年前苏格兰跟英格兰的合并，才使这个岛国一度成为世界上最强大的日不落帝国。"联合王国"出现"分裂"的趋势也不奇怪，因为苏格兰和英格兰在历史上本来就是两个国家，不仅分属不同的民族，而且历史上还曾是"冤家对头"。

本篇参考文献：

[1] 陈平. 语言民族主义：欧洲与中国 [J]. 外语教学与研究，2008（1）：4-13.

[2] 戴卫平，孙旭东. 英语变体-语言文化 [M]. 北京：科学出版社，2014.

[3] 纪双城，陶短房. 苏格兰要独立，卡梅伦陷尴尬 [N]. 环球时报，2012-01-11-2.

[4] 纪双城. 英国"百里长城"向中国求共鸣[N]. 环球时报，2013-05-14-9.

[5] 孙天仁，丁大伟，王方等."分家"病毒在欧洲多国扩散[N]. 环球时报，2012-10-15-7.

[6] 王晴，陆蓉，江雪晴. 英国有可能分裂吗[N]. 环球时报，2006-11-29-7.

[7] 杨红林. 苏格兰英格兰恩怨数百年[N]. 环球时报，2007-05-01-13.

[8] 赵悦. 藏在经纬间的苏格兰故事[N]. 环球时报，2012-12-10-B2.

[9] 苏格兰公布独立公投计划[N]. 参考消息，2012-01-27-2.

[10] 苏格兰对英国意味着什么[N]. 参考消息，2012-01-27-2.

第十篇 英国、英语与欧盟、欧元区、申根协定

本篇内容提要：英国是一个欧洲国家，但是，在许多方面却显示着与其他欧洲国家的不同。英国和欧洲之间情感复杂。无论是英国人还是欧洲人，多数人认为英国不属于欧洲，说到欧洲时往往没有人把英国算在内。欧盟现有28个成员，英国是其中之一。但到目前为止，英国既不使用已有17个欧盟国家使用的统一货币欧元（euro），也不加入已有26个欧洲国家参加的申根签证协定。英国在欧盟显得有些"另类"。

一、英国与欧盟

欧洲联盟，简称欧盟（EU），总部设在比利时首都布鲁塞尔，是由欧洲共同体（European Community，又称欧洲共同市场，简称欧共体）发展而来的。欧共体创始国为法国、联邦德国、意大利、荷兰、比利时和卢森堡六国。至2014年7月共有28个成员国，根据英文名称排序，它们是：奥地利、比利时、保加利亚、克罗地亚、塞浦路斯、捷克、丹麦、爱沙尼亚、芬兰、法国、德国、希腊、匈牙利、爱尔兰、意大利、拉脱维亚、立陶宛、卢森堡、马耳他、荷兰、波兰、葡萄牙、罗马尼亚、斯洛伐克、斯洛文尼亚、西班牙、瑞典和英国。

欧盟制作统一旗帜的目的是为了要建立一个统一的欧洲，增强人们对欧盟和欧洲同一性的印象。但事实上，英国2011年就公开表示抵制欧盟旗帜。英国广播公司曾报道，首相官邸唐宁街10号一改往年传统，拒绝在5月9日"欧盟日"升欧盟旗帜。包括财政部和外交部在内的一些英国政府部门也不在"欧盟日"挂欧盟旗帜。

英国现在是欧盟中经济恢复最快的国家。到2016年，按照《里斯本条约》的规定，所有欧盟国家将统一财政框架，包括征收金融交易税，而英国作为非欧元国家，不希望遵守这样的规定。

无论是英国人还是欧洲人，多数人认为英国不属于欧洲，说到欧洲时往往没有人把英国算在内。关于这一点，法国前总统戴高乐在20世纪60年代就有过精辟的论述："英国事实上是个岛国，以海为生，经由对外贸易和海外市场与极其遥远的国家保持联系。它基本上是个商业国，只有一小部分农业。在一切活动中，它都要显示其特色，表现出英国人固有的习惯与传统。总而言之，在民族性格、国家结构和生活环境方面，英国人和欧洲大陆人是很不相同的。"

英国与欧洲一体化保持距离，也是考虑到英国和美国之间的特殊关系，害怕与欧洲大陆太接近会影响英美之间的"传统"关系。在许多英国政治家眼里，缩短大西洋两岸的距离比沟通英吉利海峡两岸的关系更为重要。

英国人的疑欧主义（Euroskeptics），除了意识形态上的原因外，更多的还是自我定位、文化传统以及经济上的考量。英国是世界上最老牌的资本主义国家，大英帝国的架子有点放不下，不愿看到欧洲联合过于深化。担心欧盟的一体化将导致欧盟最后聚合成一个国家，使自己变成欧洲联邦中的一个边沿省份，更不愿意有"世界议会之母"之称的英国议会沦为欧盟的一个地方议会。

英国是一个海岛国家，文化传统与欧洲大陆有着很大的差异。连交通规则和度量衡都全然不同。英国拥有一套自己的度量衡单位，例如磅、品脱、加仑、英尺和英寸等。英国加入欧盟已经40多年了，许多英国人却至今仍抱着不合时宜的度量衡不放。英国是欧盟的成员，但在这方面却不与欧盟一体化。英国和欧洲的法律体系也不一样。要一个老牌帝国放弃自己的传统和文化，而去接受别国的文化，是一件难上加难的事。一个民族在历史上积淀下来的心理状态是相当顽固的。

二、英国与欧洲统一

在欧洲迈向更大程度的一体化过程中，英国常常表现得犹犹豫豫。统一欧洲这个理想由来已久并且沾满了血迹。自罗马帝国解体以来，这一理想成为法国和德国为之奋斗的目标。就像德国皇帝威廉二世一样，希特勒把自己视为统治神圣罗马帝国的德国皇帝们的继任者。拿破仑在把帝国的中心从德国的土地转移到巴黎之后，在一场类似罗马的加冕仪式中为自己加冕。

英国常常置身于这些进程的边缘，并且通常对这些进程怀有敌意。拿破仑把英国视为自己的主要敌人。拿破仑的梦想是把欧洲统一成"自由"民众的联盟，这个联盟的中心是光荣的法国，而法律则是拿破仑制定的法律。拿破仑认为英国永恒的目标是使欧洲大陆分裂。拿破仑的某些观念至今在法国仍还有响应者。同样，也有很多英国人对法德统一欧洲的计划不信任。造成这种不信任的主要原因是，英国往往莫名其妙地把自己看成面对着一块黑暗大陆的自由岛屿。英国和其他欧洲国家的不同之处并非在于英国体制是自然形成的，而法国或者德国的体制是人为的。

法国前总统戴高乐认为，英国加入欧洲主要是出于商业考虑。这正好证实了长久以来人们对英国人的怀疑：英国人骨子里不是别的，是商人。其他欧洲国家对统一的向往使英国感到更加格格不入。就好像英国不得不再次与神圣罗马帝国的皇帝——拿破仑和希特勒的古老欧洲战斗一样，只是这次要做的是内部斗争。

三、英国与欧元区

欧元区是指欧洲联盟成员中使用欧盟的统一货币——欧元的国家区域。1999年1月1日，欧盟国家开始实行单一货币欧元和在实行欧元的国家实施统一货币政策。欧元虽然定于1999年1月1日面世，但却一直未面市。在欧元区各国流通市场门槛外徘徊了整整3年后，终于随着2002年新年钟声的敲响正式进入了流通市场。

欧元的使用促进了欧洲文化的融合。这种融合不仅仅是经济的，同样也是社会的。无国界、无身份、货币通用的人口大流动，允许欧洲人更好地交流、讨论、表达和生活。各国间文化相互渗透，人们生活在同一"屋檐下"，从而紧密凝结成"新欧洲"命运共同体。欧元进而成为加快欧洲统一的"杠杆"或"启动装置"。当然反过来说，正如德国历史学家鲁道夫·冯·塔当所言，如果"没有政治统一的欧洲，欧元只是一杯冷咖啡"。

由于英国、瑞典和丹麦决定暂不加入欧元区，目前，使用欧元的国家为德国、法国、意大利、荷兰、比利时、卢森堡、爱尔兰、希腊、西班牙、葡萄牙、奥地利、芬兰、斯洛伐克、塞浦路斯、马耳他、斯洛文尼亚和爱沙尼亚，称为欧元区。目前欧元区共有17个成员国和超过3亿2千万的人口。欧盟国家中的丹麦和瑞典沿用本国的货币。这些国家不使用欧元的原因不尽相同，比如，丹麦是因为老百姓在全民公决中不同意，政府也没办法。而英国不使用欧元，就没那么简单了。

在英伦三岛，围绕着是否加入欧元区的辩论已持续多年，至今仍看不出哪种主张明显地占上风。有人主张尽快加入欧元区，使英国真正融入欧洲一体化进程；有人则坚决反对，声称誓死"捍卫英镑"；还有人左顾右盼，既想加入欧元区，又怕丧失了民族独立性。可以说，对英国人来说，是否加入欧元区是"一个艰难的选择"。

英国伦敦金融城（City of London）是世界上最大的金融中心，欧洲深化一体化的结果必然使欧洲的金融中心从伦敦转移到欧洲大陆。而且，欧洲单一货币计划旨在用一种货币取代成员国的十几种货币，不仅永久消除跨国贸易的投资的汇率风险，也将交易中的换汇成本降低到零。换汇成本的节约，受益的是商家，受损的却是银行。伦敦是欧洲最大的换汇中心，欧洲货币统一使伦敦的金融中心每年减少数百亿英镑的收入。

四、英国与申根协定

《申根协定》（*Schengen Agreement*），是 1985 年 6 月由德国、荷兰、比利时、卢森堡和法国在卢森堡边境小镇申根签署的《关于逐步取消共同边界检查》的协定。主要内容为：①在协定签字国之间不再对公民进行边境检查；②外国人一旦获准进入"申根领土"内，即可在协定签字国领土上自由通行；③ 设立警察合作与司法互助的制度，建立申根电脑系统，建立有关各类非法活动分子情况的共用档案库。

"申根协定"自签订以后不断有新的国家加入进来，截至 2011 年 12 月，申根的成员国增加到 26 个：奥地利、比利时、丹麦、芬兰、法国、德国、冰岛、意大利、希腊、卢森堡、荷兰、挪威、葡萄牙、西班牙、瑞典、匈牙利、捷克、斯洛伐克、斯洛文尼亚、波兰、爱沙尼亚、拉脱维亚、立陶宛、马耳他、瑞士以及列支敦士顿。这些国家是今天的申根区。申根国家中除挪威、冰岛和瑞士之外均为欧盟国家，相反英国和爱尔兰是欧盟国家，但不是申根协定的成员国。欧盟国≠申根国≠欧元国。英国不是申根协定的签字国，所以，非欧盟国家的人民即使有西欧某一国的签证，也不能到英国去，见表 11-1。

表 11-1 欧盟国家、欧元区国家、申根国家统计表

国名（英文）	国名（中文）	欧盟国家	欧元区国家	申根国家
Austria	奥地利	是	是	是
Belgium	比利时	是	是	是
Cyprus	塞浦路斯	是	是	不是
Czech	捷克	是	不是	是
Denmark	丹麦	是	不是	是
Estonia	爱沙尼亚	是	是	是
Finland	芬兰	是	是	是
France	法国	是	是	是
Germany	德国	是	是	是
Greece	希腊	是	是	是
Hungary	匈牙利	是	不是	是
Iceland	冰岛	不是	不是	是

续表 11-1

国名（英文）	国名（中文）	欧盟国家	欧元区国家	申根国家
Ireland	爱尔兰	是	是	不是
Italy	意大利	是	是	是
Latvia	拉脱维亚	是	不是	是
Lithuania	立陶宛	是	不是	是
Luxembourg	卢森堡	是	是	是
Malta	马耳他	是	是	是
Netherlands	荷兰	是	是	是
Norway	挪威	不是	不是	是
Poland	波兰	是	不是	是
Portugal	葡萄牙	是	是	是
Slovakia	斯洛伐克	是	是	是
Slovenia	斯洛文尼亚	是	是	是
Spain	西班牙	是	是	是
Sweden	瑞典	是	不是	是
UK	英国	是	不是	不是
Switzerland	瑞士	不是	不是	是
Romania	罗马尼亚	是	不是	不是
Bulgaria	保加利亚	是	不是	不是

五、英语与欧盟

欧盟所使用的主要语言有英语、法语、德语、西班牙语和意大利语（语义冲突时以英语为标准）。

作为世界上唯一一个主权国家成员国之间相互融合程度深、政治经济相互依赖性强的国际组织，欧盟自成立以来一直遵守"国家不分大小，语言一律平等"的原则。欧盟前身欧洲经济共同体首脑会议的第一个决议，就是关于保护语言多样性的规定。当时的出发点是强调各成员国一律平等，通过不限制工作语言的数量来显示这个大家庭有别于一般的国际组织。但50多年以前欧盟成立时只有4种工作语言。过去是法语大行其道，而如今则被英语所取代。

英语在欧盟各机构中大行其道，是近十几年的事。在20世纪八九十年代，法国人雅克·德洛尔担任欧盟委员会主席，后来接任的卢森堡人雅克·桑特的母语也是法语,他们二人前后十几年的任期内,英语在欧盟是没有地位的。在这之前当然就更没有地位。这也是延续了欧盟从一建立就存在的传统:欧盟、其前身欧洲共同体乃至其雏形欧洲煤钢联营,都是在法国拉着德国的情形下逐渐走向成熟的。德国作为两次世界大战的战败国,加上德语影响相对有限又难学,几乎没有成为多数国际机构基本通用工作语言的可能,所以法语在欧盟各机构得以推广。当然还有一个因素,欧洲议会、欧洲法院等众多欧盟的主要办公地点,分别位于法国城市斯特拉斯堡和同样也是法语国家的卢森堡,这也在某种程度上保证了法语的地位。

现在欧盟的各种招待会和研讨会,绝大多数情况下,都是以英语开场,如果没有人用法语提问,主人很少主动说法语。可以说,一个只会自己母语加上其他一门或几门外语,但英语不灵光的欧洲人,要想在欧盟各个机构里大有作为,实属不易。

六、欧洲理事会、欧盟理事会与欧盟委员会

European Council(欧洲理事会)、Council of the European Union(欧盟理事会)和 European Commission(欧盟委员会)都是 European Union(欧盟)的核心机构,但各自之间又有区别。

欧洲理事会(European Council)也称欧盟首脑会议、欧盟高峰会议或欧洲高峰会,是由欧盟 28 个成员国的国家元首或政府首脑与欧盟委员会主席共同参加的首脑会议,成员国外长和欧盟委员也会出席该理事会。1975 年,在时任法国总统德斯坦的提议下,欧洲理事会作为非正式组织成立。2009 年《里斯本条约》生效后,欧洲理事会成为欧盟官方机构。欧洲理事会是欧盟事实上的最高决策机构,高峰会通常每 6 个月至少举行 2 次,会上决定欧盟的大政方针,尤其是外交决策。欧盟委员会主席每次出席欧洲理事会会议后,理事会向欧盟委员会交付书面提议和决定。欧盟理事会负责准备每次欧洲理事会,并和欧洲议会一起编写将欧洲理事会决策付诸实施的法律文件。

欧盟理事会(Council of the European Union)是欧盟两院立法机关的上议院(欧洲议会 European Parliament 是下议院),是由来自欧盟各成员国的政府部长组成的理事会。每一个成员国在欧盟理事会中都有一名代表(即理事),这些人通常被称为"部长理事",以便同欧洲理事的理事——国家元首或政府首脑区分开来。该机构俗称欧盟部长理事会。欧盟理事会历史悠久,起源于 20 世纪 50 年代欧洲煤钢共同体设立的特别部长理事会,1993 年正式改名为欧盟理事会。该机构的主要任务是协调欧盟各成员国间的事务,制定欧盟法律和法规。在预算方面,它和欧洲议会共同拥有决策权。

欧盟委员会（European Commission）是欧盟政治体系中的执行机构，负责贯彻执行欧盟理事会和欧洲议会的决策。欧盟委员会可通过行使其主动权就法律规定、政策措施和项目提出建议。欧盟委员会是独立于成员国的超国家机构，其委员效力于整个欧盟而非各自的成员国。欧盟委员会源于1951年《巴黎条约》成立的欧洲煤钢共同体4个重要机构之一的高级公署，1967年成立的欧共体执委会是欧盟委员会的前身。目前，欧盟委员会共有28名委员，每个成员国占一个委员名额。（《环球时报》，司宇达）

本篇参考文献：

[1] 何农. 保护文化多样性的成本和代价 [N]. 光明日报，2010-07-18-8.

[2] 何农. 欧盟：英语、法语"争天下" [N]. 光明日报，2014-03-17-12.

[3] 胡德维. 法语 VS 英语——法国最终向现实低头 [N]. 光明日报，2013-07-27-02.

[4] 黄培昭. 英财相威胁脱离欧盟 [N]. 环球时报，2014-01-17-1.

[5] 纪双城. 英国坚持不挂欧盟旗帜 [N]. 环球时报，2014-01-22-4.

[6] 江建国. 英国离欧洲多远 [N]. 环球时报，2001-02-13-10.

[7] 青木，孙微，纪双城. "脱欧论"让英国成为欧洲公敌 [N]. 环球时报，2013-01-22-7.

[8] 许安结. 英国最怕被欧盟开出 [N]. 环球时报，2002-12-12-3.

[9] 张健雄. 英国向欧元靠近 [N]. 环球时报，2002-04-08-11.

[10] 张兴慧. 英国也想退出欧盟吗 [N]. 中国青年报，2012-11-03-04.

第十一篇　英民族姓名与英国文化

本篇内容提要：姓名是社会成员的符号或标记，具有鲜明的民族特征。姓名作为人类社会发展进化的历史产物，与社会文化之间有着广泛而深刻的联系。作为一种文化的载体，姓名从一个侧面能反映出一个民族的历史、宗教、习俗、价值观、道德观、伦理观等方面的文化信息，是研究一个民族文化的活化石。英国人的姓名作为英国文化的结晶，文化内涵极为丰富。透过英国人姓名这一个窗口，我们可以对英国特有的文化风貌有所了解。

英语姓名主要始于盎格鲁-撒克逊民族，随着18世纪大英帝国殖民开拓的兴盛而传播到美国、加拿大、南非、澳大利亚、新西兰等英语国家。英语的"姓"和"名"众多纷繁、五彩斑斓，这与分布在世界各地的英语民族所处的生活环境和古代文化以及他们的社会心理密不可分。1976年出版的P·H·雷米编写的《英语姓氏字典》中包括了英国、爱尔兰、美国和其他英语国家人的2万多个姓氏。美国学者Lareina Rule 在他的 *Name Your Baby* 一书中列举了 10 000 多个英语常用名字。

姓名作为人类社会发展进化的历史产物，与社会文化之间有着广泛而密切的联系。英语姓名作为英语文化的结晶，其文化内涵极为丰富。它从一个侧面反映出英语民族的历史演进、宗教信仰、伦理规范、道德观念、生态环境、生活生产方式、社会心理等方面的文化信息，是研究西方古代文明和现代文化的重要史料。

一、英语姓名与伦理道德

身份、地位、金钱、权力……这些笼罩着耀眼光环的社会符号，不是每个人都可以轻松拥有的。而有一样东西，它虽然不是与生俱来，但是比起前面说的那些东西，拥有起来要容易许多，它就是名字。一般来讲，名字从出生时就会伴随我们的一生。

难怪有人说，一生中和我们最不离不弃的，除了我们的影子，就是我们的名字。

"名不正则言不顺。"(《论语·子路》引孔子语)名字虽然是一种符号，但这种符号却反映了人们的精神面貌，体现了民族文化的精神特质。英语姓名在形成过程中受到了传统文化的制约。传统的伦理规范、道德观念往往潜移默化地影响和制约姓名的选择和取舍。英语部分姓名的意义涉及诸如诚实、勇敢、智慧、坚韧、道德等品质，这从中反映出英语国家人们的道德观念和伦理规范。

英国中世纪时期的戏剧对姓名萌发所产生的催化剂作用不容忽略，特别是宣扬道德和伦理的说教剧，把人世间的美与丑、善与恶搬上舞台，造成十分强烈的宣传效果。人们崇拜和爱戴那些传说中的英雄，崇敬和信奉人世间真、善、美的东西。英语中用来表示诚实概念的姓名有：True、Trueblood、Trued、Trueheart、Trueman 等；表示忠诚概念的姓名有：Lautey、Leaty、Loyal 等；体现勇敢、坚韧和冒险的姓名有：Bold、Bolden、Sturdy、Brave、Bream、Courage 等；表达美与善的姓名有：Goodfellow、Virtue、Verity、Peace 等；用来表示智慧的姓名有：Brain、Head、Wise 等。借助动物的某些特征来表达人类某些品质在英语中很常见。中世纪英国人最敬畏的动物主要有狼、狮子、熊和鹰，它们被认为是勇猛、凶狠、顽强品质的象征。这在某种程度上与英国人的祖先不畏艰险、与恶劣的自然环境顽强抗争的品德相似。他们以 Wolf/Wulf、Lyon/Leoan/Lion(s)、Bear、Eagle、Hawk/Hawker 等作为姓氏是取这些凶猛动物褒义的一面。

英语民族心目中所崇拜的具有学识、权威、勇敢、名望、智慧、力量的人、神、英雄也是择取姓名的首选对象，如：Abraham（万民之父）、Albert（崇高的光明）、Alexander（人类的保护者）、Anthony（不可估量的）、Arthur（勇敢）、Augustus（尊敬的）、Baldwin（勇敢的朋友）、Boris（勇士）、Drew（技艺高超的）、Edmund（富有的保护者）、Emery（工作之王）、Israel（与邪恶搏斗的获胜者）、Justus（公正）等，这从另一个方面反映出人们的主持正义、积极向上、崇尚美好的道德伦理观。

代表着贞洁、自由和健康的月亮女神和处女保护神 Diana；众神之中仪表最美，主管光明、青春、医药、音乐、诗歌的太阳神 Apollo；美丽绝伦，相当于中国古代美人西施的罗马王国公主 Poyche 和希腊斯巴达克的王后 Helen；智慧女神 Athene；夕阳之神 Endymion；双肩掮天巨神 Atlas；英勇善战的骁将 Achilles；盗取天火给人类的 Prometheus；奥底修斯（Odysseus）忠贞的妻子 Penelope；良师益友 Mentor；贵如珠宝的珍珠 Margaret 等具有人情味的英雄和（人）神受到英国人格外的崇拜和青睐，成为他们所选择的姓名。

二、英语姓名与英国自然环境

Ton 是古英语中 town 的意思。姓 Newton 的人们，他们最早的祖先可能住在一个新的村镇里；姓 Appleton 的人们，他们最早的祖先可能住在一个盛产苹果的地方。

一家人从此镇搬到彼镇,新邻居可能用原来的镇名叫他们,渐渐地成为了他们的姓,如 Hilton、Barton、Allington、Audington、Benton、Clinton、Denton、Edington、Elton、Huntington、Middleton、Milton、Preston、Washington 等。Pickwick 这个姓,因狄更斯的名作 *Pickwick Papers* 而为人所熟知。Wick 是"村"的意思,经常发生战乱的村庄就叫 Warwick。Wick 有时软化成 Wich,所以住在绿树成荫的村子里就姓 Greenwich,Wick 有时又变成前缀,有的人就姓 Wickline、Wickliffe、Wicklow 等。Sandwich 原是滨海的小村,因为是英国中世纪封建贵族的封地,所以成为家族的姓氏。Derby、Barby、Boothby、Rugby、Grimsby 等姓氏中的后缀"-by",也是"村镇、田庄"的意思。一个地区的地形、地貌,如 Cape(峡)、Hill(山)、Shaw(古字树林,例如英国著名的剧作家 George B.Shaw)、Dale(山谷)、Everest(山峰)、Field(原野)、Forest(森林)、Marsh(沼泽)、Moor(荒野)、Bush(灌木丛)等也可成为姓氏的来源。另外,姓氏中凡以 -field、-ville、-wood、-ford 等结尾的,也应归于此类,例如:Schofield、Radford、Littlewood、Prindeville。如果一个人的祖先住在湖区,人们可能就用 Lake、Pond 或 Pool 来叫他;而如果住在河边,他可能就姓 Brook 或 Rivers。有的人姓 Bywaters、Underbrush、Underwood、Atwood 和 Holmes(原义为"河中小岛"),这些姓是取自他们老家的地理环境。村子里的 church(教堂),建在了 hill(小山)上,也成为一家的姓 Churchill。英国历史上最著名的政治家邱吉尔的姓氏就是 Churchill。Ham 是 homestead(家宅)的缩写,因而有 Denham、Gresham、Markham 等姓氏。Ley 在古英语中是草地、牧场的意思,Priestley 是草地的所有者,Farley 表明住在远方的牧场。Borough 是自治城市,同样也成为许多家庭的姓,如 Gainsborough、Flamborough、Marlborough 等。

三、英语姓名与英国人职业

以人们从事的职业为姓在英语姓名中占很大的比重。追根溯源,这与当时的社会结构和经济体制有关。中世纪的英国是一个经济比较落后的封建社会,全国几乎所有的劳动者所从事的行业都与简单的手工业、贸易或行业生产相关,如 Cook(厨子)、Barber(理发匠)、Draper(布商)、Butcher(屠夫)、Spicer(香料商人)、Fuller(漂洗工)、Turner(旋工)、Glover(做手套的人)、Baker(面包师)、Miller(磨房工)、Cutler(刃具工)、Tanner(制革工)、Gardener(园丁)、Farmer(农夫)、Hunter(猎户)、Forester(林务员)等。英国四面环海、气候温和、四季温差不大,一年四季基本是绿草如茵,所以在历史上英国的牧羊业很发达。Shepherd 这一姓氏来自所有牧羊人的总称。加工生产羊毛的第一道工序是剪羊毛,剪羊毛的人叫 Shearer、Crapper 或 Cropper，这以后也就成了他们本人的姓。接下来的程序由羊毛分类工（Woolsorter）、洗毛工（Laudrey）、梳理工（Comber）和弹毛工（Bower/Bowyer）分别完成，时间久了，这些就成了他们本人的姓。历史上曾入侵英国的法国诺曼底人管裁缝叫 tailleur，因而有很多人姓 Tailor 或 Taylor。给裁缝准备材料的人就姓 Spinner、Twiner、Weaver 或 Webb（原是织巾女 weaver），布织好后送到以后姓 Bleacher/Blacker、Dryer、Dyer(s)、Lester、Walker 处进行漂白和染色处理。经营布匹销售的商人后来就姓了 Draper。

Smith 是使用最为广泛的英文姓氏，因为 Smith（铁匠）在中世纪英国所有的手工行业中是最为重要的职业。那时英国每个村子都有一个铁匠，在和平时期他制作马蹄铁及所有的农业器具；在战争时期他制造兵器。

由于中世纪封建阶级大兴土木，兴建城堡、各类大小教堂等，刺激了建筑业的发展并使其很快扩大到一定规模，行业分工更加明确。关于这一点我们可以从数百个有关建筑业的姓氏中得到证实。例如：石匠：Stone、Mason、Carver、Carrier、Wall、Stoneman；木匠：Board、Carpenter、Capstack、Wright；油漆匠：Painter、Whiter、Stainer；玻璃匠：Glassman、Glazyer；修盖房屋匠：Thatcher、Cover、Pitcher 等。

劳动是人类生存的根本，职业就是一家人的衣食饭碗。职业姓氏表明这些姓氏的最初持有者以何种职业谋生。以上的各种手艺，经过父授子传逐渐成为家庭成员较为固定的职业或代名词并逐渐演变成家姓。但随着社会的发展和进步，人们的职业和阶级成分也会改变。"厨子"的后代 Robin Cook（罗宾·库克）曾是英国下议院的议长。"盖茅草房匠"的后裔 Margaret Thatcher（玛格丽特·撒切尔）曾担任过英国首相，是世界闻名的铁女人。

中世纪的英国国王拥有全国最多的土地和至高无上的权力。国王分封政策造就的一大批盘踞在大大小小采邑中的封建贵族也拥有大量土地和权力。作为神权的象征，同时又有罗马教皇为后盾，英国中世纪的教会势力很强大，它在当时的英国政治生活中起了重要的作用。由于国王、贵族和教会是英国封建社会的三股强大的势力，因而在国家事务中起着举足轻重的作用，他们的影响不可避免地要渗透到社会中的各个方面，对姓氏也不例外。King（国王）、Queen（女王）、Prince（王子）、Marshall（宫廷的典礼官）、Constable（王室总管）、Lord（勋爵）、Duke（公爵）、Baron（男爵）、Earl（子爵）、Knight（爵士）、Squire（乡绅）、Chamberlain（贵族的管家）、Pope（教皇）、Cardinal（红衣主教）、Bishop（主教）、Priest（牧师）、Beacon（教堂执事）、Sexton（教堂司事）等就是典型的以官名为姓的例子。

四、英语姓名与英国历史

英语姓氏的形成与英国的历史紧密相关。英国历史上曾屡遭外族人的入侵，这就导致英语姓氏不可避免地带有入侵民族的印记。Ashkettle、Askwith、Kettle、Orm、Rankill、Thorold、Thurgell 等英语姓氏就是来自北欧的斯堪的纳维亚语。今天在 Anderson、Jackson、Thompson、Stevenson、Johnson、Nelson 等英语姓名中的 "-son" 也源于斯堪的纳维亚语。英语民族还有一种姓氏是在父名之前加上 Fitz。前缀 Fitz 是从法语 "fils"（儿子）一词转化而来。法国诺曼底参与了征服英国的战争，后来在那里定居下来，Fitz 至今仍保留在姓氏中，所以有很多人姓 FitzGerald、FitzHerbert、FitzPatrick、Fitzland、Fitzgibbon、Fitzwalter 等。Baskerville、Bayard、Cheever、Corbet、Courtenay、Devereux、Everest、Montague、Russell 等英语姓氏也是来自诺曼底的"人名影响"。William、Robert、John、Richard、Roger、Geottrey、Mary 等都曾是当时颇为流行的诺曼底人使用的教名。Holland、Hollander、Fleming、Snyder（意为裁缝或剪羊毛者）、Webster（意为织匠）、Cooper（意为制桶匠）等荷兰人的姓氏在英国相当普遍，这表明旧时荷兰人的入侵对英国人姓氏的影响颇深。

五、英语姓名与不列颠民族

我们不要忘记，"英国人"可以是英格兰人、苏格兰人、威尔士人或北爱尔兰人，这是因为苏格兰、威尔士和爱尔兰在地理位置上和历史上与英格兰都关系密切。虽然如此，但他们又都有自己的语言。因而，苏格兰人、威尔士人和爱尔兰人的姓名也各有特点。英语中父名加 "son" 一词表明血缘关系的姓氏，如 Atkinson、Dickson、Gibson、Robinson、Jackson、Johnson、Samson 等。苏格兰人是把盖尔语（Gaelic）中的 "Mac"（son of）放在父名之前，有时把 "Mac" 中的 "a" 略去，成为 "Mc"，例如：MacPherton、McDonald、MacAlister、Mackcy、MacNab、MacNevin、MacArthur。雨衣的发明者 Charles Macitosh，20 世纪 30 年代初期的英国首相 James Ramsay MacDonald 都是苏格兰人的后裔。威尔士语中的前缀 "Map-" 与盖尔语中的 "Mac" 同源，但最为人所熟悉的前缀是 ab-、ap(p)、b- 或 p-，如 ApPhys、Bryce、Price，它们都意为"国王或统治者之子"。威尔士人在名字后面加词缀 "-s" 变为姓氏，此类姓氏在威尔士尤为普遍。John 的儿子姓 Jones，如英语语言学家 Daniel Jones。以个人名字为词干借后缀 "-(e)s"（表示所属关系）构成的姓氏还有：Adams、Robins、Dicks、Gibbs、Hughes、Alkins、Evens、Hills、Woods、Roberts、Edwards、Philips 等。爱尔兰人也有自己的表示血缘关系的姓氏形式。一种是在父名前加 "O'"（前缀 "O'" 源于爱尔兰语，意为某人的后裔），如：O'Hara、

O'Henry、O'Connor、O'Neill、O'Brian、O'Dell 等。

Saint Patrick 是爱尔兰的守护神。Paddy 是 Patrick 的昵称，为爱尔兰人所喜爱并大量使用，因此成了爱尔兰人属性的绰号。Taffy 是一个类似的表示威尔士人的绰号。这个名字再一次与守护神有关，即 Saint David。David 这个名字的威尔士文是 Dafydd，但让人听起来更像 Taffy。Jock 是苏格兰人的传统绰号，它是 John 的昵称形式。Jack 是典型的英格兰人名字。Jock 和 Jack 在苏格兰和英格兰长期以来都是普遍使用的名字。Paddy、Taffy、Jock 和 Jack 已经分别成为爱尔兰、威尔士、苏格兰和英格兰民族属性的绰号，也就是说，它们可以用于属于一个特定群体的任何人。

此外，典型的苏格兰人的名字有：Blair、Bruce、Campell、Ewan、Murdoch、Murray、Edwina、Fenella、Ina、Iona、Isla、Katrine、Morna 等；反映威尔士背景的人的名字包括：Aled、Bryn、Dewi、Dylan、Morgan、Owain、Rhys、Bronwen、Catrin、Olwen、Sian 等；具有下列名字的人的父母可能是爱尔兰人：Aidan、Colm、Connor、Cormac、Dermot、Aisling、Fidelma、Roisin、Sinead 等。

本篇参考文献：

[1] Cresswell, J. Collins Gem Babies Names[M]. Glasgow: Harper Collins Publishers, 1993.

[2] Dunkling, L. Naming Names[J]. 英语沙龙，1997（1）：47.

[3] 戴卫平. 英国人姓名与英国文化 [J]. 四川外语学院学报，2000（4）：124-127.

[4] 戴卫平. 英语姓名渊源和文化涵义 [J]. 大学外语教学研究，2001（1）：102-107.

[5] 胡文仲. 文化与交际 [C]. 北京：外语教学与研究出版社，1994.

[6] 高玉华等. 英语姓名词典 [M]. 北京：外语教学与研究出版社，2002.

[7] 贾卫国. 英语姓氏的演变与社会文化因素的作用 [J]. 外国语，1999（2）：36-42.

[8] 金惠康. 汉英跨文化交际翻译 [M]. 贵阳：贵州教育出版社，1998.

[9] 纳日碧力戈. 姓名论 [M]. 北京：社会科学文献出版社，1998.

第十二篇　英国地名与英国历史

本篇内容提要：地名是历史的产物，地名的命名，是通过特定民族的语言来表达的。地名是历史的化石，追溯、探究地名的由来，可以解读到历史上曾有过的民族活动痕迹。研究英国地名是探究英国历史的一个很重要方面。

地名是一种社会现象，是人类社会交往的产物。它是人类社会出现以来，人们根据自己的观察、认识和需要，对具有特定方位、范围及形态特征的地理实体给以共同约定的文字代号。地名固然是符号标志，但又是一种超越时空的文化现象。从历史和文化的角度来分析，地名不仅仅是代表地理实体的一种符号，它还具有一定的历史和人文意义。地名是民族历史和文化的一部分，与人类的社会实践紧密相连。它从一开始就蕴含着丰富的文化含义。研究发现，地名可以反映某一民族、某一地区及某一历史阶段的特征、历史史实、生存范围、历史变迁等文化内涵。地名往往还能够提供重要的证据来补充并证实历史学家和考古学家的论点。

一、英国地名与凯尔特人进犯

英国位于欧洲的西北部，由数百个岛屿组成，其主体部分是大不列颠岛。大不列颠岛四面环水的优越地理位置为临近该岛的一些欧洲国家人的入侵提供了良好的自然条件。在漫长的历史进程中，英国曾经受多批外族的入侵和留居。不同语言的因素在英国的地名中都留下了痕迹。这其中包括属于凯尔特系统的不列颠语、罗马人带来的拉丁语、盎格鲁-撒克逊人引进的古英语、海盗时代输入的北欧语，还有诺曼底法语。这些语言对英国地名的形成具有一定影响，并作为历史化石保留下来。

时间最为久远的地名源自凯尔特语。大约从前500年开始，发源于欧洲大陆莱茵河地区（即今天德国西南部）的凯尔特人（Celt）经由法国，横渡英吉利海峡进犯并占领了不列颠群岛，他们操凯尔特语。5世纪，凯尔特人的一支苏格兰人（Scot）从北爱尔兰渡海而来，建立了一个王国。Scotland这个地名，就是苏格兰人的国家之意。今天居住在苏格兰西部和北部山地的盖尔人（Gael）仍然使用凯尔特语。Kent、Lichfield、Breton、Cornwall等城镇的名称都是从不列颠岛上最古老的居民凯尔特人那里传下来的。

在英语形成之前，凯尔特语是不列颠群岛上所能发现的唯一具有史料依据的早期语言。在今日英语中，有一些地名还保留着凯尔特语的词汇成分。如在Duncombe、Winchcombe、Cumberland等地名中，含有凯尔特语"cumb"（= deep valley 深谷）一词的成分；在Torcross、Torquay等地名中，仍保留着凯尔特语"torr"（= high rock 或 peak 高岩或山顶）一词的成分。英国西部的多数地名都含有凯尔特语的成分，比如Penkridge、Pentrich、Penhill中的"pen"（头），这些地名大部分分布在Dorsetshire、Wiltshire、Worcestershire、Staffordshire、Derbyshire和Lancatershire等几个郡，这种分布表明，至少在英国西部曾经有很多讲凯尔特语的人口遗迹。英国的一些有名城市，如York、Dover的名称都源于凯尔特语。York意为"生长水松树林的地方"。古凯尔特人把水松树林作为神来崇拜。Dover是英格兰东部的海港城市，得名于流经该市的同名河流。由于这些以当地地理特征命名的地名得以保留，人们至今可借此追溯并了解英国的早期文化。

Isle of Man（马恩岛），位于英格兰西北岸附近的爱尔兰海中，属于英国，古称Mona，从凯尔特语"Manannan"演变而来。前55年，古罗马统帅恺撒渡过海峡到达British Isles（不列颠群岛），称其为Britannia，意为不列颠人的土地，得名于当地居民不列颠人（属凯尔特族的一支）。他们在前8世纪至5世纪为岛上的主要居民。5世纪下半叶，盎格鲁-撒克逊人入侵，不列颠人的一部分被消灭或同化，另一部分人逃往威尔士山区或迁居法国西北部，但Britannia这个名字却沿袭下来，后简称为Britain（不列颠）。部族名来源于凯尔特语"brith"，意为"杂色多彩"，古代不列颠部族喜欢在身上涂上各种颜色，因此而得名。British是Britain的形容词。苏格兰地名Dumbarton（登巴顿），史称Dun Breattan。Dun在凯尔特语中意为"城堡"，Breattan意即"不列颠人的"，全名意为"不列颠人的城堡"。英格兰地名Lichfield（利奇菲尔德），来源于古凯尔特语"leto caito"，意为"灰色树林"。后英吉利人将地名加上英语地理通名field，得今名，意为"灰色树林的开阔地"。Kent（肯特）是英格兰东南部的一个郡，东濒多佛尔海峡。该地名为英格兰有文字记载起最古老的名称，来源于凯尔特语"canto"，意为"边缘地区或沿岸地区"。

地名同特定民族的定居、迁徙关系密切，表现为一定时期民族活动的遗留痕迹。古代凯尔特人大批迁居不列颠群岛后，带来了一大批凯尔特语地名。这些保留至今

113

的地名在英格兰西部相对较为集中，举凡小山、河溪、森林与居民点都有。东部则以 Thames（泰晤士河）、Yare（亚河）、York（约克）、Lincoln（林肯）等为代表。

二、英国地名与罗马人入侵

到了前 55 年，凯尔特人与世隔绝的平静生活被罗马军团的铁蹄所打破。前 55 年夏和前 54 年夏，罗马帝国的尤利乌斯·凯撒（Julius Caesar）两次率兵入侵不列颠，但均遭到当地凯尔特人的顽强抵抗。43 年始，罗马皇帝克劳迪乌斯（Claudius）率大军用了 3 年时间逐步征服了不列颠的中部和东南部，并建立了强有力的统治政权。

罗马人先将这片被其占领的土地称之为 Pretani，后又改称为 Britannia，其意思是"不列颠人居住的地方"。古罗马人有时又将大不列颠岛叫作 Albion，意为"白岛"，这是因为英国多佛海岸上有一片白崖，从欧洲大陆乘船来英国，首先映入眼帘的就是这一片白色的悬崖。罗马军队入侵不列颠后，在泰晤士河下游渡口筑起一座要塞，作为统治不列颠的基地，起名为 Londinium，London 之名即从中演变而来，它是现代伦敦的发祥地。

英国有文字记载的历史源于罗马人的入侵。Castra（军营/营地）一词便是侵略者随后长达 300 多年军事占领的最好证明。"Castra"一词的意义相当于英语中的 castle。英国众多的城镇，大小不一，都以从拉丁语"castra"一词变化而来的词 -chester、-caster、-cester 结尾，例如：Colchester、Manchester、Winchester、Leicester、Gloucester、Worcester、Lancaster 等。这些城镇都是在以前罗马占领营地的基础上或军营的废墟上建设发展起来的。

不列颠受到罗马人入侵后，拉丁语对不列颠产生过重大影响，其遗迹至今尚存，例如从拉丁语"ecclesia"一词转化而来的 egles，来自"vicus"一词中的 wic，来自"campus"一词中的 camp 等。今英格兰的兰开夏、诺福克和肯特等郡的 Eccles 这一地名，即为当年遗存的 Egles 例证。以 -minster 为词尾的市镇名称为后人提供了另一盎格鲁化了的拉丁语的痕迹。-minster 意指"monastery"（修道院），如 Westerminster（威斯敏斯特），实际上就是 the Western monastery 之义。

见证了罗马人侵略的英国地名还有许多，诸如：Caerleon 为威尔士南部市镇。其名称由 caer（要塞）和 leaon（军团）组成，意为"（罗马）军团的要塞"。Leon 来源于拉丁语"legion"一词。Caermarthen 是威尔士南部的一座城市，罗马统治时期拉丁文作 Maridunum，意为"海滨的要塞"。Caernavon 是威尔士西北部的城市，其名称由 caer（要塞）和 arfon（朝向芒岛）组成，意即"朝向芒岛的要塞"。Lancaster 是英格兰北部的城市，由 Lune（河名）加 caster（城堡）组成。Cardiff 是威尔士的首府，其名称由 car 或 caer（要塞）和 Taff（河名）转化而得，意为"河口的要塞"。

Exeter，在古英语中为 Exaceaster，意为"埃克斯河畔的城堡"。Dorchester 是英格兰南部的城市，意为"拳击者的城堡"，因在罗马人统治时，该城常举行拳击比赛。Worcester 是英格兰中部的城市，其名称意为"部落的城堡"。

然而，罗马人也不断遭受凯尔特人顽强而持久的抵抗。罗马人在不列颠岛统治了将近 400 年。最后，随着罗马帝国的衰退，不列颠人的反抗以及日耳曼部落的迁徙，罗马人逐渐放松了对不列颠岛的控制。到了 410 年，罗马人终于全部撤离了这个岛国。罗马侵略者离开不列颠之后，罗马人的影响迅速消退。建筑物年久失修，坍塌破损，拉丁语也随之逐渐消失了。

三、英国地名与日耳曼人入侵

罗马占领者从不列颠撤出，宣告了占领英格兰 400 年之久的罗马帝国统治的崩溃。原来居住在西北欧的三个日耳曼部族，即盎格鲁人（Angles）、撒克逊人（Saxons）和朱特人（Jutes）乘罗马帝国衰落之机入侵不列颠。这些外来入侵者对不列颠人大开杀戒，没有杀尽的就赶到西部山区地带。日耳曼海盗的疯狂侵略遭到不列颠人的顽强抵抗，因此这一次外来侵略者对不列颠的征服是漫长曲折的，中间曾有几度较长的间歇。在经历了一个半世纪之后，直到 7 世纪初才完成。从此，日耳曼人占据了英格兰的全部领土，这便是英国历史上的日耳曼人征服（Germanic Conquests），亦称条顿人征服（Teutonic Conquest）。

日耳曼部族入侵者的语言都属于低地日耳曼语。虽然其方言各有区别，但彼此的文字还是可以相互沟通的。随着时间的推移和社会的发展，盎格鲁、撒克逊和朱特这三个部族最终融合为一体化的英吉利民族，他们各自使用的方言也逐渐融合，形成了一种新的语言——盎格鲁-撒克逊语（Anglo-Saxon），即现在所称的古英语。地名作为一种明显的象征符号，可以体现曾在这地方居住过的民族的名称，即直接得自该民族的名。三个日耳曼部族中的 Angles（盎格鲁）人口占了主要部分，因此这三个部族被称为 Anglo-Saxon（盎格鲁-撒克逊）。当时的拉丁语学者把他们称为 Angli，把不列颠称为 Anglia。后来 Anglia 又演变为 Englaland，意即"the land of the Angles"（盎格鲁人的土地）。再往后，Englaland 因读音和拼写的方便而简化为如今的 England（英格兰）。

盎格鲁-撒克逊人对不列颠的入侵和占领是相当彻底的，不列颠的许多地名都可以作为佐证。威尔士人是古凯尔特人的后裔。盎格鲁-撒克逊人入侵不列颠，把原住民驱赶到西部山区，称他们为 Welisc，久而久之，这个词演化为 Welsh，这就是威尔士人这个民族的来源。盎格鲁-撒克逊入侵者将威尔士人所居住的地方称为 Walas，后逐渐演变为现名 Wales（威尔士）。殊不知"Welsh"一词的本义是"外族人"，意指"凯尔特人"或"仆人"或"奴隶"。由此可见,当时已被彻底征服的凯尔特人在日耳曼人心中的社会地位。

地名的命名是通过特定民族语言来表达的,唯其如此,地名就与该民族的活动联系到了一起。Sussex 是英格兰南部的旧郡名。477 年撒克逊人入侵英格兰,其酋长率兵在此登陆,建立了南撒克逊王国,Sussex 名称即由此而来,它源于古英语"Suth Seaxe"一词,意为"南撒克逊"。Essex 是英格兰东南部的一个郡。Wessex 和 Middlesex 也是撒克逊人的营盘。撒克逊人建立的这些王国覆盖了今天的英格兰西部诸郡的大部分地区。朱特人占据了 Kent、The Isle of Wight,以后又占据了 Hampshire 南部的部分地区。盎格鲁人则控制了从苏格兰低地到泰晤士河之间的大片土地。由盎格鲁、撒克逊和朱特人合为统一的英吉利民族日后在大不列颠岛建立了七个王国。Northumberland 就是七个王国中的一个。Norfolk,来源于"Nordic",意为"七国时代东盎格利亚的北部居民",与意为"南部居民"的 Suffolk(古英语为 Suthfolchi)相对。现在 Norfolk 和 Suffolk 则成为英国的两个郡的名称。

Vorthumbia 的国王 Edwin(爱德温)率兵占领了 Edinburgh,在山上修起堡垒,Edinburgh 这个城市的名称即由"Edwin 的城堡"演化而来。Somerset 是英格兰西南部的一个郡。1015 年的《盎格鲁-撒克逊编年史》里写作 Sumaersaeton,其名称来源于 Somerton,即古英语中的"Somer-tun",意即"夏季的居住地"。它曾经是西盎格鲁-撒克逊国王的避暑地。虽然盎格鲁-撒克逊人性情剽悍,经常争斗,但他们为英格兰成为国家奠定了基础。盎格鲁-撒克逊人设立了 shire(郡)制,后来诺曼人称为 county。

在古英语里,以 ham(意为"家宅、村庄、庄园")和 tun(原义为"围场、农庄、村庄、庄园",后演化为 ton,引申意为"城镇")作结尾的地名,是最常见的两种形式,像 Birmingham、Nottingham、Brighton、Kingston、Southampton 等,皆为其典型例证。Huntingdon 这样的地名,则由古英语中的"dun"(意为"山丘")发展而来的。

5 世纪的民族大迁徙,盎格鲁-撒克逊人从欧洲大陆大规模入居不列颠。这不仅极大地改变了不列颠的民族成分,也为日后英格兰民族的形成奠定了基础,而且日耳曼语族的盎格鲁-撒克逊语(古英语)的使用打破了原先以凯尔特语族的不列颠语为主的语言格局,给地名的演化带来了深刻的影响。现今英格兰地名中数量最多的部分源自盎格鲁-撒克逊语,即古英语。

四、英国地名与北欧人入侵

大约在 9 世纪,不列颠诸岛遭到来自北欧的斯堪的纳维亚人(Scandinavia)的大举入侵。古北欧语(属日耳曼语族北支)的两个分支丹麦语和挪威语开始被引入英格兰,成为影响其地名形成的一个新因素。

北欧海盗的入侵主要以丹麦人为主。起初，他们只是采取海盗行劫的手段，登陆后掠夺一番即扬帆而去。到了9世纪中叶，丹麦人开始成批向英格兰迁移，逐渐占领了英格兰的大部分地区。丹麦人延续近300年的入侵，对古英语的影响极大。人们仅从众多带有斯堪的纳维亚名称的地名上便可窥见一斑。

丹麦人主要聚居在英国东部的北海沿岸附近，并形成了历史上颇负盛名的 Dane Law，意即"受丹麦人管辖、实行丹麦法律的地区"，这在当地地名中留下的痕迹是颇为清晰的。11世纪初，英国终于成了丹麦帝国的一部分。遗留在英格兰的北欧语地名大多与定居地有关。在丹麦人统治英国的20余年里，大量的斯堪的纳维亚语成分进入古英语。只要看到以 -by 结尾的村镇名称，比如 Derby、Rugby，便可断定这个地方曾经被丹麦人占据过。Derby 旧称 Northworthy，古英语意为"北方的农舍住宅"。中世纪北欧丹麦人入侵后，发现该地有成群的鹿，逐渐称其为 Derby。"-by"在丹麦语中意为 farm、town、village 等。"-by"在英格兰北部地名中广为出现。

挪威语的影响主要分布于英国西部接近爱尔兰海沿岸一带。挪威语以含有 gill（意为"溪谷"，多见于约克郡西部、北部地区）最具代表性。

在北欧语地名里，常见一些由北欧语和古英语成分连缀而成的复合词。譬如，英格兰北部的 Durham，其初始地名形式是 Dunholm，即由古英语成分 dun（山丘）和古北欧语成分 holmr（岛屿）缀合组成，意为"有山丘的岛屿"。北欧人入居盎格鲁-撒克逊人传统地域，出现杂居的移民现象，从而导致了不同语言间的互渗互纳，并形成这种甲、乙成分合璧的地名。

英国地名中有300多个含有斯堪的纳维亚语 thorp（村庄）的地名，如 Althorp、Bishosthorp 等。同样数量的地名是由带"thwaite（新开地、开垦地）"一词构成的，如 Applethwaite、Braithwaite 等。Shetland（设得兰群岛），在不列颠群岛最北部，由100多个岩岛组成，其名称为斯堪的纳维亚语 Hjaltland 的变体。Hjalt 在斯堪的纳维亚语中是"瘤"的意思，因其岩岛如同瘤子而得名。Wick 是"村、农场、手工作坊"的意思，经常发生战乱的村庄就叫 Warwick。Chiswick 是由 cheese（奶酪）和 wick 组成，意指"乳酪作坊"。Wick 有时软化成 Wich，所以绿树成荫的村子就叫 Greenwich。北部的城镇就称为 Norwich。

此外，我们从 Yorkshire、Lincolnshire、Lowestoft、Blacktoft、Sibertoft、Cumberland、Northumberland、Norfolk、Woodthorp、Swainwick、Chiswick 等大量的地名中都可以看到斯堪的纳维亚语的痕迹。从这些地名上可以清楚地看到以丹麦人为首的北欧斯堪的纳维亚人延续近300年的对这些地区的大举入侵和征服是相当彻底的。

五、英国地名与诺曼底人的征服

1066年，也是起源于斯堪的纳维亚半岛但后来定居在诺曼底公国（今法国北部）、与丹麦人同属一族的诺曼人在威廉（William）公爵的率领下渡过英吉利海峡入侵并征服了大不列颠岛。诺曼征服（Norman Conquest）堪称英国地名史上经历的最后一次重要外来影响。诺曼人对英国的入侵，更多的是集中在政治层面、上层贵族的权势争夺之上，而非大批居民的移迁。然而，当时诺曼人在社会和文化上所具有的优越地位以及诺曼底法语的流入，还是对英国地名的发展产生了不小的影响，引起某些变化。这主要表现为用法语形式替代原本的英语形式，地名中常见的以法语 ville 取代英语 feld 就是其中的一例。

诺曼人的征服不仅加速了英国社会封建化的进程，而且推动了古英语向中古英语的过渡。威廉加冕后，整个新贵族几乎都是讲法语的诺曼人，法语自然成为英国的官方语言。这一时期，英语的语法结构和词汇都受到法语的影响。由于讲法语的诺曼人不懂英语，所以在学说某些村镇的名称时他们犯了许多发音错误。同样，那些被诺曼人用法语命名的地方，如他们居住的城堡和寺院，对被征服的撒克逊人来讲，也同样存在着发音上的困难。因此，Bealieu 成了 Benley；Rievaulx 变成了近似于 Rivers 的音。Salop 是英格兰西部的一个郡，11 世纪诺曼人入侵，法语写作 Salopescira，后简称为 Salop。Richmond 是英格兰东南部的一个城市，全称为 Richmond upon Thames。征服者威廉一世之侄在此建立了一个要塞，并用法语命名，意为"富饶的山岭"。Newcastle 的英文意思是"新城堡"，然而它并不是一座新城市，而是一座地地道道的古城。诺曼底公爵威廉征服不列颠后，他的大儿子罗伯特率军来到泰恩河畔，镇守北部边塞，在这襟山带河的要地，修起一座城堡，起名为 Newcastle，这就是纽卡尔斯市名的来历。有些诺曼底封建领主还把自己的名字或头衔附加到所居住的村镇的名称上。五花八门的英国地名中就有许多诸如此类的名称，如 Buckland of the Monks、Bishop's stort-ford、Ashby-de-la-zouch、Abbot's Langly、Buchland Mona-chorum 等等。

六、英国地名与英国地理特征

英国众多的地名，五光十色、情趣各异，相当多的地名是由其所在地的地理特征而得名的，其中最明显的是那些坐落在河流入海口或天然港湾形成处的港市。英国作为一个四面环海的岛国，有许多港口城市，如：Portsmouth（朴茨茅斯）、Yarmouth（雅茅斯）、Plymouth（普利茅斯）、Newhaven（纽黑文）、Devonport（得文波特）等。这些地名明显都带有地理特征，因为这些地名一般都以 -mouth（河口）、-haven（港口）、-port（口岸）等结尾的名词命名，这明确地表示了该地的地理位置和地理特征。根据这些特点人们不难在英国地图上找到遍布不列颠群岛海岸、河口的港市。

英国还有许多沿河而建的城镇。历史上理想的兴城建镇地点一般来说应是那些乘船沿河上下，便捷可达的地方，或是便于建桥之地。如伦敦就具有这样的地理优势，该市建在泰晤士河的下游。天然的浅水滩也是建立城镇的理想之地。英语地名中众多的以 -bridge（桥）或 -ford（津，即人畜可涉水而过的浅水滩）结尾的地名就是根据其地理特征而得名的，如 Oxford（牛津）、Cambridge（剑桥）、Stratford-on-Avon（艾汶河畔的斯特拉福德）等。至今 Oxford（牛津）城徽上还画着一条牛，牛蹄踩着波纹般的水流。牛津大学和剑桥大学是英国人引以为豪的最高学府。英国人常把 Oxford 和 Cambridge 合称为 Oxbridge（牛桥）。在某种意义上可以说，没有 Oxbridge 就没有英国。

英语地名中出现的 Dun-、Down-、-don 和 -down 均来自古英语 dun，意为"小山"。例如 Swindon 是英格兰南部的一个城市，其名字的来源是 swine（猪）加 don，意即"猪山"；Snowdon 意为"雪山"。Belfast（贝尔法斯特）这个地名隐含着这座城市的起源。Belfast 本是古英语中"沙滩、渡口"的意思。1177 年，诺尔曼人入侵爱尔兰，在一条河下的渡口筑起一座堡垒，这就是 Belfast（贝尔法斯特）的萌芽，围绕着堡垒逐渐发展成集市。

学过英语的人都知道 Bath 这个词的意思是"洗澡"。不过在英国，如果某个人说周末要去 Bath，可千万别以为他在谈论"洗澡"，而应该祝他旅途快乐。

原来 Bath（巴斯）是英国著名的旅游古城，坐落在伦敦向西 160 千米的地方，那里以古罗马时代的大浴室而闻名。正因为古罗马人在英国洗澡的地方叫 Bath，以后的英国人也就把洗澡一律称为 Bath 了。在 Bath，罗马时代的大浴室现在已经恢复了原样。水池下的铅制防水层竟然仍是 2 000 多年前古罗马时代的作品。这个温泉浴室当年是一个神庙的一部分，是那时古罗马人向往的地方。

说起这个浴室的来历更是有趣。据说李尔王的父亲当王子时得了麻风病，被赶到荒郊野外去放猪。由于猪群跑到池塘里去吃橡树种子，他无奈下水赶猪，发觉水竟是热的。等他将猪群赶上岸已热得气喘吁吁，但麻风病却不治而愈了。王子欢喜无限，后来将那个池子改为浴室，这就是今天的 Bath（巴斯）。

具有地理特征的英国地名遍布不列颠群岛，例如：

Chelsea（切尔西）是英格兰东南部的一个城市，位于泰晤士河北岸，古称 Cealchyth，意为"运送石灰石的码头"。Hyth 在古英语中意为"码头"。古代这附近盛产石灰石，并经此运往各地而得名。

Chelmsford（切姆斯福德）是英格兰东南部的一个城市，是埃塞克斯郡的首府。它在古英语中意为"切尔默河渡口"。

Bedford（贝德福德）是英国东南部的一个城市。其名称来源于古英语，意为"贝德（Bede）的渡口"。

Oxford（牛津），因泰晤士河经此，被分为几道河汊，河水较浅，牛可涉水而过，后在此建立居民点，因此得名。

Stafford（斯塔福德），其名称由古英语中的 staeth（木桩）和 ford（渡口）组成，意为"安置木桩的渡口"。

七、结 束 语

英国历史上每一次外族人入侵酿成的新的语言和文化的引进，无一例外地都在英国的地名中打下了烙印。人们从浩瀚的历史长河中不难发现，一些悠远古朴的语言尽管早已湮灭，而唯有其地名、人名一类专有名词，却常被后继者接受，辗转留存下来。地名的延续性和稳定性很好地保留了历史中的某些本来的面目。地名的语言背景，恰如一座埋藏在地下的丰富宝藏，包孕着极富价值的民族历史的信息，启人遐思、引人入胜。

本篇参考文献：

[1] Mencken, H. L. The American Language [M]. New York: Alfred A. Knopf, Inc., 1982.

[2] 高关中. 美国州市大观 [M]. 北京：当代世界出版社，1999.

[3] 胡开杰. 从语言视角看英国部分地名的由来 [J]. 江苏外语教学研究，1997（2）：44-46.

[4] 焦震衡. 世界地名故事 [M]. 北京：科学技术普及出版社，1983.

[5] 邵献图. 外国地名语源词典 [M]. 上海：上海辞书出版社，1983.

[6] 沈坚. 地名语源的民族史解读 [J]. 华东师范大学学报（哲社版），2005（5）：66-74.

[7] 苏晓玉. 浅谈美国地名的文化含义 [J]. 解放军外语学院学报，1997（6）：62-65.

[8] 王秉钦. 文化翻译学 [M]. 天津：南开大学出版社，1995.

[9] 俞希. 从地名看美国文化 [J]. 外语教学，1999（4）84-86.

[10] 中国地名委员会. 美国地名译名手册 [M]. 北京：商务印书馆，1994.

第十三篇　英语贵族词语与英国贵族体制

本篇内容提要：英国社会一直存在着明显的等级区分，这主要是源于英国贵族体制强大而持久的影响。在英国历史上，贵族制从未被彻底否定过。尽管英国贵族在历史上多次出现衰落，但它每次都能从衰落中得到新的社会营养，再次展示出新的生命力，并一直在英国起着举足轻重的作用。英国贵族文化已成为英国文化的重要组成部分。文化与语言共生存、相互依赖、互为关照。解读英国贵族体制有助于理解掌握英语贵族词语的来源，知其所以然。

一、前　　言

"文化是一种架构，包括各种内隐或外显的行为模式，通过符号系统习得或传递，文化的核心信息来自历史传统，文化具有清晰的内在的结构或层面，有自身的规律。"（庄春波，1996：277）一个民族的文化离不开与其密切相关的传统文化。传统不等于过去——过去的思想、过去的精神、过去的意识、过去的文化等。过去存在的，现在没有什么影响，就成为了历史的陈迹，而不是传统。黑格尔说过："我们之所以是我们乃是由于我们有历史。"今天中有历史的"昨天"，但历史并不都成为传统，而只有在今天仍然起作用的历史才是传统。《辞海》中把"传统"释为"由历史沿传而来的思想、道德、风俗、艺术、制度等"。几千年人类文明史几乎已经穷尽了人类可能的思想方式与行为方式，无论是哪种形态的当代哲学或当代艺术，人们都能在既有的历史文化中找到它们的根源和依据。从这个意义上讲，所有人类的思想与行为都要受传统影响。

传统文化是民族文化发展中积淀的相对稳定的东西，是支配人们思想和行为的某种习惯的程式。正是因为传统文化对人有着巨大而深刻的影响，所以传统文化被认为是人的"第二天性"，是"似本能"，是"内在潜能"。（吴新颖、龙

献忠，2004：141）

英国社会一直存在着明显的等级区分，这主要是源于英国贵族体制强大而持久的影响。在英国历史上，贵族制从未被彻底否定过，贵族等级制一直在英国起着举足轻重的作用。贵族文化已成为英国传统文化的重要组成部分。

英国贵族具有强烈的社会责任感，历史上无论是抗击外敌还是反对封建王权，贵族都积极带头参与。相对于欧洲大陆贵族而言，腐化堕落、荒淫无耻、无所作为等现象在英国贵族中较为少见。英国贵族有崇尚勇敢、公正、理智、自制等品性。英国的贵族阶层通过各种途径不断地吸收社会中的精英分子。只要个人努力便可以跻身于贵族或更高一级的社会阶层，这激发了人们的进取和自我奋斗精神。进取精神使英国社会充满了活力。

英国贵族最让人称奇的是，作为农耕文明产物的阶层，在英国现代化进程中，通过两次重大的自我改革，成功应付了社会转型，不仅幸存下来，而且获得新发展。17—18世纪的英国在由传统封建社会向现代商业社会转型中，贵族通过改革放弃原先享有的经济特权，他们和新兴商业阶层共同承担起国家经济和税收责任，借此获得新的合法性并巩固了统治阶级的地位。通过贵族领导下的光荣革命和一系列政治、经济改革以及对外战争，英国社会空前繁荣并成为世界霸主。

英国贵族一直是英国政治、经济、军事的人才储备阶层。公学（如哈罗公学、伊顿公学）是对绅士精神的传承，英国贵族中的大多数都在这些公学里接受初级和中级教育，他们既学习文化知识，又接受公民教育，包括国家意识和体魄建设。从这里他们多数会进入牛津大学或剑桥大学接受高等教育，这两所大学为他们进入英国社会、承担重要角色做好准备。英国的多数政治、宗教、军事领袖（包括首相、主教、将军等）都来自这两所大学。

英国贵族文化成为主导文化之后，社会各阶层都向贵族看齐。如英国的资产阶级作为现代化工业革命时期的中间阶层极力模仿贵族的生活方式，"他们宁愿放弃自己在经济领域的重要地位，而去当一名对社会无关痛痒的绅士"（吴新颖、龙献忠，2004：143）。工业资产阶级被贵族文化所同化，造成他们在实业上进取精神的衰退，接受贵族文化观念标志着一个新兴向上的工业资产阶级从自己的巅峰上跌落下来。第一次产业革命发生在英国，但第二次产业革命却转向德国和美国，就足以说明问题。

二、现代英国与爵位册封

英国的爵位册封制度源于封建王朝时期，针对贵族与平民两个范畴，封号授予可分为七级。在贵族范畴中，爵位高低依次为公爵、侯爵、伯爵、子爵、男爵。而平民爵位只有两种，即准男爵和骑士。

在公爵、侯爵、伯爵、子爵、男爵这五种爵位中，"公爵"是仅次于君王和亲王的最高爵位头衔。"男爵"自古以来在五级爵位中受封比例最高，但地位也最低。

在现代英国君王立宪制下，君王要想给皇亲国戚册封爵位，就需要同政府内阁商量。对于英国王室来说，属于平民的封号只有"准男爵"与"骑士"。通常英国君王对这两种爵位的册封只是名义上的，实际决定权在政府内阁，内阁获得名单的途径则是民间推荐，册封通常选择新年和英国君主生日这两个时间。

三、原始贵族与五级爵位贵族

英国贵族自5世纪盎格鲁-撒克逊时代开始形成一直延续至今，期间虽几度沉浮，但贵族阶层却从未中断且屡次焕发出新生命力。在众多危急关头，他们引领国家走出困境，成为世界上延续时间最长、对本国历史推动作用最大的阶层，在世界史上绝无仅有。故有学者称，人们若读不懂英国贵族，则无法理解英国历史。

英国英语中与贵族相关的词语较多，这与英国独特的贵族体制密不可分。研究英国贵族及爵位的起源、教会贵族与世俗贵族的区别、贵族院的形成与构成、泾渭分明的贵族等级、广义与狭义贵族、贵族勋位与称谓可解读英国的贵族文化，同时有助于了解英语贵族词语的渊源。

在英国历史上最早享有特权的贵族被称为 Gesith（哥塞特）。哥塞特除具有"地位显赫"、"重要的"意思之外，还含有"头领的扈从"、"国王的友伴"的意思。哥塞特平时出入宫廷，帮助国王治理国家，战时则聚集在国王麾下，筹措谋划，率兵搏杀。哥塞特这一贵族群体一度被称为 Gesithcund。

大约在9世纪，哥塞特这一不列颠贵族称呼渐渐被 Thegn（= Thane 塞恩）代替。塞恩和哥塞特的原义有着微妙的差别。塞恩效劳的对象可以是国王，也可以是贵族。这意味着塞恩这一贵族群体内部的等级之差。换言之，某个塞恩地位的高低主要取决于他所服务对象地位的高低。塞恩中的上层是那些常常出入宫廷，在宫廷中担任要职的国王近侍，并作为国王的心腹，遵照国王的指令，去经办各类要事。国王本人为了维护自身的尊荣威严，也宁愿高级塞恩保持较高的社会地位。得到国王重用的高级塞恩大多是社会上的富有者，他们又可拥有自己的塞恩，人数或多或少。

王室通过文书形式办理封赐土地的手续，所赐土地被称为 bookland（册地），以别于按照部落传统方式分配的份地。有了领地之后，塞恩造舍独居，不必陪住宫廷，其生活费用和武器装备也靠领地收入操办，不再向王室领取。就这样，军事义务和土地占有密切结合起来，国王与贵族的关系逐渐成了封君和封臣的关系，封建贵族制逐渐形成。

大约在10世纪，ealdorman 被越来越多地用来称呼塞恩中的大贵族，即高级塞恩。

又因为少数大贵族出身高贵，与王室关系密切而甚得国王器重，常被国王任命为管辖一郡或数郡的封疆大吏，并拥有比较固定和可观的封地。因此，ealdorman 又渐渐具备了"方伯"、"伯爵"或"亲王"的含义。以丹麦人为主的斯堪的那维亚人入侵不列颠之后，斯堪的那维亚语中的 eorl 替代了英文词 ealdorman，成为对当时地方统治者的称呼。以后 eorl 又演变为 earl，ealdorman 改称为 earl。相应之下，他们的权力管辖范围或领地也由原来的 ealdormanty 改称为 earldom。Earl 出现后，不列颠贵族已大致分为两类：①以 earl 称之的大贵族，其地位类似诸侯。②以塞恩称之的中小贵族，他们仍需承奉王命，护卫宫廷，随军作战。

在盎格鲁-撒克逊时代的中后期，英国的封建贵族虽然已有等级差别，但始终没有形成整齐划一的等级体系。在多数情况下，哥塞特、塞恩和 earl 等词乃是某个时期流行的或相约俗成的称呼，而非严格的、正式的和统一的法定称号。直到 11 世纪前期，大贵族 earl 和普通中下贵族塞恩的等级差别才终于明朗化。

1066 年起入侵并征服英国的法国诺曼人的统治加快了英国新型贵族制度的发展，开创了封建贵族制度新的兴盛期。英国的 Duke（公爵）、Marquis（侯爵）、Earl（伯爵）、Viscount（子爵）和 Baron（男爵）五级爵位体制大致定型于 15 世纪，是在漫长的岁月中逐渐形成，最终成为定制。英国爵位的等级结构呈金字塔形，公爵、侯爵较少，伯爵、男爵较多。

在英国五级爵位中，Earl（伯爵）出现的最早。Earl 是由 eorl 转化而来。英国伯爵与法国伯爵称号 count/comte 并无继承或连带关系。在盎格鲁-撒克逊时代的后期，因王权不够强大，英国广大地区曾划为几个较大的 Great Earldom（伯爵管辖区），而伯爵爵位是在 11 世纪初丹麦人入侵不列颠后引进的。

盎格鲁-撒克逊时代就已有 Baron（男爵）一词。到 12 世纪初国王的大部分高级世俗贵族都被封为男爵。其中少数与王室关系密切、封地较多者又被称作 Great Baron（大男爵），其地位在伯爵和男爵之间。很快，大男爵发生分化，显赫者升为伯爵，其余与普通男爵不分伯仲。正因为当时男爵在世俗贵族中占有了很高比例，以至于 Baron 一词长期作为贵族的集合名词使用。英格兰历史上诸侯反对亨利三世的愚蠢政策而引起的内战就称为 Barons' War（诸侯战争）。诺曼征服后，贵族的封建领地就称为 barony（男爵领地）。

Duke 源于法语 duc，意思是"首领"。英国公爵爵位出现在 14 世纪。在英国，公爵是仅次于国王或亲王的最高级贵族。几百年来，公爵爵位主要授予王室要员和宫廷近臣，此外，只有军功盖世者可以获此殊荣。

Marquis 就词源而言，它是由德语 Markgrave 一词演变而来，其原义是 count of the march（行军伯爵）。侯爵的原义与"方伯"词义相近，系指统辖一处的封疆大吏。

在英格兰，"侯爵"一词最初指威尔士边疆的领主。到了15世纪，这级爵号被贵族们所看重，上升到贵族爵位中的第二级。

Viscount 先源自古法语"viscomte"一词，中世纪英语中该词拼写为 vicecomes，意思是 vice（副）+ count（伯爵），原为郡守，地位在伯爵之下，男爵之上，但有时可能是实力强大的诸侯。

在五级贵族之上的王室贵族中，还有一个颇为独特的、专为王储而设的称号——Prince of Wales（威尔士亲王）。该称呼最早为一度统一过全国的威尔士王子 Lywelyn ap Gruffyddz 的名号。威尔士合并于英格兰后，英国国王把 Prince of Wales 之头衔加给不列颠王位的继承者，从此这个封号成了英国王太子的专用头衔。

四、教会贵族与世俗贵族

与欧洲大陆的西班牙、葡萄牙、瑞典、法兰西等国贵族相比较，英国贵族集团的人数较少。英国贵族尽管是一个人数较少的精英团体，但确是一个系统相当复杂的等级制群体。从封建贵族出现至今，英国贵族主要包括两类：Lords Spiritual（教会贵族）和 Lords Temporal（世俗贵族）。

教会贵族是基督教传播和教会势力扩张的结果。教会和修道院享有特权和地产，上层教士成为封建领主。英国逐渐形成了包括两个大主教区、若干主教区和众多基层教区的宗教管理体系，形成了以大主教（archbishop）、主教（bishop）、修道院长（abbot）和中下级贵族为序列的教会贵族等级制。同世俗贵族相比，教会贵族的划分即"教阶制"一直比较清晰。教会贵族有着宗教组织的神权理想与行为准则。与世俗贵族相比，教会贵族人数较少。

所谓世俗贵族，主要是指那些以世俗的封臣身份或官吏职位从国王那里直接或间接领有封地、对国王承担封建义务、通过土地占有而享有特权并不同程度地参与了王国政务的封建家族及个人。英国世俗贵族并非是一个整齐划一和凝固不变的封建等级，而是包含了经济实力、社会地位与政治态度各有差异的各类封建主群体。英国世俗贵族阶级属性的变化次数之多，在世界各国中当独一无二。从盎格鲁-撒克逊人入侵不列颠至20世纪，英国世俗贵族先后有过五种阶级形态，即原始部落军事贵族、封建主义贵族、资本主义土地贵族、工商业资产阶级贵族和工党贵族（Labor Peers）。

英国世俗贵族体制和名号在过去 1 000 多年间不断变化，较大的变化有五次。第一次变化是在盎格鲁-撒克逊时期；第二次变化是在诺曼征服之后；第三次变化是在14—15世纪，五级贵族制形成；第四次是在17世纪初，在低级贵族"乡绅"之上增设了一个被称为"从男爵"的新品级；第五次变化发生在20世纪50年代末。依据"终身贵族法案"，英国不再增添世袭贵族（hereditary peer），同时开始册封爵位不可世袭的终身贵族（life peer）。

五、贵族院（上院）与平民院（下院）

英国上议院的历史可以追溯至14世纪。当时的国王们觉得他们征收的税款不够多，于是将他们的顾问委员会扩大，并召集了一些封建贵族，让他们负责扩大经济来源。教会成员和权贵们（1个世纪后，他们被称为贵族）开始在众议院之外的一个场所开会。从此这个机构逐渐具有了参议院的职能。它的角色在今天仍然没有本质上的改变。上议院体现三大基本职能，其中之一便是控制政府，另外，审查和批准下院起草的法律。此外上院还作为最高上诉法庭，进行终审判决。

英语中Parliament（议会）这个词从拉丁文演变而来，原始的含义是"谈话"；最早出现在13世纪初的教会规章中，意指茶余饭后僧侣们在修道院举行的谈话会；稍后该词便被用来描写诸如法王路易九世和教皇英诺森四世在1245年举行的正式会谈。据当时的编年史记载，亨利三世在他召集的大会议期间举行过一次类似的会谈，从此Parliament在英国扎下根来，以至于宪政史上把1242年以后国王所召集的传统大会议都泛称为Parliament。

英国议会上下两院制形成于14世纪40年代。在1343年4—5月举行的国会上，教会贵族和世俗贵族代表在威斯敏斯特宫的白色厅堂开会，而骑士和市民代表则在彩色厅堂讨论。从此，贵族代表和平民代表分厅议事形成定制，各自有其专用的开会场所，从而形成House of Lords（贵族院）和House of Commons（平民院），即沿袭至今的Upper House（上院）和Lower House（下院）。

议会的构成也发生了变化，由以前的僧侣、贵族、平民三部分变成了新的三部分——国王、上院、下院。伴随着两院形成的是上下院议长的出现。起初，下院与上院及国王的联系通过临时指派的代表进行。1376年下院第一次选举产生了Speaker（发言人），即下院议长。从此以后，每届议会下院都要选出议长。这样，原来议会的主持人大法官自然而然就成为Lord High Chancellor（上院议长）。英国贵族既是土地的主要占有者，又是政治权力的主要垄断者。宗教改革之后，议会上院成了世俗大贵族和少数主教的世袭领地。长期以来，由于英国上院贵族和多数内阁阁员都是地产丰硕的大地主，实际上贵族成了统治阶级的同义词。在政治上，上院世俗贵族从广义贵族aristocracy中明显地独立出来，称为peers，其集合名词为peerage。

六、高级贵族与低级贵族

英国上院贵族，即高级贵族，和低级贵族有着不容否认的区别。英国大贵族本是一个财产和地位可以世袭的上院贵族。在大贵族之下是被称作乡绅的社会精英，可被称为小贵族或低级贵族，他们居于贵族和平民之间。与欧洲多数国家的贵族体制相比较，英国贵族体制的一个重要特点是低级贵族不能出席上院，没有像五级贵族那样的政治和司法特权。

低级贵族是无贵族爵位称号的乡绅阶层。乡绅（gentry）是英国封建社会中晚期出现的新兴资本主义生产关系的代表，它肇始于 12 世纪末，形成于 16 世纪末。这期间的英国是一个以农业生产为主的国家，由于土地财富是衡量社会地位的最终尺度，因此，在城市赚了钱的人往往要投资于土地，加入乡绅的行列。经济实力的上升终究会带来社会政治地位的变化。一些精于管理的乡绅在社会等级的阶梯上步步高升。少数上层自由土地持有农经营有方，不断购进或租进土地，形成了一个富裕的 yeoman（"纽曼"或意译"白耕农"）阶层（复数为 yeomen，总称为 yeomanry）。纽曼是位于小农（small husbandmen）和大农场主（large farmers）之间的耕种者（independent cultivators/independent owners—occupiers）。杰出的纽曼可被授予乡绅或 gentleman（绅士）的头衔，跻身于绅士行列。中世纪晚期英国村庄的头面人物就来自杰出的纽曼。纽曼和绅士如此接近，以至于出现了"宁为纽曼头，不做绅士尾"的英格兰谚语。同时，纽曼还是 knight（骑士）的重要来源。富裕的纽曼被授予骑士的称号。封建社会晚期，英国社会内部贵族以外的中等阶层之间界限日益模糊起来。绅士、缙士和骑士常常混同起来。英国史学家常把骑士笼统地称为"绅士"，即有着 gentleman、esquire 和 knight 头衔的人。拥有财富的乡绅阶层的政治地位亦大有提高，许多乡绅在司法界及地方政府中谋得一官半职，有的乡绅还跻身于中央大员之列。一部分乡绅与贵族财富相当，甚至富过男爵，于是有的乡绅购买爵位正式跻身于高级贵族，出入宫廷，出席议会。

七、广义贵族与狭义贵族

在英国，贵族概念始终有着广义和狭义之分。"Aristocracy"（广义贵族）一词源于希腊和拉丁文。Aristocracy 在希腊文中原有"杰出"、"优秀"之意，可以用来指大贵族。但在含义较广的拉丁文中，该词除了用指大贵族外，还包括地位较低的自由人，尔后同形异义地转化为英文词，意为服兵役的自由农民，从诺曼征服到近现代，用来称呼包括骑士在内的大小贵族。五级贵族形成之后，为了区别，又用 peers 以及集合名词 nobility 和 peerage 专称拥有议会上院出席权的高级贵族（即公爵、侯爵、伯爵、子爵和男爵），或者说是狭义的世袭贵族。以后，nobility 除用指上院贵族外，有时还泛指政界要员。

15—16 世纪以来，英国资本主义迅速发展。英国资本主义经济的迅速发展势必引起社会阶级结构的变化，主要表现之一是封建旧贵族的衰落和乡绅新贵族的崛起。那些有经济实力，并精于管理的乡绅在社会等级的阶梯上步步高升，其中有的被封为骑士。英国史籍上将 Knight、Esquire、Baronet 和 Gentleman 笼统地称之为乡绅。这主要因为他们在社会等级制的阶梯上，同居于亲王、公爵、侯爵、伯爵、子爵和男爵之下，都没有出席上院的资格。Gentleman 曾是英国小贵族中的一员。1500 年以前，gentle 与 noble 含义相同，意思是"高贵的"。故 gentlemen 又被认为和自认为是 noblemen（贵族、地位高尚者）。Gentleman 在英国封建社会中指"贵人、老爷"，当时在人民群众中广为流传着这样一句话：When Adam delved and Eve span, Who was then the gentleman?（当亚当种地、夏娃织布，那时候又有谁是贵人？）18 世纪中叶起，Gentleman 一词被广泛地使用和滥用，英国每个生活水准高于庶民的平民都敢称自己为 Gentleman，这使得"贵族"从 Gentleman 原有的概念中分离出来。

英国贵族中的 New Man（新贵），其实是出身寒微、起于草莽、地位卑下但却识文有术的人，因此被称为 men raised from the dust（起于尘土之人）。在王室政府中担任王家官职的称为 Service Family（任职贵族），未能在宫廷政府中任职，但在地方政府中担任行政、司法要职的被称之为 Lesser Noble（次级贵族）。此外，还有不少家世久远的 Magnates（世家望族），他们是在威廉一世和威廉二世时期的旧贵族，并靠家族联系和军旅生涯增强了权势。但亨利一世在位时，政治上明显失势，他们之中很少有人能跻身朝堂。

八、贵族勋位与贵族称谓

英国的贵族勋衔分为三大类：① Royal Orders（皇家勋位），赐封予皇族或最高的贵族；② Noble or Family Orders（贵族勋位），赐给一般贵族；③ Orders of Merit（功绩勋位），赐予有重大贡献的人士。凡被王室认为对该国有重大贡献者皆有被册封功绩勋位的可能，该勋位共有 10 种。它们是：

（1）The Order of the Garter（嘉德勋位）是各种勋位中最高的一种。拥有这种勋位的人几乎都是王公贵族。"嘉德"（Garter）的英文原义是"吊带袜"，据说当初在一次庆典上某贵夫人把自己的吊带袜弄掉了，成为一时的笑谈，而爱德华国王竟从这件事上受到启发，设立了"嘉德勋位"，以鼓励日渐没落的骑士精神。

（2）The Order of the Thistle（蓟花勋位），这个古老的勋位团为首者就是英国君主，其崇高的地位仅次于嘉德勋位,但只授予杰出的苏格兰人。Thistle(蓟花)是苏格兰的国花。

(3) The Order of the Bath(巴斯勋位),这个勋位团以王储威尔士亲王为首。获勋者是对王国政府有特殊贡献的人士,男女均可被提名。分为文、武官员两类,有三个级别:大十字爵士,即 G.C.B.;二级爵士,即 K.C.B.(男)或 D.C.B.(女);三级荣衔,即 C.B.。

(4) The Order of the Merit(功勋勋位),这个勋位团授予国内外名誉成员。一般授予地位昭著的哲学、音乐、科技、艺术界的知名人士。

(5) The Star of India(印度之星勋位),顾名思义它是大英帝国时期对在印度立下汗马功劳者的表彰。

(6) The Order of St. Michael and St. George(圣迈克及圣乔治勋位),获得这个勋位的人多在海外为外交及联邦事务做出卓越成绩。英国驻外使节获得爵士称号者多属这个勋位。分三级:一级是大十字爵士,G.G.M.(男女同);二级爵士为 K.M.G.(男)或 D.C.M.G.(女);三级荣誉的缩写是 C.M.G.。

(7) The Order of the Indian Empire(印度帝国勋位)和印度之星一样。

(8) The Order of the Royal Victorian Order(维多利亚勋位),专门授予对王室做出过贡献的人。分五级:一级为大十字爵士,缩写为 G.C.V.O.;二级爵士简写为 K.C.V.O.(男)或 D.C.V.O.(女);三级荣衔为 C.V.O.;四、五两级都是 M.V.O.。

(9) The Order of the British Empire(大英帝国勋位),为奖励第一次世界大战中有功的人员,设立于1917年,是现在颁授最广泛的荣誉称号,奖给文武人员以及其他方面的杰出男女人士。

(10) The Order of the Honor(荣誉友伴勋位),授予有重大贡献的人士,不分男女。

在英国,贵族的称谓分为王室和非王室两种。王室称谓有:King(国王)、Queen(王后)、Prince(王子)、Princess(公主)、Royal Duke(王族公爵)、Royal Duchess(王族公爵夫人)、Royal Marquis(王族侯爵)、Royal Marchioness(王族侯爵夫人)、Royal Earl(王族伯爵)、Royal Countess(王族伯爵夫人)、Royal Viscount(王族子爵)、Royal Viscountess(王族子爵夫人)、Royal Baron(王族男爵)、Royal Bareness(王族男爵夫人)。非王室称谓有:Duke(公爵)、Duchess(公爵夫人或女公爵)、Marquise(侯爵)、Marchioness(侯爵夫人或女侯爵)、Earl(伯爵)、Countess(伯爵夫人或女伯爵)、Viscount(子爵)、Viscountess(子爵夫人或女子爵)、Baron(男爵)、Bareness(男爵夫人或女男爵)。

英国上层社会的家族大都有世袭贵族的头衔,象征着他们的地位与社会等级。对于贵族的称呼也因其等级不同而有差异。对地位最高的公爵,一般必须称其为"某某公爵"，如 Duke of Edinburgh、Duke of Windsor 等。对公爵的尊称是 Your Grace（大人）。对拥有侯、伯、子等爵位的人来说，可以使用他们确切的爵位名称，如 Marquis of Stafford、Earl of Essex 等。对侯爵的尊称是 Most Honorable（最尊敬的），而对侯爵以下的则称 Right Honorable Lord（阁下）。

Lord（勋爵阁下），这是与侯爵、伯爵、子爵、男爵等贵族地位平等的人之间的尊称。例如：The Marquis Black 可称为 Lord Black。Lord ＋名字可用作身份平等或低下的人对公爵、伯爵、子爵的儿子的尊称。例如 The Marquis Black 的儿子 Carlon Black 可称为 Lord Carlon。My Lord 和 Your（His）Lordship 通常用于身份低于侯爵、伯爵、子爵、男爵、从男爵的人对他们的尊称。在 My 和 Lord 之间还可以加表敬的形容词，例如：My Good Lord、My Honorable Lord、My Noble Lord 等。

Sir（爵士）＋名字或姓名是对从男爵和爵士的尊称。以 Issac Newton 为例，其尊称可以有三种：① Sir Issac Newton；② Sir I. Newton；③ Sir Issac。它们都为"牛顿爵士"，直接称呼多用最后一种，但不能使用 Sir ＋姓氏的格式。例如，不能说 *Sir Newton。

爵士的夫人称 Lady，后面加上她丈夫的姓，而不用她自己的名。称爵士的夫人为 Lady，而不能用 Mrs。有的妇女由于其自身的贡献或名气而被封为爵士。这时她的名前就要加 Dame 的尊称，而不再使用一般的"太太"、"小姐"或"女士"的称呼。

Lady ＋姓氏通常用于下列两种人：① 侯爵、伯爵、子爵、男爵彼此之间对爵位对等一方的夫人的尊称。② 地位较低之人对从男爵和爵士的夫人的尊称。

Lady ＋名字是对公爵、侯爵、伯爵之女的尊称；地位比他们高者不用。

My Lady、Your/Her Ladyship（夫人）是对侯爵、伯爵、子爵、男爵的妻室的尊称。

如果爵位、职称、学衔等几种称号用在一起，通常的次序为：职称、学衔、爵号、姓名，例如：Professor Doctor Sir Smith（博士教授约翰·史密斯爵士）。

九、贵族狩猎与贵族光环

大型狩猎是中世纪欧洲王室重要的娱乐和体育活动。这一传统在英国保留完整。每年春秋季节，贵族和富豪们云集英国各地乡村庄园，享受狩猎乐趣。英国的狩猎活动以猎狐、猎鹿和射禽为主，狩猎用的动物根据狩猎的性质和规模既有圈养动物也有野生动物。狩猎作为英国贵族的一项传统活动已有几百年的历史了。这使得狩猎在英国具有了特殊的文化含义。与普通意义上的狩猎不同，贵族们狩猎的目的不是为了获取猎物，而是为了娱乐，为了体现他们特有的贵族气派。因而，在英国，狩猎有着特殊的形式，那就是狩猎者们不是用枪来射杀猎物，而是让成群的猎犬追逐并捕杀猎物。此外，贵族们在狩猎时还需遵守许多原则。例如为了公正地对待作为游戏对象的猎物，追逐和杀戮受伤的动物或藏匿在饮水区等待射杀猎物等，都被认为是不光彩的行为；而射杀那些反应迟钝的动物也被认为是以强凌弱。

在狩猎中，猎狐（fox-hunting）是英国贵族最热衷的一项活动。"拜德福德公爵猎狐"是英国最著名的狩猎活动。狐狸狡猾机敏，不宜捕获，通常要借助猎犬、猎鹰的配合，经过长时间骑马追逐才能猎取，这大大刺激了贵族们的好胜心，同时还能体现猎狐者的机智、耐心和强壮的体力。英国贵族们常常借猎狐来显示自己的财富和地位，而猎狐则被看作是出身高贵的人唯一值得尝试和注重的乐事。

本篇参考文献：

[1] 纪双城，冯国川. 英国狩猎渐失"贵族光环"[N]. 环球时报，2014-08-14-4.

[2] 李自更. 论英国乡绅的形成[J]. 山西高等学校社会科学学报，2003（11）：134-136.

[3] 陆谷孙. 英汉大词典[Z]. 上海：上海译文出版社，1999.

[4] 王同忆. 英汉词海[Z]. 北京：国防工业出版社，1991.

[5] 吴新颖，龙献忠. 英国传统文化对现代化进程的影响[J]. 江淮论坛，2004（5）：141-144.

[6] 余士雄. 高级英汉词典[Z]. 北京：外语教学出版社，2002.

[7] 阎照祥. 英国贵族史[M]. 北京：人民出版社，2000.

[8] 袁满. 英国真的会禁止狩猎吗[N]. 光明日报（世界周刊），2001-02-09-1.

[9] 张剑. 泰坦尼克与英国绅士[N]. 光明日报，2012-05-07-12.

[10] 张世满. 封建时代英国议会的产生与发展[J]. 山西大学学报，2000（4）：52-56.

[11] 庄春波. 文化哲学论纲[J]. 管子学刊，1996（1）：277-280.

第十四篇　英语颜色词与英国文化

本篇内容提要：颜色词属于文化限定词，具有强烈的民族文化特征，每个民族都有自己的颜色观。在不同的民族文化中，同一种颜色，如黑、白、红、绿、蓝、黄，表达不同的文化心理，引起不同的联想，具有不同的文化内涵。

世界是由物质组成的。物质在其形成和发展的过程中，对光产生特殊作用，使得物质各自呈现出五光十色，从而构成了这个五彩缤纷的大千世界。颜色的多样性又促使人类语言词汇的多样化发展；随着人类思维的不断进化，接触和认识事物的范围日益扩大，人们需要既丰富又精确的色彩词汇来描述这多姿多彩的世界，由此出现了表达精细的颜色词，并且成为语言词汇中富有文化含义的一部分。

"颜色是一种客观存在的事物，它的本质对各个民族是一样的，但各个民族对颜色的认识，特别是各民族赋予它的比喻和联想意义是不尽相同的。"（邵志洪，1997：82）"颜色词虽然数量很有限，但却反映了不同民族、不同时代人们的文化心理、审美情趣和时代风尚，记录了贵与贱、尊与卑、上与下的历史等级制度，代表了正邪、好坏、是非、善恶、阴阳、冷热、刚柔、婚丧、祸福、方位和季节之类的观念。"（熊文华，1997：357）

颜色常常蕴含着丰富的联想意义。颜色词的联想意义受民俗、地理环境、宗教等因素的制约，因而时有共同之处，如在大多数文化中红色与"热情奔放"、黑色与"庄严肃穆"、绿色与"生机勃勃"等联系在一起，但有时因文化的差异，联想又存在着巨大的差异。由于生活环境和文化传统的不同，人们在英语中使用颜色词时所选择的喻体与汉语就不尽相同。例如英语中的 matador（斗牛士红）、citrus（橘黄）、oxlip（黄花九轮草黄）、aquarius（宝瓶宫蓝）、victoria（南美玉莲紫）、blackcurrant（黑醋栗紫）、mauve（苯胺紫）、sherwood green（雪伍德绿）、vanilla

（香子兰色）、mistletoe（槲寄生色）、pampas green（南美大草原绿）、cognac（科涅克白兰地色）、burgundy（勃艮地葡萄酒色）、avocado（鳄梨色）、oyster（牡蛎色）、naples yellow（拿浦黄）等显然包含了英语国家和西方社会人们所熟悉的喻体。"颜色词属于文化限定词，具有强烈的民族文化特征，每个民族都有自己的颜色观。在不同的民族文化中，同一种颜色表达不同的文化心理，引起不同的联想，具有不同的文化内涵。"（包惠南，2001：141）

一、红色表示为信仰和博爱献身

英国人认为，红色表示为信仰和博爱献身，在某些圣餐仪式上穿上红色表示圣爱，在纹章艺术中红色表示高兴，血红色是坚韧不拔的象征。在教堂装饰中红色用于圣神降临节或用于怀念殉难先烈。红色在西方的历史上，主要是在13世纪以前，是君主甲胄的服装和教堂装饰的专用颜色。在现代，它更多地象征着热烈、刺激、兴奋、勇敢，使人联想到火、血、王权和革命。红色在西方的反面含义是专横、暴躁和傲慢。（杜学曾，1999：228）

英语民族概念中的red是同流血、牺牲、殉难相关的，red会令他们联想到可怕的东西，如red hands（沾满血的手）、red battle（血战）。人们对red的恐惧感可在《圣经》中找到答案。《圣经》一直被基督教尊奉为经典，它对整个西方文化的影响是不可估量的，英语文化也不例外。根据《圣经》中《福音书》的记载，耶稣在受难前与十二门徒共进"最后的晚宴"。进餐的时候，耶稣拿起杯来说"你们都喝这个，这是我立约的血，为多人流出来，使罪得赦"。之后，耶稣甘愿被钉在十字架上，流血牺牲，用自己的生命作赎价以救赎世人。从斗牛士文化中公牛见到红色的东西就狂怒的情景，令人联想到red为不祥之兆。用来激怒斗牛场的公牛的red flag、red rag（红布）被喻为"令人愤怒的事"，例如：like a red rag to a bull（像激怒公牛的红布；作为激怒的缘由）。西方国家中Red Army和Red Brigades均为恐怖集团，这两个恐怖集团名称中的Red，实则指"流血的恐怖"之意。英语中大写Red意指"左翼政治主张"、"共产主义者"；"与（前）苏联以及任何共产主义国家有关的"。Reds under the beds指"认为共产党就隐藏在公众之中，并对国家造成威胁的无端猜疑"。Red-hunter是"迫害共产主义者或进步分子的人"。Get red是资本主义国家反动集团用以称呼共产党人的字眼"赤化"。Red idea是革命的思想。Red成了"政治上激进"的代名词。Red与其他词搭配还象征狂欢、狂怒、腐败、恐怖等，有时还暗示淫荡。另外，red在经济贸易词汇里象征"赤字、亏损、负债"，例如：red letter（经济活动中支出多于收入的差额数字）、red tip on the stock market（股票市场最新行情）、

in the red/red ink（亏损）、get into red（出现赤字、发生亏损）、get out of the red（不再亏损）。Paint it in red（把某事物描绘成骇人听闻的样子、把某事物弄得引人注目）、paint the town red（指夜生活中的狂欢作乐，饮酒胡闹）、wave a red flag（做让别人生气的事）、see red（气得发疯、大发雷霆）、see the red light（感觉危险迫近）、red alert（紧急警报）都已经成了英语中常用的颜色词的比喻用法。人们正是利用颜色与人的心情之间的关系创造出各种环境，以达到自己的目的。在英语国家的许多城市中普遍存在的 red-light district（红灯区，即"花街柳巷"）就是采用红色。红色具有激发人们情欲的特点，即所谓的"刺激性色彩，色情色彩"，为妓院招揽生意。英语中 red ruin 指"火灾"，red tape 指"官僚作风"，have red hands 指"犯杀人罪"。

人们的喜怒哀乐等情感，往往通过面部表情的变化，包括面部器官和肌肉的动作，以及脸色的变化来表现。情绪的波动，引起人的生理变化，反映在面部，导致脸色变化。人在快乐、兴奋、激动、害臊或羞愧时，血液涌向面部，脸色变红。人在发怒、生气时，更多的血液涌向面部，脸红脖子粗，甚至脸涨得像紫茄子。英语中多用 turn/go/grow red、redden 等词组来表达高兴、兴奋、激动和羞愧等情感。

英语中的 red 也有其正面的联想意义和语义。Red-letter days（纪念日、喜庆的日子）在西方一般指圣诞节或其他的节日，因为这些日子在日历上是用红色标明的，所以 red-letter 的转义就是"可纪念的"、"喜庆的"。英语中还有 roll out the red carpet for sb.，意思为"铺展红地毯隆重地欢迎某人"。这是一种国与国之间极高、极为隆重的礼遇，现已成为国际性的礼仪。

Red sky 不是指"红天"，而是指天空中出现的"彩霞"，如英语中的一条谚语：Red sky at night, shepherd's delight, red sky in the morning, shepherd's warning.（早霞不出门，晚霞行万里。）

Red 与其他词构成复合词：red-handed（当场被捉住）、red-blind（红色色盲）、red cap（车站搬运工）、red head（红头发的人）、red-blooded（勇敢、充满活力）。

英语中常用一些珠宝的颜色来描写一些具体的颜色，这有其历史原因。在中世纪，欧洲与东方的贸易迅速发展，来自阿拉伯、波斯等地的珍宝等外来物大量流入英国，它们的名称以及它们的耀眼、迷人的色彩也融入了英语。如 rubby（红宝石）为鲜红色，coral（珊瑚）为红色，等等。英国语言学家 Logan Smith 在其《英国语言》一书中曾写道"当时的英国人迷信 amethyst（紫晶）可使人避免醉酒，beryl（绿柱石）可使家庭和睦，sapphire（蓝宝石）可使持有者预见将来，coral（珊瑚）可驱除妖魔鬼怪等等"。由此可见，这些珠宝给当时的英国人多么大的影响，这些珍宝的名称成为英语中的颜色词也就不足为怪了。英语中还常以 claret 或 claret-red 代表一种紫红色。Claret 实则为英国很早以前从法国波尔多进口的一种著名红葡萄酒的名称，claret-colored 是盛产的红葡萄酒所特有的深紫红色。英语色彩词的构成，有不少是采用喻体＋色彩词的形式，如 salmon pink（鲑鱼红）、rose red（玫瑰红）。这样的色彩词比喻生动、形象逼真，具有丰富的想象力。

英语中表示红色的词达 100 来个，仅以 C 开头表示红色的词就有 21 个之多：cardinal、carmine、carmine lake、carminette、carnation、carnelian、casino pink、Chinese red、chrome red、chrome scarlet、cinnabar、claret、cochineal、congo rubine、copper red、coquelicot、cordovan、cresol red、cramoisie、crimson、crimson madder。根据《英语分类词典》，red 包括以下若干下义词：scarlet（鲜红色）、cardinal（深红色）、vermilion（朱红色）、carmine（胭脂红）、crimson（绯红）、pink（粉红色）、rose（玫瑰红）、cerise（樱桃红）、cherry（鲜红）、salmon（鲑肉粉红色）、carnation（粉红色）、magenta（品红）、solferino（鲜紫红色）、damask（淡红色）、maroon（褐紫红色）。

Reddish 有以下下义词：Sanguine（血红的）、bloody（血红的）、gory（血淋淋的）、coral（珊瑚红）、rosy（玫瑰红的）、roseate（玫瑰红的）、blood-red（血红的）、wine-colored（紫红色的）、ruby（红宝石色的）、rufous（赤褐色的）；rose-colored、ruby-colored、cherry-colored、claret-colored、flame-colored、flesh-colored、peach-colored、salmon-colored、brick-colored、rust-colored。

二、蓝色表示高雅和忠诚

在英国的纹章艺术中，蓝色表示高雅和忠诚。在艺术中，天使的蓝衣服表示忠诚和信任，圣母的蓝衣服表示端庄。在天主教堂中蓝色装饰表示谦卑和赎罪。在新教前的基督教堂中，一般的星期天既可用蓝色装饰也可用绿色装饰。在葬礼中，蓝色对神来说象征着永恒，对死者则象征着不朽。蓝色在英国还被认为是当选者和领导者的标志，象征着对美好事业的追求，为许多知识分子所喜爱。英国的保守党，剑桥大学和牛津大学的运动队和拉拉队，都以深蓝或浅蓝为标志。（熊文华，1997：365）英国人把蓝色作为议会报告和重要文件合订本的封面，叫作 Blue Book（蓝皮书）。现代英美时装公司使用独特的色彩来表示各种衣料的颜色，以期引起人们美好的联想。例如：mediterranean（地中海蓝）使人想起乘飞机越过地中海上空时看到的那种令人难忘的"蔚蓝"或"碧蓝"。这与汉语中的"天蓝"，"湖蓝"和"海蓝"具有异曲同工之妙。

Bluestocking 字面意思是"蓝色长袜"，但它却意指"女学者"、"女才子"。18 世纪的伦敦，人们在俱乐部里聚在一起不是吃喝玩乐，就是谈天说地。有一个设在Montagu夫人宅地的俱乐部，一反当时的风气，男女成员相聚，不作空洞无聊的闲谈，而代之以书刊评论和文化讨论。他们衣着朴素，不趋时尚，以此表示自己清高脱俗。其中一位成员，不穿一般绅士们惯穿的时髦黑色长袜，率先穿起普通的Bluestocking来。伦敦上流社会的正统人士对此很不以为然，便把该俱乐部称为Bluestocking Club（蓝袜俱乐部）。此后，Bluestocking仅用来指那种自视博学多才而貌不惊人的女子。

人们长期生活在五光十色的环境中，对某些颜色产生了偏爱，而对另外一些颜色产生了厌恶。人们赋予了颜色各种不同的含义，有正面的，也有负面的。蓝色在英语中的负面含义有"抑郁、悲哀、空虚和阴冷"。所以在英语中，blue devils（蓝鬼）是沮丧、忧郁的代名词。常患忧郁病的人被说成是a person who has the blues frequently。西方历史上有各种黑色的日子，Blue Monday（蓝色星期一），即不开心的星期一，就是其中的一个。Blue常常还用来表示"黄色"，即"下流、猥亵、淫秽"之意，如blue jokes（下流的玩笑）、blue revolution（性革命）、blue films（黄色电影）、blue software（黄色软件）、blue gown（妓女）、blue gag（下流笑话）等。

蓝色在英语里是个多义词，既可表示褒义，又可表示贬义。与blue搭配使用的词还有：feel blue（不高兴）、drink till all's blue（酩酊大醉）、once in a blue moon（千载难逢）、blue-brick university（名牌大学，指牛津、剑桥等大学）、blue in the face（情绪激动）、cry the blues（情绪低落）、look blue（神情沮丧）、turn blue with fear（吓得脸发青）、sing the blues（垂头丧气）、out of the blue（出乎意料）、blue-jacket（水兵）、blue ribbon（名著佳作）、blue ribbon（蓝绶带、最高荣誉）等等。Blue还与经济活动密切相关，例如：blue-sky law（蓝天法），指美国各州制定的"股票发行控制法"；blue button（蓝色纽扣），指有权进入股票交易所的经纪人；blue chip，由殷实可靠的公司发行的"值钱而热门的股票"。

根据《英语分类词典》，blue包括以下若干下义词：azure（天蓝色）、cerulean（天蓝色的）、sky-blue（淡蓝色）、midnight-blue（深蓝色）、robin's egg-blue（蓝绿色）、ultramarine（深蓝色）、aquamarine（水蓝）、steel-blue（钢青色）。

三、黑色表示深谋远虑、智慧和坚定

黑色在英国的纹章艺术中表示深谋远虑、智慧和坚定；在美术作品中表示邪恶、谎言和谬误；在教堂装饰中表示"耶稣受难日"（复活节前的那个星期五）；在丧葬中表示悲哀、绝望和死亡。（熊文华，1997：362）

英语中的black guards或者blacks，是指受雇佣穿黑衣的殡葬人员，也指"流氓"

或者"恶棍"。拉丁语中的 niger 含义为"坏"或者"不吉祥"，借用到英语中意为 nigger（黑鬼）。世界上有各种各样的政党和政治派别，其中有不少政党、派别、组织是以黑颜色词命名的。如：Black Hand（黑手党）指在美国从事犯罪活动的一个意大利秘密组织，Black Panther（黑豹党）指美国的黑人政党，Black Sash（黑腰带组织）指南非妇女反对种族隔离的一个组织。Black 在涉及人种时还可以用于 the black people。Black belt 是"黑人聚居地带"。经济活动与人们的日常生活密切相关，日常生活中常用的颜色词必然会直接进入经济活动领域。颜色词在经济术语中使用频繁，且异常活跃，如：black market（黑市）、black economy（非法经济）、in the black（赢利）。英语中有 black Friday（黑色星期五）之说。西方历史上有各种黑色的日子，如：a black letter day（倒霉的日子、凶日）、black Monday（复活节后的第一个礼拜一）、black Tuesday（1987 年 10 月 19 日美国华尔街股市崩溃，接着世界各地股市随之崩溃）。Black Friday 是"耶稣的受难日"，故指"凶险不祥的日子"。Black tiding 则为"噩耗"或"不幸的消息"。英语民族以黑色表示不幸或灾难。如 black box（黑匣子），置于飞机上，可记录飞行中的各种信息，飞机失事后可据此分析失事原因。由于它意味着灾难与不幸，故称"黑匣子"。黑色还象征气愤和恼怒。如：black in the face（脸色铁青）、to look black at sb.（怒目而视）。颜色还可以代指抽象事物的特征。例如，英语中的 black 还与"罪恶"紧密相关，如：crime of the blackest dye（十恶不赦的犯罪行为）、black deeds（罪恶勾当）。英国诗人布莱克（William Blake）所作《小黑童》（*The Little Black Boy*）中的小主人公发自肺腑的呼喊就显得如此震撼人心："我的肤色是黑的，但我的灵魂是清白的"（And I am black, but O my soul is white）。

黑色因其色调较暗而沉稳，通常是严肃、谦虚和隆重的象征。中世纪时，很多神学家厌恶五颜六色的色彩，认为它们代表危险、暧昧，容易转移教徒的注意力，消磨他们的意志。因此，那时人们推崇黑色，因为黑色朴素、沉稳。Black suit（黑色西装）、black dress（黑色礼服）是西方人最为崇尚的传统服装。在庄重的正式场合，达官贵人、商界巨贾、名流学者等都喜欢身着黑色服装。交响乐团的演奏员几乎都着清一色黑色西装，以显示庄重和肃穆；法官身披黑装，以体现法律的尊严。Black coat 在英国特指那些区别于产业工人等体力劳动者的"职员"。黑色是死色，可能因为烧焦的树木或尸体的骨灰都是黑色或灰黑色，它象征着死亡、苦难和悲痛。因此在欧美国家，黑色成了丧礼的专有色彩。每遇丧事，人们穿黑色的西服，系黑色领带，戴黑色礼帽、黑色围巾或黑色面纱。西方人认为黑色使人显得严肃，借以表达对死者的悼念和尊敬。

在英语中，还有许多由 black 构成的习惯用语，如：black and blue（遍体鳞伤）、

137

black eye(青肿眼眶)、black coffee(不加糖和牛奶的浓咖啡)、black tea(红茶)。

天文学上的 blackhole(黑洞)指在恒星演化末期,恒星内部的核能消耗掉后,如果质量仍然超过两个太阳的质量,恒星就不断塌缩,体积越来越小,密度也就越来越大。当达到某个临界点时,它的引力强到足以使一切物质和幅度都不能外溢,并且附近的物质和能量也被它完全吸进,如同洞口一般,因此人们形象地称这种星体为"黑洞"。(蒋栋元,2002:141)

根据《英语分类词典》,black 包括以下若干下义词:sable(黑色的)、somber(暗淡的)、livid(青灰色的)、dark(黑色的)、inky(墨色的)、ebon(乌黑的)、pitchy(漆黑的)、sooty(乌黑色的)、swart(黝黑)、swarthy(黝黑的)、dusky(微黑的)、dingy(暗黑的)、murky(漆黑的)、blotchy(墨水染黑的)等。

四、白色象征纯洁、真实和清白无邪

在英国的纹章艺术中,白色象征着纯洁、真实和清白无邪。在艺术中,白色表示忠诚。纪念上帝和万圣(除殉教者外)的节日都用白色。在丧礼中白色表示希望。(熊文华,1997:367)人们在特定的礼仪中穿戴某种颜色的服饰,这是一个民族传统文化长期积淀的结果,以此表达或寄托一定的感情。这方面最为明显的是婚礼的服饰颜色。在西方的婚礼上新娘总是身披白色婚纱,给人一种圣洁高雅的美感,象征着爱情的纯洁珍贵。在世界范围内一般认为白色是纯洁、洁净、素雅、光明和坦率的象征。建筑用白色作基调给人一种明快、洁净的感觉,例如,英国伦敦有 The White Hall(白厅)。

颜色词汇并不仅仅表达颜色本身。有些颜色词汇所附含的联想意义根本无法从颜色本身推知。比如,英语中某些词组中的 white 并不都表示汉语"白"的意思。例如:

A white lie(无害而善意的谎言)

White goods(冰箱、洗衣机、煤气灶等家用电器)

A white spirit(纯洁的心灵)

A white day(吉日)

White elephant(保管起来既费钱又费事的累赘东西)

White-headed boy(宠儿)

白种人自视为优等民族,所以就有了澳大利亚的 White Australia(白澳政策)。White collar worker(白领工人),指以从事脑力劳动为主的管理、供销、技术、医护人员以及教师等。他们大都从事办公室工作,工作条件较好,常穿白衬衣,干净整齐,所以被称为白领工人。

根据《英语分类词典》，white 包括以下若干下义词：snow-white（雪白）、snowy（雪白的）、frosted（白霜的）、hoar（灰白的）、hoary（灰白的）、silvery（银白色的）、silver（银白的）、milk-white（乳白的）、milky（乳白色的）等。

五、绿色表示忠诚、愉快、永存、正义的回归

绿色在英国表示忠诚、愉快、永存、正义的回归。绿色衣服象征着虔诚信徒的快乐。在纹章艺术中，绿色表示热爱、欢乐和富足。在艺术中，它象征着希望、欢乐、青春和春天。在教堂装饰中，绿色仅用于周日和复活主日，表示上帝的恩泽、神秘、欢乐和再现于人世。（熊文华，1997：366）绿色是植物王国的颜色，象征着生命、新鲜、精力旺盛。英语中有许多含有此词义的词语，如：in the green（在青春时期）、a green old age（老当益壮）、green grocery（蔬菜水果店）、a green winter（温暖的冬天）、in the green tree of wood（处于佳境）。Green 作为英国一年四季大自然的主色调，有"气候温和的、无雪的"意思。如：a green Christmas（绿色的或无雪的圣诞节）。

绿色又是未成熟之色。英语中常用 green 表示某人缺乏经验。例如：a green hand（一个新手）、greener（生手）、greeny（一年级新生、生手）、a green horn（涉世未深、容易受骗上当的人）、be green at one's job（对工作不熟悉）、a green thought（不成熟的想法）、a green apple（未成熟的苹果）。

英语中的绿色有多个引申意义。英语中的绿色常用以表示"嫉妒、眼红"之意。据说，妒忌、不乐或疾病会导致人体的黄色胆汁分泌过多，其症状之一就是脸色或眼睛发青或苍白，故英语中有 green with envy、green as jealousy、green-eyed 等说法。莎士比亚的著名悲剧《奥赛罗》中有 green-eyed monster（青眼怪物，喻指"妒忌"）：

Iago: O! Beware, my lord, of jealousy; It is the green-eyed monster which doth mock. The meat it feeds on ...(W. Shakespeare, *Othello*, act Ⅲ, se. 3)（伊阿古：啊，主帅，你要留心妒忌啊；那是一个绿眼睛妖魔，谁做了它的牺牲，就要受它的玩弄……）

英语中如说某个人带个绿帽子 wear a green bonnet，则表示"破产"。

英语中的 green 还与环境保护有关，它起源于 Greenpeace（绿色和平组织），该组织 1971 年在加拿大成立，原是一个全国性反核组织，后来发展成为一个具有影响的"自然资源保护者的国际组织"。英语 green 由于与 Greenpeace 的联系而获得了相关新义（即"支持环境事业或与环境事业有关的；环境论者的，环境论"）。由

于人类对环境和生态的日益重视，20世纪80年代以后，green一词已成为英语颜色词汇中一个最为活跃的词。例如：The greens（旨在保护环境的政治团体）、greenie（环境保护主义者）、Green Party（绿党，环境保护主义者的政党）、green consumerism（以购买不危害环境的产品为原则的消费）、Greencrat（绿色官僚）、Green Panther（绿豹党，指激进派自然环保组织）。Green revolution指的是为解决世界粮食危机，而在世界范围内发起的一项运动，它通过不断开发新的粮食品种和提高农业生产技术，提高农作物的产量，从而解决全球粮食短缺的问题。在现代社会，由于人们害怕吃污染的食品，就产生了green food（绿色食品），工商界的人士用绿色作为商品的包装，以招揽顾客。有的商家还用绿色植物名称来说明"绿"给人带来的一种清新、朝气蓬勃的感觉，例如：spinach（菠菜绿）、lawn（草坪绿）、chives（细香葱绿）和kelp（褐藻绿）。

根据《英语分类词典》，green包括以下若干下义词：verdant（嫩绿的）、olive（橄榄色）、verdurous（青葱的）、emerald green（翡翠绿）、pea green（青豆绿）、grass green（草绿）、apple green（苹果绿）、sea green（海绿色）、leaf green（叶绿色）、bottle green（深绿色）、Irish green（爱尔兰绿）等。英语中的Irish green、Kelly green是爱尔兰独有的传统绿色。

由一些实物颜色词加上green，可表示一种混绿色。例如：violet-green（紫绿色，绿中带紫）、orange-green（桔绿色）等。英语基本颜色词前面可加上另一个基本颜色词，表示某一颜色中带有另一种颜色，以green（绿色）为例：yellow-green（黄绿色，绿中带黄）、blue-green（蓝绿色，绿中带蓝）等。

六、黄色象征正义、坚定、智慧、光荣

中国人习惯于用黄色象征低级趣味、腐朽没落，那些内容庸俗猥亵，有严重色情倾向的文学艺术作品被贬之为黄色电影、黄色书刊、黄色音乐，近年来随着计算机软件的普及，又有黄色软件，但这些名称中的"黄"与英语中的yellow毫不相干。英语中表示汉语中"黄"的词应是pornographic（色情的）、filthy（淫猥的）、vulgar（庸俗的、下流的）、obscene（淫秽的、猥亵的）。英语中的yellow pages指"黄页电话簿"，这是一本按不同的商店、事业、企业、机关分类的电话号码簿，因为它全是用黄色纸张印刷，故而得名。在英语成语中，turn yellow意为"胆怯起来"，yellow around the gills指（因病或害怕而）"脸色发白"。

Golden-collar（金领）指"金黄色领"之意。金领阶层是近年来西方发达国家新涌现的人才类型，介于"白领"和"蓝领"之间，既是生产者，又是管理者；既懂技术，

又善于管理和营销。

根据《英语分类词典》，yellow 包括以下若干下义词：aureate（金色的）、golden（金黄色的）、gold（金黄色的）、gilt（金色的）、gilded（镀金的）、lemon（柠檬色的）、fallow（淡棕色的）、sallow（灰黄色的）等。

本篇参考文献：

[1] 包惠南. 文化语境与语言翻译 [M]. 北京：中国外语翻译出版公司，2001.

[2] 杜学曾. 中英文化习俗比较 [M]. 北京：外语教学与研究出版社，1999.

[3] 蒋栋元. 论颜色及颜色词的文化差异 [J]. 四川外语学院学报，2002（2）：139-142.

[4] 邵志洪. 英汉语研究与对比 [M]. 上海：华东理工大学出版社，1997.

[5] 王逢鑫. 英汉比较语义学 [M]. 北京：外文出版社，2001.

[6] 熊文华. 汉英应用对比概论 [M]. 北京：北京语言文化大学出版社，1997.

[7] 庄和诚. Bluestocking 与 blue law 的来历 [J]. 翻译通讯，1983（5）：封3.

第十五篇　英语称谓语的文化解读

本篇内容提要：称谓词语是语言交际中不可或缺的组成部分。我国文化传统"重名分、讲人伦"的封建伦理观念，与西方社会"人为本、名为用"的价值观念，使得中西方在称谓系统上存在着明显的反差。中英称谓的差异反映出交际双方的社会属性、价值观念的不同，并与其所属的社会、民族心理、政治背景、伦理道德等密切相关。

一、引　　言

现代语言学的研究表明，语言并不是单纯用来传播信息的，语言还常常用来表达说话人之间的关系。换言之，语言除了发挥认知功能外，还在很大程度上发挥社交功能，表达人际关系，帮助人们明确自己在社会群体中应当担任的各种角色，建立、限定、确认与他人之间的关系。而表明角色和关系，最为直截了当的莫过于称谓语的使用。"称谓词语作为语言交际中不可或缺的组成部分，在许多情况下称谓是传递给对方的第一个信息，不同的称谓，反映了交际双方的角色身份、社会地位、亲疏关系和情感好恶等。言语交际所要表达的许多意义，往往不必通过语句，而是通过称谓就可明白无误地表达出来。"（包惠南，2001：102）换句话说，任何称谓的运用，都直接限定发话人和受话人各自要承担的角色以及他们之间的关系。

世界上任何一个民族都有自己的称谓系统。由于不同的文化背景，各民族称谓词语的数量和指称的范围各有特色。中国文化传统"重名分、讲人伦"的封建伦理观念，与西方社会"人为本、名为用"的价值观念，使得中西方在称谓系统上存在着明显的反差。（包惠南，2001：103）在跨文化交际活动中，称谓是引导交际的"先驱者"，它反映出交际双方的社会属性、价值观念，并与他们所属的社会、民族心理、政治背景、伦理道德等密切相关。

二、中英亲属称谓语的构成法比较

各个民族的家庭规模有大有小，结构模式千差万别，但是都把家庭视为社会的最小细胞。各种语言中都相应有表示家庭成员关系的亲属称谓词。亲属称谓是建立在以血缘关系为基础上的亲属之间的相互称呼。它是以本人为轴心的确定亲属与本人关系的标志，是由历代婚姻男女双方亲族的排列次序所构成的，其排列次序形成各国亲族关系相应的习俗。亲属称谓把有亲属关系的人组织成不同种类的群体，任何社会中称呼亲属的方式要么以继嗣为基础，要么以家庭为核心。

中国的封建社会是一个宗法等级泾渭分明的社会。封建时代，人们往往聚族而居，同宗同姓的人们长期聚集在一起。这使得人们的宗法观念、亲属观念根深蒂固，亲属称谓繁多复杂，老少长幼、正支旁系、血亲姻亲分得清清楚楚。封建的宗法、家庭、伦理观念必然反映在家庭、亲戚的称谓关系上，因此汉语中就有着丰富的称谓词语。为指称明确，亲属间称谓词语不仅数量众多，而且语义明晰。成书于2 000年前的《尔雅·释亲》是中国封建家庭亲属称谓较为完备的记录，它不仅记载了以本人为中心的高祖父母、曾祖父母、祖父母、父母、兄弟、姊妹、子孙、曾孙、玄孙九代直系亲属关系，以及玄孙以下的来孙、仍孙、云孙等，而且列举父族、母族旁系亲属的种种称谓。中国封建社会非常重视这种宗族亲属关系，因此有着严格区分亲属关系的称谓词语。无论哪一方面的社会交际，都必须严格按照亲属称谓的规定，不论是婚丧嫁娶，还是分家继承遗产，乃至一人犯罪株连九族，都要严格按这种亲属的等级关系来办理。现在，封建社会虽早已解体，亲属的称谓也简化了，但旧的亲属称谓系统依然存在。

而在英国，虽在历史上也曾有过外延家庭的结构模式，但进入工业社会后，这种大家庭数量急剧减少，甚至逐渐消失，取而代之的是核心家庭。家庭规模小，家庭成员少，亲属关系简单，因此英语亲属称谓词系统也就相对简单：（外）祖父／母辈的只有grandfather、grandmother；granduncle、grandaunt；父母辈的只有father、mother；uncle、aunt；father-in-law、mother-in-law；兄弟姐妹只有brother、sister；堂、表兄弟姐妹的只有cousin一个词；子女辈的只有son、daughter-in-law、son-in-law、daughter；甥、侄只有nephew、niece；孙子辈的只有grandson、granddaughter。

三、中英亲属称谓与等级、血统观念关系对比

任何一种语言都有自己的亲属关系秩序，都有自己对家庭伦理的语言分割。汉语亲属称谓不强调核心家庭，而强调以父系为核心的家庭等级关系。长辈（在长辈中以父系为尊）、平辈（以男性为尊，自古"长兄当父"）、晚辈的称谓语十分繁琐。

这些繁琐的称谓处处表现出上下尊卑的等级观念。汉族人长期生活在封建宗法社会中，家庭亲属的亲疏辈分代表着权利和义务的不同，这种关系对汉族人来讲非常重要，所以任何一个亲属称谓语都明确地显示出"所称"的性别、在家庭中的地位，这样，家庭成员各守其名分以维系家庭、家族的和谐与稳定。同时汉语亲属称谓语在用于一般称谓时还很有讲究，对一般男性称叔叔而不能叫舅舅（因以父系为尊，称叔叔表示对对方的尊敬），而对一般女性则称阿姨而不叫姑姑（轻视女性的表现），这充分表现出汉语亲属称谓使用中的男尊女卑的观念文化。

　　语言是特殊的社会现象，受文化系统的支配。中国人十分看重"名分"，名正则言顺，言顺则理直。这里的"名分"就是等级。中国文化的等级观念反映在亲属称谓上就是重名分。"夫"、"妻"、"妾"、"子／儿"是汉语所指称的亲属实体，其家庭地位却大相径庭，它们能否构成加合式组合，明显受家庭地位差异的制约。比如，"妻"可与"妾"、"子"、"儿"构成组合，而对应的"夫"却不行。这就是说，在丈夫眼里，妻子可与家庭中地位较低的妾、子／儿并举看待，他们都是自己抚养、保护的对象；但在妻子的眼里，丈夫是丈夫，儿女是儿女，是万万不能并举看待的。"妾"在家庭中的地位就更"惨"了，甚至在"子／儿"之下："妻"尚可站在"夫"之后，构成组合，也可站在"子／儿"之前，构成称谓组合，而"妾"连这种"权利"也没有。"兄"在中国人的家庭中也比较特殊，就是同辈的姐姐、弟弟、妹妹，也难以和他分庭抗礼。"兄"可与"一家之主"的"父"构成组合称谓"父兄"，而"姐"、"妹"统统没有这种资格。汉语称谓中还常用数字表示排行，如"大哥"、"二弟"、"三姨"、"四姑"等，以表示辈分和长幼。

　　与汉族人的亲属称谓相反，英语的亲属称谓与西方国家重视个人及其权利，强调男女平等、人人平等不无关系。不重家庭，不重人伦，而是奉行个人主义，这就必然造成"以个人为本位"的社会心理和以个人为中心实现自我的价值取向，这与中国"以群体为本位"的社会心理和从整体的存在中实现自我的价值取向大相径庭。英语称谓系统中的大写"I"就证明了这一点。英语亲属称谓系统中，第三代血亲没有专用的称谓，只是分别用 grand 冠在 father/mother 和 son/daughter 前加以类分。grandfather、grandmother、grandson、granddaughter 完全不区分父系和母系的称谓，强调了男女平等，承认遗传和继承的重要性同时来自父母双方而不是来自父方，充分体现了英语亲属称谓系统对于父系和母系的同等重视。英语称谓强调人人平等，不主张人为地制造尊卑高下，uncle 对于父系的"伯（叔）父"和母系的"舅父"等男性亲属一视同仁，aunt 对于父系的"姑母"和母系的"姨母"等女性也一样。对于"表哥、表弟、表姐、表妹、堂哥、堂弟、堂姐、堂妹"八个称谓语则用一个 cousin 统　称。Father-in-law、mother-in-law、sister-in-law、brother-in-law、daughter-in-law、 son-in-law 中的 -in-law，意为"法律关系中确立的……"，它所显示的不是人际关系，而是法律关系。英国血统亲缘观念淡薄，还与他们简单的家庭结构有关。西方国家的绝大多数家庭是由两代人所组成的小家庭（nuclear family）或称核心家庭，儿女成人后也会远离父母组成新的小家庭，这与中国的"父母在，不远游"，"家大业大"的观念不同。对英国人来说，没有必要区别亲属称谓中的直系、旁系、父系、母系，也不必分清男女。英语亲属称谓表现出亲属关系都是等距离的。这也说明英语民族血统观念之淡薄，更谈不上将亲属称谓用在非亲属成员上去表达亲近感情了。

亲属称谓在汉英称谓系统中所占比率的不同，充分表现出我国与英国家庭结构、等级观念与血统观念的差异。中国封建社会历史长达数千年，推崇封建大家庭的结构形式，并强调宗族血缘关系。中国文学巨著《红楼梦》可以说是中国称谓语的大观园，林林总总好几百个，书中的贾、王、史、薛四大家族"一荣俱荣，一损俱损"，充分体现出封建亲族制度在社会中的作用和影响。同时因婚姻而结成的裙带关系使人与人在亲缘关系上更为复杂。

四、中英社会交际称谓语使用方法对比

亲属称谓本来只是用于有亲属关系的人们之间，然而在汉语中往往扩大用于非亲属的人际交往中，这种现象被称之为"亲属称谓的社会化"。这种现象由来已久，在当代社会依然普遍存在。为了表示礼节和亲切，人们常借用亲属的称谓来称呼对方。例如邻里乡亲之间，虽然没有亲属或亲戚关系，但人们总是按性别和年龄，分别称呼对方为某大爷、大叔、大伯、奶奶、大婶、大妈、大哥、大姐等。互不相识的人可以称兄道弟，熟悉的年轻人更是彼此称呼"哥们"、"姐们"。小孩在称呼对方时往往在对方的名字后加上一个亲属的称谓，如大山叔、平哥、丽姐等。这些都是亲属称谓社会化的表现。这种语言现象体现了中国人重血缘亲属关系的传统观念，与西方社会的习俗有很大不同。英国人绝不会以 uncle 或 aunt 称呼父母的挚友或来访者。在不同的语言中，某些具有相同意义的词语，由于受社会文化的影响，会有不同的语用意义。例如汉语中的奶奶同英语中的 granny 在语言意义方面是相同的，而在语用意义上，在中国对年龄大的妇女称"奶奶"表示尊敬，而在英国，如用英语对某位老妇人称 granny，则引起受话者的反感。因为在英语文化中，granny 这类称呼语与显示老年人"精力、体力、能力下降"这一意义联系在一起。

每个民族的社交称谓语都源于传统文化。英语中常用 Sir、Mister、Miss、Madam 称呼陌生人。其中 Sir 最为常用，Madam 多用来称呼上了岁数的妇人。Miss 则多用来称呼年轻的女性。Sir 与 Madam 都含有尊敬、客气的含义，Mister 的使用较

为随意。实际上，英语中最常用的礼貌说法是"Excuse me"，用来引起对方的注意，而不使用什么具体称呼。

英语中还有不拘束的亲切的称呼。例如：直呼名，称 David Thompson 为 David 或 Dave。直呼名的称呼方式应用极为广泛，尤其是在同学、同辈人或同事之间。在英国许多人自从相识之日起，就以名直接称呼对方。不过有些人并不喜欢唐突地被人以名来称呼，尤其在当某人认为自己和对方不属于同一阶层或社会地位的情况下，为了稳重起见，不妨事先问一声。在英国，使用 surname（姓）直呼对方是不礼貌的，除非是为了确认对方的身份，如在点名或久别重逢后召唤对方等情况下。不过在指称中，这种情况频繁出现，尤其在媒体评论中更是如此，如指称一些体育明星、政界要人、知名作家，以体现较为客观或中立的立场。没有名气或初次亮相的人物，在介绍姓名之后，也频繁使用直呼 surname（姓）的形式。

社交称谓是相对于亲属称谓而言的称谓，它反映了人们在社会交往过程中的相互关系。心理学家认为，人们对别人怎样称呼自己十分看重。称呼得当能使双方产生相容心理，感情就较融洽，谈话就比较畅通，称呼语就产生了积极的作用。这一点不论是在英语中还是在汉语中都是一样的。

但是由于中国经历了长期的封建社会，形成了传统的封建伦理观念，其中就包括重等级、官本位等传统的观念意识。由于等级观念根深蒂固，社会关系的官本位观念就在称呼语中十分凸显。在历史的进程中，中国官本位形成森严的等级制度，直到今天很多中国老百姓普遍不惧法，但却惧怕当官的。所谓"官大一级压死人"。表现在称谓上，就是存在着数不清的官衔、级别衔。从君主到庶民，从高级官员到芝麻大的小官吏，几乎都有官衔称谓，并以用官衔称呼对方为尊敬。职衔称谓体现了人与人之间的等级关系，也反映出人们所处的社会地位。尽管新中国成立以后，"同志"一词得到广泛使用，但事实上党内外对领导人采用职务称谓的情况从来就没有断过，上至主席、总理，下至经理、厂长、书记，此类称呼人们早已习以为常。汉语中几乎所有的官职都可移作称谓，如担任领导职务者被称作"某主任"、"某某长"、"某书记"、"某经理"。随着经济体制的改革，新型企业的建立，总经理、总裁、董事长、总监之类的称谓也纷纷亮相。即使是关系很密切的朋友，做了官以后也愿意让朋友以其官衔相称。官衔的使用也有讲究，一般情况下，下级称呼任副职的上级时要省略"副"字。社会关系称谓语是十足的官本位观念的体现。此外，汉语中用"官"组成的词组也相当多：官僚、官员、官职、官人、官方、官府、官吏、官场、官腔、文官、武官、长官、达官贵人、官官相护等。

英语中的官衔称谓限制性很强，一般不用作称呼，社交活动中有限的职衔多用于皇室、政界和军界（如：Chancellor、General、Colonel、Prince、Queen 等）。

在当面称呼自己上司的时候，人们可用社会称谓通称 Sir 来表达。称呼自己的同事或者其他部门的官员时，人们可用社会称谓通称 Mr. 来表达。在汉语中，各种行政职务前可加上姓来称呼，英语中没有这种用法，通常多用 Mr.、Mrs、Miss 加上 surname 的方法来称呼对方（包括上下级的关系）。

五、结束语

总之，作为一种文化现象，中英称谓语从构成、使用方法以及反映血缘关系等方面集中体现了中西方文化的差异。研究表明：中英称谓语无论在亲属关系上还是在社会关系上都存在着很大的差异，这种差异反映出各自鲜明的民族性，是民族心理和民族文化意识的折射。交际中不同称谓语的使用也意味着人与人地位的不同及人与人之间关系的改变。相比之下，英国礼仪与道德规范不如中国文化复杂，因此交际中的称谓语也就比较单一。深入开展称谓语研究将有利于更好地理解中英文化差异。

本篇参考文献：

[1] 包惠南. 文化语境与语言翻译 [M]. 北京：中国对外翻译出版公司，2001.

[2] 丁怡. 中英称谓语的比较 [J]. 广州师院学报（社科版），1999（3）：77-79.

[3] 田惠刚. 中西人际称谓系统 [M]. 北京：外语教学与研究出版社，1998.

[4] 佟冬，阮炜. 跨文化交际中的英语称谓形式 [J]. 深圳大学学报（社科版），1999（2）：90-95.

[5] 邢福义. 文化语言学 [M]. 武汉：湖北教育出版社，2000.

[6] 叶南. 论汉语称谓语的文化内涵 [J]. 西南民族学院学报（社科版），2002（6）：220-222.

第十六篇　英语"鱼、船"词语与岛国文化

　　本篇内容提要：英语中，"鱼"、"船"语汇丰富，这与岛国的捕鱼业和航海业密不可分。英语与"鱼"、"船"结下的不解之缘体现在丰富多彩的鱼名、船名，英国人的姓名、职业以及与鱼、船有关的谚语和隐喻上。人们通过分析英语中有关"鱼"、"船"的词语，有助于解读英国"鱼"、"船"的文化，同时能更好地把握英语表达的一些特点。

　　每个民族都在特定的自然环境中生存繁衍。自然环境对一个民族的文化模式的形成、发展和嬗变有着重大的影响。语言是客观世界的反映，是一种社会现象。人们生活、劳动在一种什么样的环境中，就会产生什么样的语言。生活在海边、海岛的渔民创造了有关"海"的词语，生活在山地的山民创造了有关"山"的词语，爱斯基摩人创造了有关"雪"的词语，沙漠牧民创造了有关"骆驼"的词语。

　　英国漫长的海岸线和岛上稠密的河流蕴藏着极其丰富的渔业资源。因此，岛国人自古以"鱼"为天，捕鱼业在英国经济中占有相当大的比例。作为航海强国，英国人自古又以"船"为家、以"船"为业。英国人与"鱼"、"船"结下的不解之缘体现在英国英语中有关"鱼"、"船"的语汇上。

一、英语鱼语汇

（一）丰富多彩的鱼名

　　英语自5世纪盎格鲁-撒克逊人对英伦群岛入侵成功，至今已有1 500多年的历史。英语从一个部落的语言发展成为国际通用语。在此期间，英语不断汲取世界各民族的语言，成为一种兼容性极强的综合语言。英语中有关鱼类的外来语较少，这说明

英国的鱼文化色彩浓厚，英语自身有关"鱼"的语言表达是极为发达的。

1. 繁多的鱼种类名

英伦群岛渔业资源丰富、鱼种类繁多。有 omnivorous fish（杂食性鱼类）、predatory fish（掠食性鱼类）、herbivorous fish（草食性鱼类）、carnivorous fish（肉食性鱼）；有 warm water fish（温水性鱼），也有 cold water fish（冷水性鱼）；有 migratory fish（回游鱼）、catadromous fish（降河鱼）、anadromic fish（溯河鱼）、bathypelagic fish（深海鱼），还有 resident fish（常栖鱼）；有 brackish water fish（半咸水鱼）、marine fish（海洋鱼类），还有 fresh water fish（淡水鱼）；有 condemned fish（不适食用的鱼），更有专门用来食用的 cultured fish（养殖鱼类）；有 bony fish（多刺鱼）、cartilaginous fish（软骨鱼），也有一根骨头都没有的 jelly fish（海蜇）；有 epipelagic fish（上层鱼类）、mesopelagic fish（中层鱼类）和 demersal fish（底层鱼类），等等。

语言既是一种认知活动又是以认知为基础的。认知和语言不能脱离人赖以生存的物质世界，也不能脱离人的认知能力。英国四面环海，岛内河流众多，英民族的先民们认为鱼资源是取之不尽的，只有不同种类的鱼（fishes）而没有单数（一条鱼）和复数（多条鱼）之分。英语中有不少表示鱼的词带有 fish 的成分。但是，英语中也有很多不带 fish 而表示"鱼"的词，例如：abalone（鲍鱼）、pomfret（乌鲳）、scad（竹荚鱼）、salmon（鲑鱼）、tuna（金枪鱼）、mackerel（鲭）、sturgeon（鲟鱼）、squid（鱿鱼）、octopus（章鱼）、tincaeus（丁鲑）等。

2. 鱼名多样化

英国人对鱼的命名还表现出多样化的特点，一般依据鱼的形状、习性。我们从生动形象的命名中不难看出不列颠人对于鱼的观察之细腻和熟悉程度。例如：

Silverfish（银鱼）：这是一种银灰色的鱼。

Swordfish（箭鱼）：上颚突出的骨头犹如一柄长长的利剑。

Devilfish（蝠鲼）：鲨鱼类的一种，体大，最大可达到3 000多磅重。

Pipefish（尖嘴鱼、海龙）：嘴长又尖，身体呈蛇状。

Catfish（鲇鱼）：上下颌长着的根须如同猫嘴上的根须。

Pike（梭鱼）：身体细长，头尖，犹如 pike（长矛）。

Cutlass fish（带鱼）：体长侧扁，形状像 cutlass（砍刀）。

Flatfish（比目鱼）：这种鱼身体扁平（flat），成长中两眼逐渐移到头部的一侧，平卧在海底，也叫偏口鱼。

3. 同义名

英语中还有一种现象就是不同的名称表示同一种鱼，例如：

Flatfish、flounder、sole：比目鱼

Cod、codfish：鳕鱼

Cutlass fish、belt fish、hair tail：带鱼

Crucian、carp：鲤鱼

Cuttlefish、squid：墨鱼（乌贼）

（二）与鱼有关的词

1. 职 业

昔日很多的英国人每天要从事打渔、养鱼或与鱼有关的生意，因此英语中有很多与"鱼"有关的职业：fishmonger（鱼商）、fishwife/fishwoman（卖鱼妇）、fish warden（渔官）、fishfarmer（养鱼场主）、fisher（渔工）、fisherman/fishfolk（渔民）、fishman（鱼贩子）。

2. 衍生词、复合词

Fish 一词衍生出很多词，例如：fishy（多鱼的）、fishing（钓鱼）、fishless（无鱼的）、fishlike（鱼一样的）、fishify（供应鱼）等。以 fish 为词干构成的复合词有：codfish（鳕鱼）、catfish（鲶鱼）、devilfish（章鱼）、swordfish（箭鱼）等。除 fish 之外，英语中另一个经常与"鱼"打交道的词是 piscis。Piscis 意为"鱼"，源自拉丁语。英语中有不少由 pisci-（鱼）构成的词，例如：piscary（渔场）、piscatology（鱼类学）、piscator（捕鱼人）、piscine（鱼类的）、piscicide（灭鱼）等。

3. 鱼 食

岛国的居民日常饮食离不开鱼，因此在鱼的加工制作方面形成了其特色，日积月累，也使得这方面的词汇比较多：fish cake（煎鱼饼）、fish ball（炸鱼丸）、fish fry（炸鱼）、fish paste（鱼酱）、fish stick（炸鱼排）、smoked fish（熏鱼）、raw fish（生鱼片）等。

鱼经过处理后才适宜保存以便将来食用，因此就有了 quick-frozen fish（速冻鱼）、press fish（压缩鱼干）、wet-salted fish（湿腌鱼）、dehydrated fish（脱水鱼）、cured fish（腌干鱼）、salted fish（咸鱼）、unsalted dried fish（淡干鱼）。

4. 鱼为喻

英国人对鱼的形状、习性等观察得十分细致，因此就把很多鱼的自身特点比喻

在人或事物上，这也是与鱼有着密切联系的民族语言的一个特色。例如：

Eel（鳗鱼）喻指"圆滑、捉摸不定的人"。
Sardine（沙丁鱼）喻指"拥挤"。
Trout（鲑鱼）喻指"丑妇；讨厌的婆娘"。
Whale（鲸鱼）喻指"巨大的人或物"。
Minnow（鲤科淡水小鱼）喻指"微不足道的人或物"。

劳动创造了世界，也创造了语言。英国人的生活与"鱼"有着密切的关系，因此英语中也就不乏用"鱼"来作比喻：Drink like a fish.（狂饮如鱼，一醉方休。）A Neither fish, flesh, nor good red herring.（非驴非马，不伦不类。）As mute as fish.（默不作声。）Cry stinking fish.（自扬家丑。）Fish or cut bait.（要么好好干，要么别干。）A nice kettle of fish.（尴尬的局面。）To feed the fishes.（葬身鱼腹。）Fish for fame and honors.（沽名钓誉。）Fish a needle out of the ocean.（大海捞针。）

5. 鱼表示人

英国人的早期生活在很大程度上与鱼有关，经常与鱼打交道使得英国人常把鱼比喻成人。例如：a big fish（大人物、大亨）、a dull fish（迟钝汉）、a poor fish（倒霉的人）、a cool fish（无耻之徒）、a cold fish（冷淡的人）等。

6. 鱼与英国人的姓氏

以人们从事的职业为姓在英语姓名中占有很大的比重。追根求源，这与当时的社会结构和经济体制有关。旧时的英国是一个经济比较落后的社会，全国很多劳动者所从事的行业都和渔业相关，这一点可以从他们的姓氏中体现出来，例如：

Fish 菲什：职业名称，捕鱼或卖鱼者
Fisher 菲什：Fish（捕鱼或卖鱼者）的异体
Fisher 费希尔：职业名称，渔夫
Fishman 菲什曼：职业名称，打渔人

二、英语船语汇

英语中有关"船"类的外来语也很少，这表明英语自身"船"的语言表达相当发达。

（一）丰富多彩的船名

英国四面环海，历史上航海业特别发达。一个航海民族出行、谋生自然离不开船。一般说来，对于一个民族越是重要的东西，该民族对它的语言切分就越是细密。谙于航海的英民族对船是再熟悉不过了，因此，英语中表示船的词语相当丰富，

切分得也相当细。例如：sloop（单桅船）、ketch（双桅纵帆船）、brig（双桅横帆船）、schooner（二桅以上的纵帆船）、bark（三桅帆船）、shipentine（四桅帆船）、catamaran（双体船）、ferry（渡船）、trawler（拖网鱼船）、steamer（汽船）、freighter（货船）等。

英语中有不少与boat、liner、vessel、ship组合而表示各种具体的船的词语，如：ferryboat（渡船）、sailboat（帆船）、mail boat（邮船）、tugboat（拖船）、jet boat（喷气式船）、pilot boat（领港船）、store ship（军需船）、steamship（汽船）、warship（军舰）、passenger ship（客船）、cargo ship（货船）等。

英国人对船的命名还表现出多样化，一般依据船的形状、功能、特性而命名。例如：

Brigantine是一艘前桅杆挂横帆，主桅杆挂纵帆的双桅帆船，因此航速极快。这个船名本身的意思是pirate ship（海盗船）。

Vessel源自拉丁语urn（瓮、缸），不难看出这种船被比作成了一个容器。

Dory是一种小型平底敞开划艇，其英语意思是dugout（独木舟）。

Hooker（一种用来钓鱼的小船），源自英语中hook（鱼钩）一词。

Ketch（双桅纵帆船），源自catch（捕鱼）一词。

Schooner（二桅以上的纵帆船），其英语原义是to skip flat stone across water。

英语中还有一种现象就是不同的名称表示同一种船，例如：

Ferry、ferryboat：渡船，渡轮

Merchant ship、merchantman：商船

Tug、tugboat：拖轮

Steamer、steamship：汽轮

Brig、brigantine：双桅船

英语中有很多船名出自古英语，例如：sail源自古英语segl；boat源自古英语bat；punt意为shallow boat；sloop意为glide；ship源自古英语scip；steamer源自古英语steam，意为vapor。一些船名则出自中世纪英语和苏格兰方言，例如：trawler源自中世纪英语trawl，意为drag；hooker源自中世纪英语hook boat；ketch源自中世纪英语catch；schooner源自苏格兰方言scum。

（二）船与英国人的姓氏

古时的英国有很多劳动者所从事的行业与"船"相关，这一点可以从他们的姓氏中体现出来。例如：

Boatman（船老大）博特曼

Boater（船工）博特

Ferry（渡船工）费里
Ferryman（船工）费里曼
Ferrie 费里，Ferry 的异体
Ferrier 费里尔，Ferry 的异体
Ship（船）希普
Shipman（水手）希普曼

（三）船与职业

正是由于很多人从事与"船"有关的工作，所以英语中有很多与"船"有关的职业。例如：ferryman（摆渡船工）、boater（船工）、boatman（船老大）、boatswain（水手长）、shipowner（船东）、shipping agent（船舶业代理人）、shipwright（船木工）、skipper（小商船等的船长）、shiprigger（停泊船舶看守员）。

（四）船与比喻

英国人的生活与"船"有着密切的关系，英语中有大量与"船"有关的比喻（隐喻）和习语。例如：

When the ship comes home（当船回来的时候——愿望实现的时候，发财的时候）
In the same boat（在同一个船上——同舟共济）
Give up the ship（弃船——放弃）
Jump ship（未经允许离船——逃脱）
In this (that) galley（在由囚犯、奴隶划桨的船上——意想不到的处境）
Miss the boat（错过船——坐失良机）
Make a shipwreck（沉船——破灭，遭灾）
Rock the boat（将船往岩石上撞——捣乱）
Run a tight ship（操纵好船——完全控制）
Take to the boat（船沉时乘救生艇逃生——仓猝地放弃承担的任务）
Push the boat out（下海——庆祝）
Barge（大型平底船——横冲直撞）

英语中"航空"这一概念是由"航海"来建构的，所以飞机出入场地在英语中称 airport 或 air harbor。英语中的 port 和 harbor 的意思是"港"。英语中的宇宙飞机（宇宙飞船）称为 spaceship。Lunar ship（登月飞船）、moon ship（月球飞船），也都借用了 ship（船）这一属于航海的概念隐喻。

英国人历来善于航海，英国也是航海强国，航海业在英国一直占有特殊的重要

地位。英国人的生活、工作与"船"有着密切的关系。对航海业的依赖与发展决定了靠"船"吃饭的民族务必使用大量与"船"有关的语汇。这种语言现象突出反映在与"船"相关的谚语上。例如：

Spoil the ship for a half-penny-worth of tar（因小失大）

Many drops of water will sink the ship.（滴水石穿）

It is skill not strength that governs a ship.（要用智谋）

Let another's shipwreck be your seamark.（前车之鉴）

A small leak will sink a great ship.（小洞不补，大洞吃苦。）

谚语是一种结构简洁、寓意深刻、哲理性强、通俗易懂的定型语句，经常带有劝诫或教育意义，是人民群众千百年经验和智慧的结晶。英语中有关"船"的谚语大都是水手和渔民在长期海上生活中创造和使用的。

（五）船上生活衍生的相关习语

英国人在长期的与"船"为伴的生活中，把观察到的现象和积累的经验应用到语言中，形成了许多与"船"上生活息息相关的习语。Know the rope（知道窍门）原来指的是在帆船时代，船上众多的风帆都是由一整套绳索系统来控制的，熟练的海员必须对这些绳索的功能了如指掌，才能在变化无常的大海上操作自如。Cut and run（赶紧逃跑）原来指抛锚停泊的船遇到紧急情况，如风暴、海盗、敌船等，人们来不及等待缓慢地起锚，而断然采取措施砍断锚绳迅速逃跑。再如，在海上通商兴起的头几个世纪里，海盗活动猖獗，海盗船常悬挂 false colors（假旗号），大大方方地接近其他船只而不引起对方的警惕，后来海员们就用 sail under false colors 来表示其他方面的"冒充"。

类似的源于"船"上生活的习语很多。例如：

Go by the board（人或东西从船上掉入海里消失——被遗忘，被忽视）

With flying colors（打胜仗的战船归来时彩旗高挂——成功地，凯旋地）

Bring someone down a peg（把船上象征荣辱高低的旗降一级——煞某人的威风）

Take the wind out of someone's sail（船在航行中抢他船的风路——先发制人占上风）

Nail one's colors to the mast（把船旗钉在桅杆上，以示决不投降——坚持到底）

三、结　语

每个民族都在一定的自然环境中生存繁衍。自然环境对一个民族的文化模式的形成、发展和嬗变有着重大的影响。语言是客观世界的反映，是一种社会现象。人们生活、劳动在什么样的环境中，就会产生什么样的语言。从上述"鱼"、"船"与英语关系的分析中，我们可以看出人们的生活习惯、自然地理环境影响着语言的发展。英国的鱼、船文化对英语的表达起到了促进作用并由此形成了鱼、船语言及其表达方式的特色。

本篇参考文献：

[1] 戴卫平，裴文斌. 英汉文化词语研究 [M]. 北京：科学出版社，2008.

[2] 高玉华. 英语姓名词典 [Z]. 北京：外语教学与研究出版社，2002.

[3] 陆谷孙. 英汉大词典 [Z]. 上海：上海译文出版社，1999.

[4] 骆世平. 英语习语研究 [M]. 上海：上海外语教育出版社，2006.

[5] 王德春. 汉英谚语与文化 [M]. 上海：上海外语教育出版社，2003.

[6] 王同忆. 英汉词海 [Z]. 北京：国防工业出版社，1991.

第十七篇　英语人名系统研究

本篇内容提要：人名作为人类特有的社会现象，产生于社会交际的需要。人名是识别个体或群体的语言符号。人名作为人类文明特有的现象，体现一个民族的文化特征，代表着一个民族的观念和信仰，蕴含着一个民族的语言、历史、地理、宗教等文化信息。英文名字包含一定的文化和历史的内涵，有一定的规则和忌讳。本篇对英语人名的系统构成、来源及蕴藏的文化内涵进行剖析，通过对英语人名结构、来源及寓意的剖析，揭示英语人名的文化内涵，探讨英文名字的一些禁忌，解读英语人名作为专有名字出现的"普通化"现象。

一、英语人名系统

英语人名一般由两部分组成。即赋名（given name）＋姓氏（surname / last name / family name）。其排列顺序（名前姓后）与汉语人名恰好相反。这主要是因为英语民族自古以来就有重视个人、强调个性的传统。

（一）赋　名

英语赋名一般由前名（教名）（first name / Christian name）和中名（middle name）构成。英语国家的孩子在出生后，通常要在教堂接受洗礼，然后由牧师或父母亲朋为其取名字，故前名亦称为教名。中名位于前名和姓之间，可有一个或一个以上，也可以没有。中名通常只有在办理公务或签署文件时才使用。书写时前名和中名都可以用缩略形式，如 T. S. Eliot；也可用中名的缩略形式，前名保留原样，如 George W. Bush；或前名用缩略形式，中名保留原样，如：J.Robert Oppenheimer。

（二）姓　氏

最初大多英语姓氏来源于名，具有多民族性、浓厚的宗教色彩和丰富的生活色彩。

起初，人们只有名没有姓。9世纪后，英国资本主义迅速发展，人口急剧上升，越来越多的人选用了相同的人名，造成极大的不便。于是人们便在名字后面加一个固定的符号，这便是姓。14世纪中叶，姓开始固定下来，到16世纪末姓成为全民共识。随着时代的发展及交际的需要，姓氏得到扩展，主要表现为以下几个方面。

1. 以动物名称为姓名

英语民族通过对日常生活的观察和体验，往往对某些动物所具有的气质、体貌或习性有特殊的偏爱，于是就把某些动物的名称移植到人名之中。例如：

Bear 贝尔；熊（苯人）

Bee 比；蜜蜂（大忙人）

Bird 伯德；小鸟

Swallow 斯沃洛；燕子

Swan 斯旺；天鹅（人貌美）

Veal 维尔；小牛（听话的人）

Whale 惠尔；鲸（笨拙的大个子）

Wolf 沃尔夫；狼

这表明英语民族持姓人祖辈或从事某一类畜牧业，或赏识某种动物，赞叹其独具优势的某种本能、特征、外貌、性情、姿态等，因而取之为姓。

2. 以植物、花草名称为姓名

Apple 阿普尔；苹果

Bean 比恩；蚕豆

Bush 布什；灌木

Plum 普拉姆；李树

Stock 斯托克；紫罗兰

Thorn 索恩；棘丛（地貌名称）

Vine 瓦因；葡萄（种植葡萄的人）

Straw 斯特劳；稻草（稻草制品经营者）

以果木花卉名称充当人名是世界上许多民族用字（词）的共同规律，且十分普遍。考其源流一是英语民族持姓人祖辈是某植物的种植者或种植能手，二是绿色植物寓意着生机、和平、丰硕与希望，花果昭示出美丽、幸福、丰收与成果。

3. 以颜色为姓名

Black 布莱克；黑色（肤色黑的或黑发的人）

Blue 布鲁；蓝色

Brown 布朗；褐色（头发或皮肤带褐色的人）

Dark 达克；黑色（头发或肤色带黑色的人）

Pink 平克；粉红色

Red 雷德；红色

Scarlet 斯卡利特；猩红色（鲜艳织物的印染者）

Violet 瓦奥莱特；紫色

White 怀特；白色（白发者或肤色苍白者）

这些充当姓名的颜色词反映出持姓名的祖先，或偏爱某种颜色借以表达一种意向，或属于某类肤色的人种。

4. 以民族、国家名称为姓名

Angles 安格莱斯；盎格鲁人

Britain 布里顿；大不列颠

England 英格兰；英国

Ireland 艾尔兰；爱尔兰

Roman 罗曼；罗马人

Scotland 斯克特兰；苏格兰

Spain 斯佩恩；西班牙

Welsh 韦尔什；威尔士人

5. 以人的生理特征、人体部位名称为姓名

Littler 利特勒；矬子

Longfellow 朗费罗；高个子伙伴

Low 洛；矮个了

Smallman 斯莫尔曼；小个子

Strong 斯特朗；强有力的人

Thick 西克；矮胖子

Thin 西恩；瘦弱的人

Whitehead 怀特黑德；白头

6. 以职业、官职、身份为姓名

Abbott 阿博特；男修道院院长

Archer 阿彻；弓箭手

Armer 阿默；武器制造者

Arrowsmith 阿罗史密斯；制造铁箭头者

Bachelor 巴彻勒；年轻骑士

Baker 贝克；面包师

Bannerman 班纳曼；打旗的人

Barber 巴伯；理发师

7. 以住所名称为姓名

Abbey 阿比；修道院

Appleyard 阿普尔亚德；苹果园

Bellhouse 贝尔豪斯；钟楼

Castle 卡斯尔；城堡

Cave 凯夫；洞穴

Church 丘奇；教堂

Churchyard 丘彻德；教堂所在之处

Court 考特；院子

8. 以地形、地貌为姓名

Atwood 阿特伍德；树林

Banks 班克斯；河岸

Beach 比奇；河滩

Beanland 宾兰；豆地

Blackwell 布莱克韦尔；黑泉

Bridge 布里奇；桥

Woodbridge 伍德布里奇；树林边之桥

Woodgate 伍德盖特；树林大门

9. 源自父名的姓名

父名词缀的范围很广，有些是前缀，包括盖尔语中的 Mac（常缩略成 Mc），威尔士语中的 Ap、Ab（常缩略成 P、B），诺曼底法语中的 Fitz 等。例如：

MacGarven（麦加维）；son of Garvey

McJames（麦克詹姆斯）；son of James

Probert（普罗伯特）；son of Robert

Bowen（鲍恩）；son of Owen

Fizhugh（菲茨林）；son of Hugh

父名的词缀更多的是后缀，包括 -s、-ing、-er、esco、-ov 等。例如：

Adams（亚当斯）；son of Adam

Wills（威尔）；son of Will

Michler（米克勒）；son of Michael

Ionesco（约内斯克）；son of John

Simonov（西蒙诺夫）；son of Simon

还有些姓氏是由含有 son of 的短语缩略成的父名后缀构成的，例如：

Albinson（阿尔宾森）；son of Albin

Alderson（奥尔德森）；son of Alder

10. 涉及季节、气候的姓名

April 阿普里尔；四月

Christmas 克里斯马斯；圣诞节

Cloud 克劳德；云

Day 戴；白昼

Epiphany 埃皮费尼；显灵节

Fall 福尔；秋季

Friday 弗雷迪；星期五

March 马奇；三月

诸如此类姓名的出现反映了持姓者当时出生时的时令或气候，也可以显示其故居地常年的气候特征。

11. 取自于基督教教义或神话传说中的神的姓名

Abraham 亚伯拉罕；众民族之父

Adam 亚当；人类的始祖

Alexander 亚历山大；人类的慰藉

Alice 爱丽斯；美丽

Allen 爱伦；阳光

Andrew 安得鲁；刚强

Angel 安杰尔；天使

Anne 安妮；高雅

12. 以武器、器物为姓名

Bell 贝尔；钟
Bench 本奇；长凳
Bow 鲍；弓
Brush 布拉什；刷子
Buckle 巴克尔；扣子
Button 巴顿；纽扣
Cable 凯布尔；绳索
Couch 库奇；床

13. 以金属为姓名

Copper 科珀；铜
Gold 戈尔德；金
Iron 艾恩；铁
Lead 利德；铅
Silver 西尔弗；银
Steel 斯蒂尔；钢

以金属为姓名的起因或是古时某姓氏持有者繁衍生息的地方盛产某一金属而取之为姓；或是人们崇尚某种金属的特殊价值与用途；或是以制作、打炼某种金属为生。

二、英语人名的文化内涵

通过对英语人名系统的剖析，不难看出人名作为民族文化的一部分，其丰富性和多样性蕴藏着深刻的文化内涵，反映民族的历史、文化和人们的信仰与追求。具体表现在以下三方面。

（一）英语人名中蕴含的宗教和神学文化

宗教和神话都是人类最初的文化形态，对人们的世界观有着或深或浅的影响。7世纪，基督教传入英国，而后成为英语国家的主流宗教。到12世纪时，宗教势力已经影响着人们生活的各个领域。16世纪时，罗马天主教规定，教徒洗礼时的教名必须选自《圣经》，以示对上帝的虔诚和尊敬。到17世纪，《圣经》中出现的名字几乎都被选用。耶稣基督共有12个门徒，除了叛徒Judas外，其他人名均为常见名，如John、Mathew、Peter、Ames等。女性圣人的名字也被人们所喜爱，例如：Mary（玛莉亚）是耶稣基督的母亲；Ann（安）是圣母马利亚的母亲；Elizabeth 是圣人 John

的母亲；Catherine 是圣人 Peter 的妻子。另外，《旧约》中圣人的名字也常被人们所选，如 Adam（亚当）是上帝创造的第一个人；Eve（夏娃）是上帝创造的第一个女人；Abraham 是犹太教的创始人；Sarah 是 Abraham 的妻子等。

古希腊罗马神话是欧洲文明和世界文明的重要组成部分，也是英语名字的来源之一。如 Cindy（希腊的月亮女神）是 Cynthia 的简写形式，来源于希腊语 Kynthos，代表着理想主义、自我中心主义、敏感、完美主义、耿直等。Diane 来源于其法语形式 Diana，最初起源于罗马神话中自然和丰产的女神。有一些名字来源于其他民族的神话或传说，如 Bertha 是德国传说中的人物，这个名字现在代表着善良、慷慨、关爱、理想主义等。Arthur 则来源于英国的传说《亚瑟王和他的圆桌骑士》（King Arthur and His Knights of the Round Table），与此相关的性格特征是高贵、忠诚、勇敢、荣誉感强、同情和乐于帮助妇女和弱者。以上这些人名一方面体现了父母对宗教的虔诚，以及对美好事物的向往和追求；另一方面反映了宗教和神话对家庭乃至民族的影响。

（二）英语人名反映出的生活文化

英语人名蕴藏着丰富的生活色彩，表明他们对大自然的崇敬和对世俗生活的无限追求及热爱。英语民族把哺育万物的大自然定义为 Mother Nature，把故土定义为 Motherland，可见他们对自然的尊敬。这种尊崇体现在他们以自然万物为姓名。比如，London（伦敦）、Hill（小山）、Lake（湖）、Pond（池塘）、Field（田地）、Tree（树）、Flower（花）、Tulip（郁金香）、Cotton（棉花）、Bush（灌木丛）、Pink（石竹花）、Reed（芦苇）、Rice（水稻）、Phyllis（绿叶）、Jewel（宝石）等。

英语人名还体现出英民族对生活的热爱。人们在交往中喜欢根据某人的特征为其编码，即绰号，后来便发展成姓。诸如：Fox（老狐狸）、Doolittle（懒鬼）、Black（黑皮肤的）、Longfellow（高个子）、Young（年轻的）等。这些姓氏体现了人们对生活积极、豁达的心态。同时，热爱生活还体现在他们对职业的喜爱，故人们以职业为姓，如：Miller（磨房主）、Cook（厨师）、Weaver（织布工）、Shepherd（牧羊人）、Mason（砖瓦匠）、Hunter（猎人）、Carte（货运汽车司机）、Turner（车工）、Barber（理发师）、Fisher（渔民）、Carpenter（木匠）等。英语人名的形成和发展反映出人们对周围环境及其生活方式的喜爱。

（三）英语姓名折射出的英国历史

英国是一个岛国，早在前 1000 年就受到欧洲大陆凯尔特人的入侵。前 1 世纪，古罗马人入侵该岛，后来遭受盎格鲁 - 撒克逊人的入侵，以及后来丹麦人的入侵。11

世纪英国经受了一次最大规模的外族入侵。讲法语的诺曼人征服了整个英国并统一了这个国家。一次次的民族危机，不仅造就了大批驰骋沙场的民族伟人，而且涌现出一批批文学巨匠、诗人及科学家。他们用科学技术来鞭策和激励人民，去争取自主、民主、平等、自由。后人为了记住这段历史并希望自己的子女也能像那些名人一样成为栋梁之才，便使用他们的姓或名为其子女起名。如 Victoria（来自 Alexandrina Victoria，1819-1901，是英国历史上在位时间最长的国王之一）、Byron（来自 George Cordon Byron，1788-1824，英国著名诗人）。英国父母用历史名人或名作中的人物给孩子起名，一方面表现了父母对子女寄寓的厚望，另一方面表示对这些历史名人的纪念和尊敬之情，透露出他们对国家历史的重视和对未来美好生活的追求。

三、英文名字含义与取英文名字的忌讳

（一）历史文化因素

英文名字本身就具有一定的意义，就如同我们常说的，这个人"貌若潘安"，潘安已经成了帅哥的同义词，而非简单的名字本人。例如：

Alina（爱丽娜）具有"高贵"的意思。Betty 是 Elizabeth 的简写，这个名字让人在脑中浮现一个金发女孩的影像，傻得可爱，又风趣。Carol 意为"强悍，有女人味的"，Carol 被比喻为和善、居家类型、外向风趣的人。Editha 意为"丰硕之礼"，对大部分人来说，Edith 是平凡、穿着老旧、可爱、容易上当又迟钝的女人。有些人则把 Editha 看成不受赞许的老师。Emily 是勤勉的意思，拉丁语中则是恭维者的意思。大部分人将 Emily 描绘为娇小可爱、安静保守的女子，聪明、柔弱、拘谨。Ingrid 意为"英雄之女"，人们将 Ingrid 联想为聪明、热情又勤奋的女子。Inga 不是被描绘为美丽如 Ingrid Bergman 般的美女，就是被描绘成高大、魁梧的年长女人。Anthony 是"无价"的意思，人们认为 Anthony 是高壮黝黑的意大利男人，聪明、强壮并坚忍。

（二）英语名字命名的忌讳

名人效应，应该避免：我们取中文名字的时候，常常会避免和一些人的名字重复。古代，皇帝的名字都是要避讳的。同样，现在英国家长给孩子取名字的时候也会有所避讳，比如 Jesus（耶稣）。

有些名字是有性别差异的：我们中国人名字也有定式，有些名字基本上是女孩子专用的，比如小芳、小红、小丽之类，而有些名字则是男孩子专用的。同样英文也是如此。取名字的时候，尽量避免性别混淆。

名字的发音：名字是经常用来叫的，一个不闹出笑话的名字是起名的最基本的

163

要求。既不要让本国人笑话，也不要让外国人觉得拗口。如 Linwood，容易被中国人取笑为"您无德"。再比如 Roger 这个名字，居然被人念作"弱智"，尽管其本义是"famous spearman"（有名的使矛的人）。

一些名字有特殊的意思，选取名字前最好能对其有些了解。很多英文名来自《圣经》或希腊、罗马神话。常见的 Mary 和 Samuel 都出自前者，前一个是圣母，后一个是《旧约》里最著名的先知。已故的英国王妃 Diana（黛安娜），其名字来自希腊神话中太阳神的妹妹——月亮女神，她还身兼狩猎和多产女神之职。迪斯尼的《美女与野兽》中的女主人公叫 Belle，如果看的是英文版，就会注意到一个细节：当 Belle 手捧着书穿过人群时，有人唱到"her name means beauty"，Belle 作为一个名字，正是"美丽"的意思。

太常见的英文名字英国家长也不用，就如同汉语中的张三、李四一样。非常常见的名字都尽量避免，比如 Bob 之类的名字。

四、英语人名专有名字的普通化

人名专有名词是表示个人的专有名称，带有确定特指的含义，不具有普通名词形态上的特征，例如没有冠词的对比，没有数的差别。随着社会的不断发展，人名专有名词慢慢呈现出一种非专有化的趋势，成为普通化了的社会共有词汇。英语人名专有名词主要借助借代（metonymy）和换称（antonomasia）这两种修辞格衍生出种种联想意义，其鲜明的形象、深刻的寓意在英语词汇中独树一帜。

换称通常是利用宗教、神话、传说中的人物以及历史、文学作品中的典型人物来指代与其具有相似特点的一类人。文化背景在换称的运用上非常重要，而借代中的人名专有名词则不具有类似的起端，借代物与被借代物之间通常具有等同关系或密切关联。

（一）英语人名专有名词在"借代"中的应用

例如：It has become a critical creditor to Uncle Sam.（它已经成为美国的主要债权人。）Uncle Sam 的用法源自 1812—1814 年美英战争时期的一个传说。相传纽约州有一个勤劳、诚实的军需品检查员 Samuel Wilson，人们亲切地叫他 Uncle Sam（Sam 为 Samuel 的昵称）。他检查的军需品的包装箱上都盖有 US 的戳记，由于 Uncle Sam 的首字母是 US，而美国（The United States）的缩写也是 US，于是这两个名称被合二为一。从此 Uncle Sam 有了新的语用意义，与"美国、美国人或美国政府"具有等同关系并被广泛流传开来。例如：He never talks to Tom, Dick or Harry.（他从不理睬普通人。）Tom、Dick、Harry 均为大众人名，此处泛指"非常一般的普通人"。例如：A good Jack makes a good Jill.（夫善则妻贤。）Jack、Jill 分别是英国最常用的男女名字，常用来泛指"男人和女人；丈夫与妻子"。

（二）英语人名专有名词在"换称"中的应用

"换称"手法常通过三种来源的人名专有名词来实现：宗教中的人物；神话、传说、历史中的人物以及文学作品中的典型人物。

宗教中的人物：《圣经》中的人物家喻户晓，衍生出来的语用意义更是深入人心。Daniel 为希伯来的预言家、正直的法官。Daniel 可用来指代"一个聪明、正直的法官"。Judas 是耶稣十二门徒之一，为 30 块银元将耶稣出卖。You Judas! 意为"你这个叛徒"。

神话、传说、历史中的人物：希腊神话和《圣经》并称为西方文化的两大源头，千百年来，它们共同浇灌着西方人的精神文化生活，在西方文化生活的各个领域产生了难以估量的影响。滋养着英语词汇的希腊神话人物如：Hercules（希腊神话中有神力的英雄），它在英语中可指代"一个大力英雄"。Midas 是希腊神话中 Phrygia 的国王，能点物成金。Midas 在英语中可指代"一个善赚大钱者"。许多西方国家的历史虽不及中国的悠久，但其文化典籍却十分丰实。很多传说、历史故事中的人物以其生动的形象、鲜明的个性及其浓郁的民族色彩被人们一直沿用至今。Robin Hood（罗宾汉）是英国中世纪民间传说中劫富济贫的绿林好汉，因此 Robin Hood 可指代"一个好义的人"。

文学作品中的典型人物：脍炙人口的文学作品中的人物因其鲜明的性格特点、强烈的感染力极易被人们普通化为生活中某一类人的代名词或被赋予特殊的含义。Man Friday 是英国著名小说家笛福所著的长篇小说《鲁滨逊漂流记》中鲁滨逊的忠实仆人。在英国 Man Friday 可被用来指代"忠实的仆人"，例如：He needs a Man Friday.（他需要一个忠实的仆人。）Peter Pan 为英国作家巴里的同名剧中一个跑进人迹罕至的仙境而永不长大的少年。Peter Pan 可被用来指代"永远长不大的男孩"，例如：He's a Peter Pan indeed.（他真是个永远长不大的男孩。）

英语名字并非仅仅是一个识别人的符号、一种语言，更是传递英语民族社会、历史和文化等各方面信息的载体。了解英语姓名系统及其文化内涵，有助于英语学习者了解英语国家文化背景，从而更好地掌握英语语言，促进跨文化交流，提高认知水平。而了解英语名字的一些忌讳和专有名词"普通化"现象，也能有效避免一些尴尬，从而使交流更通畅和得体。

本篇参考文献：

[1] 高玉华.英语姓名词典[M].北京：外语教学与研究出版社，2002.

[2] 李世荣.英语姓名的文化阐释[J].延安教学学院学报，2002（3）.

[3] 李霞.英语人名的汉译[J].长沙通信职业技术学院学报，2008（1）.

[4] 刘玉珍.英语姓名的文化内涵[J].世界文化，1996（3）.

[5] 罗凤文，叶艾丽.妙趣横生的英语人名习语[J].科技信息，2009（6）.

[6] 茅忆年.英语人名的文化特征及翻译策略[J].和田师范专科学校学报，2011（1）.

[7] 纳日碧力戈.姓名论[M].北京：社会科学文献出版社，1998.

[8] 彭长江.英语人名普通化及其与限定词的同现[J].广州大学学报（社会科学版），2007（8）.

[9] 孙丽.英语人名的翻译原则与细节[J].考试周刊，2009（23）.

[10] 王逢鑫.论命名——英汉命名方法比较[A]//观海登山集——英语语言文学论文集[C].北京：北京大学出版社，1998.

[11] 徐瑛.解读英语人名及其文化内涵[J].文教资料，2009（36）.

[12] 徐瀛.英文名字的命名规则和忌讳[J].外语交流，2011（9）.

[13] 曾尔奇.英汉人名的文化分析[J].河南科技大学学报（社会科学版），2006（2）.

[14] 朱云莉.英语人名专有名词的"普通化"[J].中外教育研究，2010（3）.

第十八篇　英语与视觉诗

本篇内容提要：英语视觉诗通过将文字、符号等重新排列组合形成在视觉上别具一格的语篇，具有视觉美和文字美双重效果；中国传统诗歌存在大量的诗画语篇，诗与画融为一体，具有独特的视觉性。基于多模态视角分析两类诗歌可以更好地理解语篇，体会不同形式的诗歌如何将视觉与文字紧密结合给人以视觉美感。

从广义上讲，所有的文字形式的诗歌都是视觉诗，但狭义上说，视觉诗"是透过文字本身的字形，或透过排列组合文字与符号（包括标点符号），在版面上吸引眼睛造成特殊视觉效果的诗篇"（董崇选，2004）。视觉诗又称形体诗、图形诗等，早在4世纪，古希腊诗人便已尝试把诗行排列成不同形状，如"斧头"、"鸡蛋"等。20世纪，在庞德等意象派诗人带领下，许多诗人又对诗形和文字的表达方式进行了突破，这些诗歌除了以形取胜外，还打破了单词拼写传统，或将字母大小写，或将单词完全拆分，并且利用标点符号等进行重组，从而给予读者强大的视觉冲击力。可以说，这些英语视觉诗将图像与文字完美地结合于一体，共同来表达作者的思想感情。

与英语视觉诗不同，中国古代常以诗配画的形式构成图文一体的语篇，即为诗画语篇。所谓诗画，也可称作题画诗。从广义上讲，题画诗亦是咏画诗，画的作者或者诗人根据画面的内容赋诗，可以题在卷上也可在卷外；从狭义上看，题画诗是画者或观赏者为了进一步抒发感情而题在卷上的诗，使诗歌成为整个画面的一部分。（林颖，2010：74）本篇即是从狭义概念上解读诗画语篇。

英语视觉诗和汉语诗画语篇通过不同方式将诗与画融为一体，传统的单独分析言语信息、诗歌韵律和画面意境的方法对这些诗歌而言有一定的局限性，而近些年发展的多模态话语分析理论则在一定程度上弥补了传统分析方法的不足。通过多模态分析方法，我们可以更全面地对诗歌进行解读，探索其内涵和作者表达的思想感情。

一、多模态话语分析理论

（一）定 义

随着电子和多媒体的发展，社会上的人际交流已不再局限于语言文字这一种表达方式，而是集语言、图像、颜色、声音、动漫等多种模态于一身。李战子（2003：1）认为，多模态指的是"除了文本之外，还带有图像、图表等的复合话语，或者说任何由一种以上的符号编码实现意义的文本"。对于多模态话语，张德禄（2009：24）指出"多模态话语指运用听觉、视觉、触觉等多种感觉，通过语言、图像、声音、动作等多种手段和符号资源进行交际的现象"。朱永生根据人体的五种感知通道得出相应的五种交际模态，即视觉模态（visual modality）、听觉模态（auditive modality）、触觉模态（tactile modality）、嗅觉模态（olfacotry modality）和味觉模态（gustatory modality），并指出多模态话语的识别标准有两个：①看设计的模态种类有多少，只使用一种模态的话语叫作"单模态话语"（monomodal discourse），同时使用两种或两种以上模态的话语叫作"多模态话语"（multimodal discourse）。②看涉及的符号系统有多少，有些话语虽然只涉及一种模态，但包含两个或两个以上的符号系统，我们也把这些话语看作是多模态话语。（朱永生，2007：83）英语视觉诗和汉语诗画语篇都是集文字和图像于一体的语篇形式，所以，我们可以利用多模态话语分析理论对其进行解读。

（二）多模态话语分析理论

多模态的话语分析理论基础是 Halliday 创立的系统功能语言学理论，并且深受符号学的影响。"具体地说，多模态话语分析从系统功能语言学那里接受了语言是社会符号（social semiotic）和意义潜势（meaning potential）的观点，认为语言以外的其他符号系统也是意义的源泉；接受了系统理论，认为多模态话语分析本身也具有系统性；接受了纯理功能假说（metafunction hypothesis），认为多模态话语与只包含语言符号的话语一样，也具有多功能性，即同时具有概念功能、人际功能和语篇功能。"（朱永生，2007：84）易言之，对多模态语篇而言，不论其中包含几种模态，每一种模态都有其内在的系统，都有不同的表达意义和作用。

关于多模态话语分析的方法，朱永生指出了两个要领：确定不同成分之间的语法关系；弄清文字和图像之间的关系。（朱永生，2007：84-85）李战子在她的《多模式话语的社会符号学分析中》着重探讨了 Kress & Leeuwen 对视觉符号的分析，他们比照 Halliday 功能语法的概念的、人际的和语篇的三大元功能，也从三个方面建立图像分析的框架，即再现意义、互动意义和构图意义。关于多模态语篇中各符号的关系，Kress 等人认为是互补的关系，他们指出书面语通过布局和视觉图像发生联系，读者在阅读图像诗时需要伴随文字说明才能理解图像的准确意义。（杨信彰，2009：14）张德禄也对多模态话语各形式间的关系进行了探讨，他认为，不同模态的话语都是为了体现讲话者的整体意义。他把不同模态形式的关系分为互补和非互补两大类。互补关系即指一种模态无法表达全部意义，需要其他模态进行补充，除此以外的即为非互补关系。（张德禄，2009：26）此外，张德禄还将两类关系进行了细化，具体见表 18-1。

表 18-1　多模态话语关系

多模态话语关系					
互补		非互补			
强化	非强化	交叠	内包		语境交互
凸出；主次；扩充	交叉；联合；协调	冗余；排斥；抵消	整体与部分；抽象与具体		独立；依赖

综上所述，在分析多模态语篇时，我们既要分析言语模态，又要分析非言语模态，并且通过二者之间的关系来全面理解语篇。下面，我们以 William Shelly Burford 的英语视觉诗 *A Christmas Tree* 和王冕的汉语题画诗《墨梅图》为例，通过对其形态和意义的整合来进行具体分析，欣赏不同形式的多模态语篇之美。

二、英语视觉诗与汉语诗画语篇

（一）*A Christmas Tree* 的多模态话语解读

A Christmas Tree 属于视觉诗中的形体诗，具有视觉诗歌的典型性，它以其特殊的外形吸引读者的眼球，具有独特的艺术风格，全诗如下：

A Christmas Tree

Star

If you are

A love compassionate,

You will walk with us this year.

We face a glacial distance, who are here

Huddld

At your feet.

根据多模态的判别标准，全诗可划分为两种模态：视觉模态和言语模态。

1. 视觉模态

视觉诗的视觉模态即该视觉诗的"诗形"信息或"印刷体式"的信息。诗人通常将文字符号进行重新编排或拆分,并利用其他符号(包括标点符号)使诗歌形成一定的形状,使其作为辅助手段来表达诗人的感情和全诗的寓意。

印刷体式是一种模态研究,它的再现意义可以通过印刷体式所呈现的动作和特点来实现。从诗形来看,全篇向读者再现了一棵圣诞树的形象,Star 是树顶,中间较长的文字构成了树身,而 At your feet 则是树的底部。众所周知,圣诞节是西方的重要节日,每年在圣诞节前夕,人们都要在家置放一棵枞树,并在上面挂上彩灯和装饰品,树下则放置着各种为家人准备的礼品。圣诞节类似中国的春节,每年 12 月 24 日,家人都会欢聚一堂,集聚在圣诞树下,许美好的祝愿,拆开各自的礼物,为他人送去祝福。所以,诗篇以这样一个独特的诗形表达了诗人为他人的祈祷,同时读者也深受圣诞树形象的感染,同诗人一起向上帝祷告。

值得一提的是,诗歌倒数第二行的单词"huddld"似乎被诗人拼错了,应该为"huddled"(挤作一团;聚集)。但实际上,这却是诗人有意为之。诗人将单词如此错拼是为了形成一个独特的视觉效果,去掉字母 e,使得五个带长柄的字母(h d d l d)宛如五个人蜷曲在圣诞树下做着祈祷,这便极大地增加了诗歌形象的表现力,增添了诗歌的感染力,使其充满了谐趣。

2. 言语模态

言语模态即构成诗歌的文字、句法、语音等符号系统,也可以说是语言文字系统。全诗由 26 个单词构成,抛开其外形,诗歌由两个小句组成,即"Star if you are a love compassionate, you will walk with us this year."和"We face a glacial distance, who are huddld at your feet."。全诗描写的是圣诞节人们在圣诞树下狂欢的情境。

对于该诗的言语模态,我们可以用 Halliday 系统功能语言学中的语言三大元功能进行分析。该诗第一句的从句语序较为混乱,不合语法规则,初读令人一头雾水,而第二句则符合语法规范,可看作由两个句子"We face a glacial distance."和"We are huddld at your feet."构成。反复阅读后,人们发现第一句的从句可以理解为"if your love is full of compassionate"。句子通顺后,从诗句的概念功能上看,第一句含有一个关系过程和一个物质过程,第二句全部是物质过程。首句的主句是一个含动作者"you"(Star)、动态动词"walk"和环境成分"this year"的物质过程,从句则是一个包含属性"compassionate"、载体"you"(Star)和动词"are"的关系过程。第二句诗的两个小句的动作者皆为"we",动态动词则分别是"face"和"are huddld",后半句含有一个环境成分"at your feet"。就人际功能而言,两句诗均为陈述语气,但言语角色和交流物却不同。第二句诗是为读者提供信息——我们原本是面临着冰河般的距离,如今却都聚集在圣诞树下。该诗句并未说明"我们"聚集在树下做什么，而第一句诗则点出动作的目的——祈福。第一句诗以陈述语气向读者提供信息，但同时也表达了人们向"Star"求取某种东西的心理。从诗形上看，"Star"是高高在上的，它实际上也象征着上帝，人们向上帝诉说着"如果他心中对人们充满爱的话，就降临世间给予人们幸福"。最后，就语篇功能而言，第一句由主位"Star if you are a love compassionate"和述位"You will walk with us this year"组成，第二句则由主位"We"和述位"face a glacial distance, who are huddld at your feet"组成，后一句是对前一句的补充，以第一人称"We"作主语，拉近了诗人与读者的距离，使读者与叙事人物浑然一体，有身临其境的感觉。

3. *A Christmas Tree* 的多模态意义整合

视觉诗是文与形的完美结合。从上述分析中，我们得出，对于视觉诗而言，语言与图像是互补的关系。虽然文字表达了全诗的宗旨，即诗人在树下蜷在一起，祈求星星来到世间，陪伴他们行走，给他们带来好运和幸福。但是，诗歌的外形对于文字起到了强化的作用，凸出了诗歌的主题，强调了诗歌的语言环境，既在视觉上给人耳目一新的感觉，又使读者看完诗篇后更好地理解文字，加深对全诗的印象，在内心中同诗人一起祈祷和祝福。

（二）《墨梅图》的多模态话语解读

中国的诗画语篇并不像英语视觉诗一样将文字排列成图像，而是将文字符号与图像符号置于一个语篇框架内，达到"诗中有画，画中有诗"的境界。

在中国的传统文化中，梅花占有重要地位，它与兰、竹、菊并称为"花中四君子"。梅花以其风雪中傲然挺立的形象深得古代文人的喜爱，无数文人墨客留下咏梅的诗词和图画，王冕便是其中之一，他作为元朝的画家和诗人尤以画梅著称，并自号"梅花屋主"。下面以王冕的《墨梅图》（见图18-1）为例，通过分析其视觉符号和文字符号探讨中国的诗画语篇如何将图画与文字融为一体，带给读者独特的审美效果。

图 18-1　墨梅图

1. 图像符号意义解析

对于该诗的图像符号，我们可以用 Kress & Leeuwen 的视觉语法进行分析，Kress 基于 Halliday 的功能语言学分三个层面分析图像意义——再现意义、互动意义和构图意义。

Kress & Leeuwen 根据图像的特点，将图像区分为叙事和概念的两大类。图片中使图中的元素形成斜线，通常是强烈的对角线，就形成了矢量。矢量是叙事图像的标志（叙事图像相当于一个命题，而概念图像中则没有矢量。）叙事过程包括行动过程、反应过程和心理过程；概念过程则对应于功能语法中描写的关系过程和存在过程。（李战子，2003：2-3）在《墨梅图》中，一枝梅花从画面右端横插进来，笔意简逸、枝干挺秀。诗人用粗线条勾勒出梅的主枝，用细线条描绘出梅的枝桠，粗细得当，展现了梅枝遒劲的姿态美。诗人通过淡浓相间的笔触，把花朵的盛开、渐开、含苞都清润洒脱般地勾画出来。全图虽只使用墨色，却也把梅花的含笑盈枝生动地刻画出来，展现其天然神韵。

视觉语法中的图像互动意义指的是观看者和图像中的世界之间的特定的关系。它们以此和观看者互动，并提示观看者对所再现的景物应持的态度。实现这种互动意义有三个要素：距离、接触和视点，情态也是其重要组成部分。（李战子，2003：4-5）该图画仅用一枝梅花展现了它独自在严寒中开放的姿态，哪怕冬季再寒冷，周围的景色再萧索，梅花也要开出自己的风采。诗人借梅花表达了自己清高孤洁，不与世俗同流的思想。读者看到这枝梅，仿佛闻到了它的香味，并受它内在的气质感染。此外，Kress & Leeuwen 根据图像的饱和度将情态分为高、中、低三类。若以此划分的话，《墨梅图》只能属于低感官情态，因为它没有高度饱和的色彩，也没有采用西方的透视法，全图都是以淡淡的水墨将梅花展现出来。但是，该图却通过水墨的深浅表现梅的不同部分，梅枝用线条勾勒得清晰有力，而梅的花朵也通过墨汁不同层次的渲染显得栩栩如生。梅从右侧横插进来，向左延伸，枝条粗细、长短也各有不同，整幅图布局合理，寓意丰富，故应该算作高感官情态。

视觉语法中的构图意义指多模态语篇的整体布局，即语篇成分的空间顺序，通常是读者一眼就可以获取的一个整体印象。（李美霞、宋二春，2010：8）构图意义通过三种资源实现：信息值、取景和显著性。信息值是通过元素在构图中的放置实现的，显著性指的是元素吸引观看者注意力的不同程度，取景则指的是有无取景手段。Kress & Leeuwen 认为，在分析构图意义时，应把多模态语篇看成一个整体来分析，而不是把图像看成是对文字的插图或示例。（李战子，2003：6-7）从该画的整体布局看，梅的主枝自右侧横插进来，将图片分为上下两个部分，从主枝上分叉出数根细枝。图片上半部分枝桠较多，向左前方延伸，下半部分枝桠短小且稀疏，梅枝整体上延伸方向一致却又带有参差不齐之感，这更凸出了梅花的真实性。梅枝向上伸展，枝桠上点缀着半开、未开的花朵，这既表现出梅花高洁之美，也体现其铮铮傲骨的精神。诗人题词于梅的主枝上方，偏画卷左侧，仅占图片的三分之一。诗人的字体方正凝练、清新古雅，暗合梅花的气质。

2. 文字符号意义解析

我们用系统功能语言学的三大元功能对王冕的《墨梅图》中的文字符号意义进行分析。画卷上方题着王冕的一首小诗："吾家洗砚池头树，朵朵花开淡墨痕。不要人夸好颜色，只留清气满乾坤。"该诗句从概念功能中经验功能的表现形式来看，包含两个物质过程和一个言语过程。开篇两句描绘了诗人家中的梅树，花朵盛开，清新淡雅，三、四句以梅花的口吻表达其内在的追求，不希望用自己鲜艳的色彩赢得他人的赞赏，只望散发一股馨香留在天地之间。从语态上看，两个物质过程只涉及梅花一个参与者，故为中动语态，而言语过程涉及梅花和他者两个参与者，故为非中动语态。全诗四句描写了梅花之美和内在品质，实际上，诗人是借梅之口表达自己高风亮节、不与世俗同流的人生追求。

就人际功能而言，该诗以陈述句的形式向读者传递信息。第三句诗以"不要"二字对艳丽的外表进行了高度否定，第四句以"只"字强调了梅花的真正追求。诗人赞美梅花的志向，实际上也是在赞赏梅的淡泊名利、独善其身的气节，表达诗人对梅的高度喜爱之情。

语篇功能是通过主位结构、信息结构和衔接得以体现的。（胡壮麟等，2005：161）诗句采用的是单向主位：吾家//洗砚池头树，朵朵花//开淡墨痕。不要人//夸好颜色，只留清气//满乾坤。从信息结构上看，这里的主位同时也表示已知信息，后面跟着的是新信息。虽然全诗没有明显的衔接手段，但全诗语篇连贯，理解起来并无困难。

3.《墨梅图》的多模态意义整合

从总体上来看，该语篇的诗与画，或者说文字符号与图像符号，是互补的关系，缺少哪一个都不完整。倘若只有诗没有画，读者则只知诗文赞美的是一种花，但具体指什么则不清楚，也许是梅花，也有可能是梨花、海棠花等；倘若只有画没有诗，又似乎不能充分表达梅的追求和气节。但诗与画是非强化的关系，二者不存在谁烘托谁的问题。图片采用淡淡的水墨展现梅花不求鲜艳的外表，只在乎内在芳香的积极向上的姿态；而诗文中的"砚"、"淡"、"墨痕"和"清"字也很好地呼应了图片的色彩和梅的内在追求。所以，诗与画是协调的关系。

三、结　语

英语视觉诗和汉语题画诗都是文字和图画相结合的语篇。通过多模态话语分析理论，我们不仅可以清晰地看到不同模态的意义，还可以探索出各模态之间的关系，以及是如何相互贯通的，从而使我们更好地理解英汉特色语篇。

通过上述两个例子，我们发现，语篇的多模态性是英语视觉诗和汉语题画诗的共同点，且文字与图画都存在着互补性，但二者间还有较大的差异。

首先，英语中的视觉诗靠文字与符号的排列组合而成，汉语中的题画诗则是由文字符号与图像符号共建而成；其次，视觉诗的形成方法导致其可读性较差，有些诗为了追求视觉效果甚至将单词完全拆分或重组，如卡明斯的"r-p-o-p-h-e-s-s-a-g-r"等；汉语题画诗则诗是诗、画是画，没有图画，诗歌读起来一样流畅、通顺，符合古典诗歌规范。此外，对于英语视觉诗而言，外在的图画是内在诗句的强化，有时单凭图形，我们并不能知道诗歌说的是什么，如卡明斯的"l(a"；而汉语题画诗的文字与图画则是相互协调的关系，画通常提供一种意境，诗句则是作者进一步表达思想感情的方式，不存在主次的关系。最后，视觉诗有时为了以形示人，可能不顾及文法，造成诗歌理解困难，题画诗则不存在这一问题，在图形的帮助下，人们反而能更加透彻地欣赏语篇。

总之，视觉诗展现的是西方诗人对诗歌创造的大胆实验性，他们敢于突破传统，给读者带来具有视觉冲击力的语篇；汉语诗画语篇则展现了中国传统文化的含蓄美和意境美，二者各有千秋。（焦莹、戴卫平撰写）

本篇参考文献：

[1] 董崇选.视觉诗的道理[A] // 第五届通俗文学与雅正文学全国学术研讨会论文集[C]，台北：中兴大学中文系，2004，99-109.

[2] 林颖.唐代题画诗的审美意蕴[J].文学与艺术，2010（2）：74-75.

[3] 李战子.多模式话语的社会符号分析[J].外语研究，2003（5）：1-8.

[4] 张德禄.多模态话语分析综合理论框架探索[J].中国外语，2009（1）：24-30.

[5] 朱永生.多模态话语分析的理论基础与研究方法[J].外语学刊，2004（5）：82-86.

[6] 杨信彰.多模态语篇分析与系统功能语言学[J].外语教学，2009（4）：11-14.

[7] 徐畔.多模态话语分析视角下的形体诗研究[J].电子科技大学学报（社会科

学版），2009（2）：56-59.

[8] 李美霞，宋二春. 从多模态语篇分析角度解读意义共建——以一幅中国古代山水写意画为例 [J]. 外语教学，2010（2）：6-10.

[9] 胡壮麟，朱永生，张德禄等. 系统功能语言学概论 [M]. 北京：北京大学出版社，2005.

[10] 张丽, 张志敏. 多模态视角下诗画语篇解读 [J]. 延安大学学报（社会科学版），2011（3）：92-95.

第十九篇　钱与英语

本篇内容提要：钱，一种等值量化的交换工具，是促进社会繁荣发展的一种金融流通工具。钱代表货币，用于交易。钱与人类的日常生活息息相关。从它问世的那一天起，其重要性就为人所知。我们在莎士比亚的《威尼斯商人》中见识过它的能量，也在一幕幕人间悲剧里领教过它的无穷威力，更能从词汇，这一人类最基本的情感表达工具中觅到它的踪影。

一、形容人富裕

Be flush with one's money（很有钱）
Wallow in money（腰缠万贯）
Have money to burn（有花不完的钱）

二、形容乱花钱

Spend money like water（挥金如土）
Throw one's money about（大肆挥霍）
Money burns a hole in his pocket.（钱烧口袋漏，一有就不留。）

三、形容手头拮据

Be hard pressed for money（缺钱）
Out of money（手头没钱）

四、反映金钱万能、拜金主义的谚语

Money is the root of all evil.（金钱乃万恶之源。）

Money talks.（金钱万能。）

Money makes the mare go.（有钱能使鬼推磨。）

Money unmakes its makers.（赚得金钱，损了德性。）

Money is the key that opens all doors.（钱是打开所有门的钥匙。）

Money makes a man free everywhere.（钱使人到处自由。）

五、其他有关 money 的谚语

Put one's money where one's mouth is （说话兑现）

Time is money.（一寸光阴一寸金。）

Not everybody's money.（不是每个人都有价值。）

Get one's money's worth （花钱划得来）

Money 的单位，如 penny、shilling、pound 因其广泛地使用成为了钱的代名词，并衍生出许多隐喻。例如：

Penny wise and pound foolish （小事聪明，大事糊涂）

Not care a cent （毫不在乎）

In for a penny, in for a pound （一不做，二不休）

Make penny of sth （变卖某物）

Not have a penny to one's name （穷得一分钱也没有）

Pennies from heaven （意外的收获）

Pinch pennies （精打细算）

Take care of the pence，and the pounds will take care of themselves.（小事谨慎，大事自成。）

Earn an honest penny （用正当手段挣点钱）

Money 在英语词汇中的应用是丰富多彩的。英国的很多地名都直接以钱来命名，例如：Penny Bridge、Penny Town、Penny Hill；Shillingford、Shillingstone、Shillington；Pound Green、Pound Gate、Pound Hill、Pound Bank、Poundon、Poundsbridge、Poundstock；Dollar Bay、Dollarbank。

以"钱"为姓氏。如：Money（莫尼）、Moneypenny（莫尼彭尼）、Penny（彭尼）、Pennycock（彭尼科克）、Pennyman（彭尼曼）、Shilling（希林）。

第二十篇　英语委婉语与英国文化

本篇内容提要：委婉语是一种重要的修辞手法，广泛应用于社会生活中。随着时间的推移和语言的变化，委婉语越来越频繁地出现，以至美国学者休·劳森说，委婉语"如此深深地嵌入了我们的语言，以至于我们中间没有谁——即使是那些自诩言谈直截了当的人——能够在不使用委婉语的情况下过完一天的"。委婉语的产生与发展植根于英国社会文化，根据交际场合和构成手段可以分为传统委婉语、语气委婉语和风格委婉语，其发展趋势体现为前者日趋减少，而后两者经久不衰。委婉语在文学阅读、英汉互译和生活交际中有着非常广泛的应用。

Euphemism（委婉语）这个词直接借自希腊语。希腊语中的 eu 意思是 well（好）或 sounding well（听上去悦耳），pheme 是 speech（言语）的意思，全意为 speak with good words（说好听的话）。（刘寅齐，2000：36）英国学者 R. R. K. Hartmann（哈特曼）和 F. C. Stock（斯托克）编著的 Dictionary of Language and Linguistic（《语言学与语言学词典》）将委婉语定义为："委婉语用一种不明说、能使人感到愉快或含糊的说法，代替具有令人不悦的含义或不够尊敬的表达方法。"一般认为，凡是表示禁忌或敏感事物的含蓄、迂回或动听的言词，均在委婉语之列。

一、委婉语与英国社会文化

委婉语的产生与发展与英国中产阶级紧密相关。贫苦的人民仍处于社会底层，文化修养较低，没有时间和条件对自己的言语行为做细致的推敲。中产阶级为了寻求改善自身的状况，提高自己的地位，在语言上既要力求美化自己，又要做到不刺激或伤害别人，这就构成了委婉语产生的社会需要。随着社会的发展和人们文化水平的提高，人们自然地追求语言文明。委婉语能掩饰人们通常不愿意接触的一面——

令人不愉快、厌恶甚至害怕的东西，又可以把一些令人尴尬或让人丢面子的事情隐藏在可以为人们接受的语言外衣之下，而这些事情在日常生活中又是如此频繁地出现，这就是英语中委婉语出现较多、发展较快的社会原因。此外，委婉语的产生还与人类的审美心理相关联。人类的审美意识随着社会的发展而逐步提高，语言上的忌讳也越来越多，大量的词被看作是"丑"的，不宜直说的，即忌讳语。为了避免这种状况，追求美的境界，许多委婉语应运而生。

根据交际场合和构成手段的不同，英语委婉语一般可分成三大类：传统委婉语、语气委婉语和风格委婉语。

二、传统委婉语（traditional euphemism）

传统委婉语与禁忌语密切相关。像生、病、死、葬、性、裸、拉、撒等禁忌事物，如果直接表达，就是禁忌语，给人的印象是粗鄙、生硬、刺耳、无礼。反之，如果间接表达，就是委婉语，给人的印象是典雅、含蓄、中听、有礼。（黎抱昌、吴锋针，2005：16）传统委婉语又可以细分为三种。

（一）避免伤害他人感情方面的委婉语

关于死亡（death）的委婉说法：to pass away、to depart、to go to sleep、to go to heave、to breathe one's last、to cease to think、to pass over、to come to end、to go off、to go to one's rest、to be at peace、to stick one's spoon in the well、to join one's ancestors、to pass into stillness、bite the dust、cast into outer darkness、to be laid to rest、be called to God、be gone to a better land。

关于疾病（mad、feeble-minded）的委婉说法：not all there、soft in the head、of unsound mind、simple-minded、to be a bit off one's head。

关于年老（old age、old people）的委婉说法：second childhood、past one's prime、feeling one's age、getting on、getting in years、senior citizen、to be no longer young、to be of ripe years。

关于愚蠢学生（stupid pupil）的委婉说法：a slow learner、under-achiever、to be a bit slow for one's age、to be simple。

关于胖人（fat people）的委婉说法：weight-watchers、putting on weight、to be well-built。

（二）在礼貌交谈中代替粗俗辞藻的委婉语

如关于大小便（to urinate、to defecate）的委婉说法：to go to the bathroom、to do one's business、to answer nature's call、to have a wash、to wash one's hands、to pay a call、to relieve oneself、to sit on the potty、to pass water、to get some fresh air、to see one's aunt。

关于男厕所（Men's lavatory）的委婉说法：Gent's、the john、Gentlemen、the washroom、water closet（W.C.）。

关于女厕所（Women's lavatory）的委婉说法：ladies、the powder room、Mrs. Jones。

此外人们还把出生（born）说成 to come into the new world，把怀孕（pregnancy）说成 expecting。

（三）提到上帝、魔鬼和地狱时所使用的委婉语

不直说"上帝"（God）而说 My Lord（我的主）或 The Lord of Lords（至高无上的主），把"魔鬼"（the devil）说成 old enemy（大敌）或 old Harry（老哈里）等，把"地狱"（hell）说成 the other place（别的地方）等。

（四）英美人士在诅咒时所用的委婉语

人的愤怒、悲伤，甚至兴奋等心理情绪，往往要在语言上表现出来，而诅咒语是人类发泄感情的一种方式。这种激情的发泄，起初毫无约束，后来随着文明的发展和审美意识的提高，人们开始认为有些话不宜出口，但仍要发泄，于是便产生了近似誓言的咒语（near swearing）的委婉语。如：God damn（该死的）、damned（他娘的）、confounded（讨厌的）、dashed（可恶的）、hanged（吊死的）等。

三、语气委婉语（mood euphemism）

英语中的委婉语比汉语中多，好多英语委婉语在汉语中找不到对等词，这其中包括大量的语气委婉语。比如：英美人士幽默、含蓄的秉性，赞成某事不直说"good"，而委婉地说成"not bad"，这样的例子比比皆是。另外，在问路时，他们为了表示尊重、客气，常常这样说："Could you tell me how to get to the station?"或"I wonder if you would tell me how to get to the station."若把这两句换成："Can you tell me how to get to the station?"那么意思虽然没变，但却显得语气生硬、说话不够礼貌。这种语气委婉语主要表现在语气词或句子结构的变化上。下文总结了英语委婉语表达的七种语法手段，即过去时态、现在进行时态、被动语态、虚拟语气、否定结构、插入语、人称代词等。

（一）过去时态（the past tense）表委婉

一般过去时主要表示过去某时发生的动作或情况（包括习惯性动作）。但在口语中，一般过去时有时可用来代替一般现在时，使语气变得婉转些。英语中很多句子以 I wanted、I wondered、Could you 开头，以表达委婉含蓄的交际效果。例如：

I wondered if you would mind helping me.
Did you want to spare me a couple of minutes with me?
I wanted to ask if I could borrow your bike?

用这种时态请求帮助，我们既可以为对方留有余地，又可避免遭拒绝而使自己处于尴尬境地。

（二）现在进行时态（the progressive tense）表委婉

进行时态表示"暂时的"和"可能未完成"，因而它含有"不承担义务"的引申意义。为此人们常用一些静态动词 wonder、think、expect、suppose、pretend 等的进行时表示委婉的请求或询问等。如：I am hoping you'll give us some advice. Were you wanting to see me?

The neighbors are being friendly. 这句中的 friendly 是一个托词，邻居们可能并不友好。

"Mary is being tired."此句的含义可以是"Mary is pretending to be tired."。这表明用现在时描述的状态可能与实际情况有所不同，因而具有委婉意味。

（三）被动语态（the passive voice）表委婉

在英语里，有时为了礼貌或措辞圆通等，人们可以利用被动语态避免提及动作的执行者是谁。说话者可以通过使用被动句避免正面冲突或逃避责任。例如：

You are requested to give a performance.
The proposal was considered not very practical.
This article was not well written.
Overtime rates will have to be reduced.
The letter has been opened.

（四）虚拟语气（the subjunctive mood）表委婉

英语里的虚拟语气主要是用来表达一种假设的情况，一种主观的愿望。虚拟语气若用在口语中，能使语气显得比较客气委婉。这时谓语多由 should、would、could、might 加动词原形构成。使用虚拟语气表委婉主要有下列四种情况。

（1）陈述自己的看法。当我们要陈述自己对一件事情的看法时，若使用虚拟语气来替代陈述语气，能达到委婉虚心的交际效果。例如：

This is something I should advise you not to do.

The leadership wouldn't allow it.

以上两个例句若用陈述语气，就会显得很肯定，有时甚至显得不够虚心或自以为是。用了虚拟语气，效果则大不一样。

（2）提出请求或邀请。人们在提出请求或邀请时使用虚拟语气，会显得更加客气诚恳。例如：

Might I see you for a few minutes, please?

Could you come a little earlier next time?

Would you mind opening the window?

（3）提出建议或警告。人们在提出建议或警告时，若用虚拟语气，会使话语显得委婉，易于让听话人接受。例如：

Look out! You might be knocked by a car.

You might as well put the meeting off for two days.

It wouldn't be a bad idea for us to hold two separate discussions for the two problems.

（4）"if"引起的惊叹句表示对过去没能实现的愿望的遗憾，或希望过去已发生的事情有不同的结果。在 if only 引起的惊叹句中，使用虚拟语气表委婉之意。例如：

If only the letter had arrived in time.

If only we had listened to their advice.

If only you had worked with greater care.

If only we could have gone to the party!

（五）否定结构（negation）表委婉

英语中有许多温和、含蓄地表达否定的方式，常见的有两种情况。

（1）转移否定（transferred negation）。在英语表达中，往往把对 that 引导的否定转移为对主句行为动作的否定。如用"I don't think he will come."代替"I think he will not come."，便是用否定说话者主观看法（即否定主句的动词 think）来代替所要否定的客观事实（宾语从句的内容），因而口气显得缓和而不生硬。例如：

I don't expect they will have everything ready directly.

It is not our opinion that your proposed contract is practical.

I don't suppose you need to worry.

（2）用肯定的形式表达否定的意义，常见于含蓄虚拟句（implied subjunctive）、反意疑问句（disjunctive question）、省略句（ellipsis）、诅咒语（swear-words）和讽刺语（ironical idioms）中。例如：

You could have come at better time.（In fact, you didn't come at proper time.）

Are you telling me? I know all about it.（You don't need to tell me again. I've known all about it already.）

Let me catch you at it again.（Don't do that again!）

（六）插入语（parenthesis）表委婉

插入语是独立成分的一种，它可以是一个词、短语或从句，句子与句子的其他成分没有语法上的关系，对一句话做一些附加的解释。我们经常可以使用这种插入成分来表达委婉的意思。常用到的有：I think、I guess、I'm afraid、I suppose、I wonder、It seems、It seems to me、It is said、It is suggested 等，例如：

This first part, it seems, is better written than the other parts.

This, I think, is a very good way to raise theoretical level.

（七）人称代词（personal pronoun）表委婉

巧借指代关系有时可取得意想不到的含蓄委婉效果。例如，一位医生走进病房好心地问他的病人：How do we feel today? Shall we take the medicine now? 而没有说 How do you feel today? 或者 Will you take the medicine now? 委婉的表述有助于拉近医生和病人之间的距离。又如，Let's 中 us 经常被用来指代 you 或 I 而不是 we。例如：

Let's have a cookie, then...（'s 指代 I）

Let's get on with dinner, eh...（'s 指代 you）

在有些句子中 we 被用来代替 you（单数），比如在"We don't sit on the ground."中。有时 one 被用来代替 you。很显然，"One shouldn't do things like that."比"You shouldn't do things like that."要显得礼貌得多。

四、风格委婉语（stylistic euphemism）

风格委婉语亦称恭维话、溢美之词，与禁忌语并无关系，是人们在交际过程中为了表示礼貌、避免冲撞，满足交际双方利益和心理需要时使用的一些委婉语。它的最大特点是"美化"，甚至是"极力的美化"，以掩饰俗词或代替刺耳的言语。风格委婉语主要分为三种情况。

（1）穷人为了"软化"悲惨、痛苦的真实生活，政府为了掩盖它在解决社会和经济问题方面的无能，常使用一些委婉语。如：

关于失业（dismiss、sack）的委婉说法：to lay off、to ease out、to give the walking ticket、pink slip。

关于贫困（penniless）的委婉说法：out of pocket、badly off、in reduced circumstances。

关于负债（in debt）的委婉说法：in difficulties、in embarrassing obligation to。

政府把"贫民窟"（slums）美化成 substandard housing（亚标准住宅）等。

（2）对职业的美称，旨在提高从事该行业者的地位。例如 undertaker（承办丧事的人）叫作 mortician（殡仪业执事）；janitor（看门人）叫作 custodian（管理人）；whore（妓女）叫作 working girl（参加工作的姑娘）或 call girl（专门由电话召唤者），她们把自己做的事叫作 business（公务），甚至叫作 social service（为社会服务）。

（3）英美的军政外交部门为了掩盖行动或事件的真相，有时也为了用好听的和伪技术词汇欺骗、麻痹公众，故意创造了一些委婉语。例如美国在越战中把"狂轰滥炸"说成是 logistical strikes（后勤行动）、close air support（近距空中支援）；"谎话"（lies）变成了 terminological inexactitude（专业名词的不精确）；把"侵略"说成 pre-captive action（先发制人的行动）。再如，在外交上用"The talks were frank."（坦率地交换了意见），表示双（各）方陈述了各自的立场，未达成协议，暗指意见有严重分歧。这种典型的外交辞令也就是委婉语在外交上的应用。

五、委婉语发展规律及趋势

委婉语作为一种语言现象有其存在的社会基础，其发展也有规律可循。委婉语的使用随社会变化而变化。如在维多利亚时代，由于忌讳"性"（sex），以至忌讳"腿"（legs），乃至忌讳"桌子腿"、"椅子腿"。而第二次世界大战以后，尤其是 20 世纪 60 年代以来，直说 sex 的大有人在，甚至女学生也不再忌讳"pregnant"（怀孕）了。委婉语的发展规律主要有以下特点。

特点一：一种委婉语产生之后，若生命力强，则流传广，及至用滥了，便失去了委婉语的作用，其中一部分就变为本义词。例如，insane 原义为 unhealthy（不健康的），现在已成为 mental disease（精神病）的本义词了。

特点二：有些领域对婉转语要求极强，变化极快，新的令人满意的委婉语尚未想出来，便有了许多不肯定的委婉语，即准委婉语。如裤子（trousers）曾被称为 unmentionable（不便说出的）或 inexpressible（不宜表达的）。再如，用 a certain place 表示"赌场"或"妓院"等令人难以启齿的地方，用 some girl 表示 beautiful girl 等，但它们的生命都极为短暂。

特点三：传统委婉语在逐渐减少，而风格委婉语，军政和外交方面的委婉语正在增加，特别是语气委婉语经久不衰。（刘金玲，1999：121）如上帝、排泄、死亡、性、疾病等方面的委婉语有明显减少的趋势，原来的"大忌"，现在已很少有人忌讳了。而风格委婉语中的高雅词（dignifying words）却非常流行，构成风格委婉语的重要部分。如拉丁语源词以"or"结尾的 author（作者）在美国十分得宠，而"正宗"的 writer 却相形见绌了。传统委婉语逐渐减少，但减少的只是一部分，并非都在消亡；有的消亡了，又有新的委婉语取而代之；风格委婉语方兴未艾，语气委婉语大量涌现，文学作品中还有更为丰富的委婉语现象。

六、委婉语的积极作用

以上谈及了英语委婉语的分类及发展趋势，我们之所以花费如此笔墨去了解、研究委婉语，是因为学习委婉语有其重要的学术意义和社会意义。

（1）有助于提高文学作品的欣赏水平。委婉语在英语文学作品中有着极其广泛的应用。如莎翁在 *Hamlet* 中创造了有关"死"的委婉语"surcease"和"taking off"等，在 *Julius Caesar* 里则有"put to silence"等。如果人们对委婉语的表达方法和意义缺乏了解，很难透彻理解原文。

（2）有助于提高英汉互译水平。不了解英语委婉语，在英汉互译时往往词不达意，甚至面目全非；相反，对英语委婉语的来源了解透彻、全面，很多译文就会锦上添花。（陈科芳，2003：108）如汉语中"死"的委婉语"上西天"，若译成英语，也应或者最好译成委婉语；而"to go west"恰好是死（death）的委婉语之一，并且字面意思也几乎相同。因此，人们若能把"上西天"译成"to go west"就十分贴切。又如"His daughter is rather weak in the head."，此句用"weak in the head"来回避"stupid"或"foolish"这两个词，译文最好采用相同的委婉手法，译成"他的女儿脑子不太好使"，用"脑子不太好使"来代替"笨"或"蠢"字。

（3）有助于同英美人士的正常交往。英美人在日常生活中经常使用委婉语表达意思。如忌讳说"W.C."，要询问别人厕所在哪里时经常委婉地说："Where can I wash my hands？"或者"Where is the rest room？"或者"Where is the powder-room?"等等。前两句男女皆可用，而第三句只有女性才能说。若哪位男士不知此中奥妙也这样问一定会贻笑大方。另外，如果哪位美国女士说"I'm going to pick some flowers."，别以为她真的去摘花了，她是去"唱歌"（汉语中厕所的委婉语）。在语言交流中，当遇到一些不方便直说，而又不得不说的话时，我们可以通过恰当地运用委婉语来使原来生硬、粗俗的语言变得文雅、委婉。

委婉语在英语表达中有其特殊性，而且数量较大，它在一定程度上反映了英美人的心理、感情和生活态度，是观察当前英美等国社会文化的一个语言窗口。目前关于委婉语的使用，语言学界褒贬不一。有的指出，过分使用委婉语在一定程度上掩盖了事实。如"贫民窟"被美化成"不景气地带"，掩盖了事实真相，也无助于条件的改善。所以我们学习委婉语要有一个客观的态度，认识到它在英语中发挥的重要作用，将它作为英语学习的重要内容。随着时间的推移和语言的变化，委婉语越来越频繁地出现在我们的生活中。它不仅是文学上的修辞手段，更是生活中的交际手段。在日常生活中通过语法手段实现委婉表达成为交际中重要的一个方面，我们也应努力探索更多的表达方式，从而使我们的生活更加和谐。

本篇参考文献：

[1] 陈科芳. 委婉语翻译中的文化传递 [J]. 浙江师范大学学报，2003（2）：108-111.

[2] 黎抱昌，吴锋针. 英汉"死亡"委婉语对比研究 [J]. 西安外国语学院学报，2005（1）：16-19.

[3] 刘金玲. 英汉委婉语的历史轨迹与发展趋势 [J]. 湖南师范大学学报，1999（6）：121-125.

[4] 刘寅齐. 英语委婉语：特点、构造及应用 [J]. 外语与外语教学，2000（8）：36-38.

第二十一篇　英语谚语与英国文化

本篇内容摘要：谚语一般来源于人们日常生产和生活，是经过长期的积累和传颂而形成的脍炙人口的语言。因其与文化有着千丝万缕的联系，所以本篇将从分析英语谚语来源及语言特色入手，深入研究其与英国文化的关系，主要包括谚语中体现出英国的地理位置、自然环境及人文环境等方面，最后得出结论：谚语受到文化影响，是对英国文化的映射。英语谚语在英国特定的自然环境和人文环境中产生，与英国的文化密切相连。

一、英语谚语来源及语言特色

谚语在汉语中解释为：谚语是熟语的一种，是流传于民间的比较简练而且言简意赅的话语。多数谚语反映了劳动人民的生活实践经验，而且一般都是通过口头传下来的。它多是口语形式的通俗易懂的短句或者韵语。英文中对 proverb 的解释为：a short well-known saying about a general truth（对真理言简意赅的说法）。由此可见，中西方对于谚语的定义有以下相同点：语言简练，通俗易懂，富有智慧、经验和哲理性。

英语谚语的产生可追溯至 8 世纪前期，而且谚语来自多方面的积累和传颂才得以形成。（金学镛，1983：13）首先，英语谚语一部分源自人民长期的生产、生活实践。例如：

[1] Many a little makes a mickle.（积少成多。）

[2] He that regards not a penny, will lavish a pound.（小钱不节俭，大钱将滥用。）

[3] Strike while the iron is hot.（趁热打铁。）

英语谚语一部分来源于基督教《圣经》中的经典故事。如：Every man must bear his own cross.（世人都得背负自己的十字架。）"cross"一词来源于《圣经》，指象征基督教文化的十字架。而且，《圣经》中有许多对爱的阐述，现在也变成了谚语中的一部分,比如:Love never ends.(爱经久不息。)(韩海燕,2009:56)此外,历代名家名作中也不乏谚语。如:Reading makes a full man.(阅读使人完美。)而且,外来语也为英语谚语中的一部分。"Speak of the devil."(说曹操,曹操到。)引自中国古典名著《三国演义》。

谚语因其简练生动的描述而使人印象深刻,英语谚语在语言方面一般具备以下特色。

(一) 形象生动

谚语通常会选用较为形象的语言描绘其中蕴含的哲理。例如:

[4] Lying is the first step to the gallows.(说谎是走向灭亡的第一步。)

[5] Take care of the pence and the pound will take care of themselves.(金钱会积少成多。)

[6] Step by step the ladder is ascended.(登梯需脚踏实地。)

以上三句谚语均通过人们日常生活中的平凡事来阐述深刻的道理:做人要诚实、注意积累、做事要脚踏实地。通过如此形象生动的描述,谚语蕴含的哲理才得以显现。

(二) 语言简练

从上文对谚语的定义中,人们便可以发现谚语语言较简练,而且能表达出丰富的内容。这充分体现出人们的智慧。正因谚语语言简练,才使得其广为传颂,历代相接,经久不衰。例如:

[7] Great hopes make great man.(远大的希望造就伟人。)

[8] Small gains bring great wealth.(积小利,成巨富。)

[9] Where there is a will, there is a way.(有志者,事竟成。)

以上谚语,均体现出谚语短小简练的特点。这三个例子通过简短的语言表达了深刻的道理。谚语的语言虽短小,但表达内容完整,便于人们传颂。

(三) 运用修辞手法

英语谚语经常会使用修辞格来表达谚语蕴含的哲理,使谚语的内容表现得更生动,更具吸引力和说服力,让读者轻松理解其含义。例如:

[10] Misfortune is a good teacher.(挫折是良师。)

[11] Fame like a river is narrowest at its source and broadest afar off.(名誉如河流,发源处最窄,愈远愈宽广。)

[12] A fool's heart dances on his lips.(愚人的心挂在唇边。)

以上三句谚语分别采用了暗喻、明喻和拟人的修辞手法。采用修辞格使得谚语语言表达更为形象具体，也使得谚语本身所表达的内容易于读者理解和接受。

二、英语谚语的句式结构

英语谚语因其意义深刻而使人广为传颂。除此之外，其句式结构也吸引学者的目光。近年来，许多英语研究者对英语谚语的句式结构进行分析。张静认为，英语谚语在其句式结构上紧凑、匀称，富有节奏感和表达能力。（张静，2007：203）此外，郭忠才和周芸指出，英语谚语打破了常见的主谓宾的句式结构，同时也打破了英文词之间的固定词性，所以谚语能将深刻的道理浓缩在简短的句子中。（郭忠才、周芸，1995：90）

（一）省略句

省略句是为了避免与前文所提内容重复，也为了突出新信息并且使上下文衔接紧密而使用的一种方法。这种方法在英语谚语中同样适用，并且与谚语精练简洁的语言特色相呼应。

[13] Lifeless, faultless.（人非圣贤，孰能无过。）

[14] As the call, so the echo.（发出什么声音，有什么回声。）

[15] Bare words, no bargain.（空口无凭。）

在以上几句谚语中，Lifeless, faultless 其原句为 He who is lifeless that is faultless。这样一个由定语从句引导的句子，在经过人们的改编、省略后，形成最终的 Lifeless, faultless 这样两个单词组成的富有深刻哲理的谚语。同样，第三句中，Bare words worth no bargain 将动词省略，成为前后呼应的名词短语，便于人们记忆并传颂。而第二句中虽然也是省略动词，但将前后的因果关系也对应得恰到好处，便于人们接受、理解。

（二）倒装句

英语句子基本的语序是"S + V"（主语＋谓语）。但在实际应用中，为了起到强调的作用或者适应语序结构的调整，人们需要将句子进行倒装。英语谚语中不乏此种句型：

[16] May God bless you.（愿上帝保佑你。）

[17] As a man lives, so shall he die.（有生必有死。）

[18] After a storm comes a calm.（雨过天晴。）

在以上三句谚语中，第一、二两句为部分倒装，原句分别为：God may bless

you; so he shall die. 第三句为全部倒装，运用倒装的手法，突出了谚语的重点。以第三句为例，其正常语序为 A calm comes after a storm。倒装后，谚语强调的重心变为 storm，使谚语表达更具力量，人们读起来朗朗上口，也体现其美学和声学兼备的特点。

（三）定语从句后置

英语谚语中，定语从句后置目的是避免因主从复合句中前后句子结构不对称而使整句缺乏韵律的缺陷。人们通过后置定语从句，使谚语读起来朗朗上口，表达富有力量，突出谚语的韵律感，结构的对称美。例如：

[19] They must hunger in frost that will not work in heat.（少壮不努力，老大徒伤悲。）

[20] Happy is he who owes nothing.（无债一身轻。）

[21] He alone is poor who does not possess knowledge.（没有知识，才是贫穷。）

以上例句中，人们采用定语后置便于读者接受和理解。第一句中，前后句式保持一致，将结果 hunger in frost（徒伤悲）提前，起强调作用，也展现了谚语韵律美，结构匀称的特点。第二句中，人们将定语从句后置后，使句子富有节奏感，读起来朗朗上口。第三句是为了避免"头重脚轻"，为了使结构匀称而将定语后置。

（四）保留古英语或口语的句式结构

英语谚语的产生与发展，源远流长。它是通过古代劳动人民的智慧不断积聚而成，所以现代英语谚语保留了某些古英语的句式结构，也被后人所接受。例如：

[22] Who chatters to you, will chatter of you.（来说是非者，必是是非人。）

[23] It is not the hood makes the monk.（穿起僧衣不一定是僧侣。）

[24] It is a long lane that has no turning.（路必有弯。）

以上三句均具有一些古英语或口语句式的特点。第一句省略了先行词 He。原句应为：He who chatters to you, will chatter of you。这种省略先行词的用法在英语谚语中比较常见，把先行词省略后，也不妨碍人们对句意的把握。第二句则省略了引导词 that，原句为：It is not the hood that makes the monk。这在口语中的某些情况下可以省略，而且省略引导词后，hood 一词既是主句中的表语又是定语从句中的主语，这也体现出谚语口语化的特点。第三句运用反语式强调句型，与句子字面的意义相反，所以此句不能译为"长路无弯"。

三、英语谚语的语法特点

英语谚语的语法一般具备以下几个特点。

（一）大部分符合语法规范

谚语作为短小精悍、蕴含深刻哲理的语句，首先得满足基本的语法规范才能在人民群众中得以流传。例如：

[25] A bird in the hand is worth than two in the bush.（一鸟在手胜过双鸟在林。）

[26] A friend in need is a friend indeed.（患难见真情。）

[27] Failure is the mother of success.（失败是成功之母。）

以上三句谚语均符合最基本的语法规范，且在人群中得到广泛流传，耳熟能详。第一句使用"be worth than"句型将前后联系起来，且结构对称，体现谚语的韵律感。第二句简单的主系表结构也使得前后句子成分相对应，体现了谚语紧凑、匀称的句式特点。第三句运用最简单的句型表达了失败与成功之间的关系，便于读者理解。

（二）英语谚语的时态与语态

英语谚语富有哲理性，时态以一般现在时居多。在语态方面，非谓语动词和动词的不定式使用较为频繁。例如：

[28] A burnt child fears the fire.（一朝被蛇咬，十年怕井绳。）

[29] Seeing is believing.（眼见为实。）

第一句中采用一般现在时，阐述事实。第二句采用动名词 seeing 作主语，believing 作表语，使其结构匀称，富有节奏感。

（三）复合句

英语谚语中复合句居多。采用复合句，可以使谚语前后逻辑关系更为明确，易于读者理解。例如：

[30] If there were no clouds, we should not enjoy the sun.（吃得苦中苦,方知甜中甜。）

[31] It is a good tongue that says no ill, and a better heart that thinks none.（善心不想恶事，好舌不出恶声。）

[32] He dances well to whom fortune pipes.（鸿运来时，百事顺遂。）

以上三句为不同形式的复合句，第一句是由 if 引导的虚拟语气的条件状语从句；第二句是由 that 引导的定语从句且前后结构相称，韵律感强；第三句是由 whom 引导的定语从句。在英语谚语中，采用复合句可以增强句子的节奏感和表达力。

四、英语谚语与英国文化

任何一种语言都与文化有着千丝万缕的联系，谚语也不例外。谚语是深刻哲理的浓缩，与英国文化紧密相连。

(一)英语谚语与英国地理环境

英国位于欧洲大陆的西北角,本土位于大不列颠群岛,隔英吉利海峡同欧洲大陆相望,是一个岛国。独特的地理环境造就了英国独特的语言文化,包括谚语。在谚语中,英国人用其智慧将国家的地理环境容括其中。英国作为一个岛国,海上运输业在英国发展历程中具有重要意义,所以,许多英语谚语与大海及海洋运输及岛国的自然环境有着密切联系。(张淼,2011:193) A borrowed cloak does not keep one warm.(借来的斗篷不暖身。)因为英国四面环海,属于温带海洋性气候,降雨充沛,所以用来遮雨的斗篷在人们的日常生活中较为常见。A great ship asks deep water.(巨轮寻深水而行。)体现出英国对于航海事业的关注,而且,英语谚语多与航海有关,如:Hoist sail when the wind is fair.(趁着好风扬起帆。)此谚语显示出人们将航海知识指导日常生活,启示人们要抓住时机,勇往直前。A little leak will sink a great ship.(千里之堤,毁于蚁穴。)此谚语警示人们要重视细微的缺陷并及时修正。All is fish that comes to one's net.(捉到网里都是鱼。)这说明英国环海的地理位置,与海及海里的动物都有着密切的关系。Although it rains, throw not away your watering pot.(纵然天下雨,莫把水壶丢。)这也体现出英国靠海而立的地理环境,同时这句谚语也告诫人们做事要思虑长远,不能只顾眼前利益。Living without an aim is like sailing without a compass.(没有目标的生活如同没有指南针的航行。)这句谚语与英国航海历史有关,告诉人们目标对人生的重要性。He who would search for pearls must dive below.(欲寻珍珠,必潜海底。)这显示出英国岛国环海的特征。Beware of a silent dog and still water.(警惕无声之狗会咬人,平静之水会覆舟。)这说明英国具有富足的航海经验,而且 Deep rivers move in silence, shallow brooks are noisy.(深水静静,溪流潺潺。)这也证明了英国人对大海的熟悉。

(二)英语谚语与英国的自然环境

英语谚语与英国的地理位置和自然环境密切相关。英国人在长期的生产和生活实践中,积累了许多与岛国、环海相关的自然环境。而且,地处温带海洋气候带,英国经常下雨,所以英语中有很多与雨有关的谚语。(翁勋章,2010:109) It never rains but it pours. 这表明英国的雨经常大雨倾盆,除此之外,此谚语还用来表示不顺利的事情接踵而至,祸不单行。After meat, mustard.(雨后送伞。)这句谚语暗含了提供帮助为时过晚的含义。After rain comes good weather.(雨过天晴。)它比喻挫折过后,胜利便会来临。伦敦受其地理位置的影响,不仅雨多,而且雾天也经常存在,所以,伦敦有"雾都"之称,这在其谚语中也得以体现。When the mist comes from the hill, then good weather it doth spill; when the mist comes from the sea, then good weather it will be.（雾从山上来，好天要变坏；雾从海上来，好天气会来。）此谚语形象地表明英国人对气象的熟知，从而用来指导生产、生活。除了与雨雾有关的谚语外，许多谚语也与天气有关，比如 When the wind is in the west, the weather is at the best.（风起西方，气候最佳。）此谚语说明英国人对自然现象的熟知。

（三）英语谚语与英国的饮食文化

研究一国的语言文化，离不开有关食物的话题，谚语也不例外。包含饮食文化的英语谚语通常与英国的民族文化紧密相连，且反映了英国极其丰富的饮食文化。（张小薇、张颖，2008：168）比如 Don't put all your eggs in one basket.（不要把鸡蛋放在一个篮子里。）它比喻做事（尤指投资）需要多元化，多重选择才有利于生存与发展，这体现出英国将丰富的民族文化与食物联系起来。而 Please sit above the salt，并不可以直译为请坐在盐上面。"salt"一词，在英国具有特殊的含义。相传，在英女王伊丽莎白时代，盐要摆放在餐桌上最尊贵的人身边，所以也就演变出以盐喻指身份尊贵的人。所以上句谚语应译为：请上座。除了盐以外，面包也频繁出现于英语谚语中，因为英国人喜食面包，所以与面包有关的谚语可以展现出英国人的日常生活。在汉语中有"民以食为天"的说法，英语谚语中有 Bread is the staff of life.（面包是生命的支柱。）这与中文的说法类似，均表明面包对于人们日常生活的重要性，以及人们对饮食的关注。而 Live on the breadline，指难以糊口，难以生存。Corns were good till bread was found 指饥不择食。由此可见，bread 在英语饮食文化的谚语中起到重要作用，而面包（bread）经常与黄油（butter）相连，所以就有 Butter the bread on both sizes 的说法，喻指办事左右逢源。另外，有许多食物也体现在英语谚语中，表达英国特有的民族文化。It is no use crying over spilt milk.（不要为洒了的牛奶哭泣。）这是指人们事后不要无意后悔。Classical music is not my cup of tea.（我对古典音乐不感兴趣。）这句谚语中，tea 喻指兴趣，表明英国人对茶的偏爱。Don't teach your grandmother to suck eggs. 这句中，将"egg"喻为熟练的技巧，告诫人们不要班门弄斧。He that would eat the kernel must crack the nut.（不劳无获。）它将饮食文化与生产实践相结合。You cannot eat your cake and have it. 它指的是鱼和熊掌两者不可兼得，启示人们要懂得取舍。There is no free lunch.（没有免费的午餐。）它告诉人们不要渴求不劳而获。由以上谚语可以看出，饮食在英语谚语中起着重要的指代、启示作用，与英语中的民族文化、饮食文化有深刻的联系。

（四）英语谚语与英国的宗教文化

英语谚语是英国人民通过长期的生产和生活实践总结而来，这些富含深刻哲理的短句给后人留下一笔宝贵的精神文化遗产，给人以启迪。研究英语谚语离不开英国的宗教文化，因为宗教信仰是英国人民的精神支柱，这在谚语中得到体现。英国人多崇尚基督教，所以基督文化渗透到英国的政治、文学等诸多方面。《圣经》中的寓言、典故等在英国人中广为流传，所以英语谚语中不乏英国宗教文化。"God only help those who help themselves."译为上帝只救自救之人，God 在基督文化中是至高无上的神。No cross, no crown 指不经历磨难，就不会取得成功。"cross"此处指十字架，《圣经》中记载，耶稣被钉死在十字架上，所以用十字架喻指苦难。Heaven's vengeance is slow but sure.（天网恢恢，疏而不漏。）Heaven 也是基督文化的体现。We are all children of Adam.（我们均为亚当的子孙。）此句谚语中 Adam 就是《圣经》中的人物，所以，英语谚语与英国的宗教文化紧密相连。

（五）英语谚语与英国的历史文化

每个国家的发展历史都各不相同，所以其历史文化便大相径庭。英国有其独特的历史发展特色从而孕育了独特的历史文化，谚语犹如一面文化之境，反映出英国历史的变迁，文化的发展。"Rome was not built in a day."译为罗马并非一日建成。在历史上，古罗马帝国曾征服了不列颠群岛，所以英国曾经在罗马的统治之下，因而其文化留有罗马文明的印记。再如，"In Rome, do as the Romans do."指入乡随俗，"All roads lead to Rome."指条条大路通罗马。除此之外，"Bacchus has drowned more men than Nepture."指酒神淹死的人比海神多，其中 Bacchus 和 Nepture 是罗马文化中的酒神和海神，这些谚语均反映出罗马文化对英语文化的影响，显示出罗马帝国在统治不列颠群岛时的辉煌。

（六）英语谚语与英国的风俗习惯

任何国家都有符合本国特色的风俗习惯，这是其民族文化不可或缺的一部分。研究英语谚语，我们就要挖掘其中蕴含的英国风俗，以谚语中涉及的动物为例，来探究英国的风俗习惯。英国人喜欢用 dog 来代指人，这说明英国人对狗的信任与喜爱。A lucky dog 指幸运的人；而"Dogs does not eat dog."指同类不相残，告诫人们要互尊互爱。除了狗以外，还有其他动物出现在谚语中，比如"A bird in the hand is worth two in the bush."指一鸟在手，胜过二鸟在林，告诉人们不应为了追求一个东西而冒险放弃已拥有的事物，体现出英国人谨慎的生活态度。Better be the head of a dog than the tail of a lion.（宁为狗首，不为狮尾。）这句谚语类似于汉语中的"宁为玉碎，不为瓦全",体现出英国人积极进取的作风。Birds of a feather flock together.（物以类聚。）这句谚语体现出英国人判定人的标准。Don't fly till your wings are feathered.（羽翼丰满之日，起飞翱翔之时。）这句谚语体现出英国人在办事之前思虑周全，准备妥当的性格特点。A bird is known by its note, and a man by his talk.（闻其歌知其鸟，听其言知其人。）这也体现出英国人喜欢将动物与人类对比的特点。英语谚语中涉及动物颇多，这体现出英国人对动物习性的研究较多，以对动物进行描述向人们阐释深刻的道理。

（七）英语谚语与英国的币制和度量衡制

货币及度量衡在人们日常生活中必不可少，尤其是在经济活动中。Take care of the pence, and the pounds will take care of themselves.（小事谨慎，大事自成。）这句谚语也从 penny 和 pound 的关系出发，指代生活中的事物，启示人们办事谨慎才能有所作为。除了表示货币的 penny 和 pound 外，英语中还有其他度量单位，比如 inch、foot 等在谚语中也得以体现。Give him an inch and he'll take an ell 中，inch 指英寸，ell 是英国古代量布的长度单位，用此谚语表示得寸进尺。

（八）英语谚语与英国的体育文化

英语谚语涵盖范围较广，且具有深刻寓意，这从体育活动中也得以体现。比如赛马活动中的谚语 Win in a canter, canter 指马慢跑，此句译为"不费吹灰之力取胜"。除此之外，Hold all the aces, ace 是打牌活动中大牌（或王牌）的意思，所以此句指"掌握最好的资源"。Stick one's neck out 是与拳击项目相关的运动。因为在拳击项目中，人们把脖子伸长容易遭到对手的攻击，所以用此谚语来表示冒险的意思。（尉迟光斌，2009：164）跑步是一种最普遍的运动，get the inside track 指跑步时占最内圈的跑道，比喻占据有利位置。上述与体育活动有关的谚语体现出英国人在体育活动中所总结出的经验。

（九）英语谚语与英国的价值观念

价值观是一国文化的重要组成部分，它是文化的深层结构。（赵娜，2011：91）A bargain is a bargain.（协议就是协议。）它表明英国人重承诺的价值观念。Time is the father of truth.（时间是真理之父。）它说明英国人对时间观念的重视。A contented mind is perpetual feast.（知足常乐。）它说明英国人乐观的生活态度。

本篇参考文献：

[1] 金学铺.英语谚语初探 [J].现代外语，1983（2）：13-19.

[2] 韩海燕.从谚语看基督教文化对英语语言的影响 [J].徐州师范大学学报，2009（6）：54-56.

[3] 张静.论英语谚语的句式结构 [J].东岳论丛，2007（2）：203-205.

[4] 郭忠才，周芸.英语谚语的来源及特点 [J].河北师范大学学报，1995（4）：86-91.

[5] 张淼.透过英语谚语翻译透视其文化内涵 [J].商业文化（下半月），2011（4）：192-193.

[6] 翁勋章.论英语谚语的文化关系 [J].郑州航空工业管理学院学报，2010（5）：108-109.

[7] 张小薇，张颖.饮食文化与英语习语 [J].科教文汇（中旬刊），2008（1）：168.

[8] 尉迟光斌.体育文化与英语习语 [J].科技信息，2009（5）：163-164.

[9] 赵娜.谈英语谚语中反应的相关文化 [J].语文学刊，2011（10）：90-91、173.

第二十二篇 英语双关语与英国文化

本篇内容提要：双关语是英语中一种常见的修辞手法，也是运用最早的修辞格之一。双关语不仅仅是一种文字游戏，它巧妙地利用了英语词汇同音异义或同形异义的现象，使一个词语或句子具有两层不同的含义。双关语的使用往往使语言显得幽默俏皮，不直接表露，显得含蓄委婉，但又意义深远。

一、双关语的定义

双关语（pun）也称 paronomasia，是英语中一种常见的修辞手法，也是最早运用的修辞格之一，指的是文字上同音或多义的关系，使一个词或一句话关涉到两件事，并可以有两种不同的理解。"双关语"使语言活泼有趣，或者借题发挥，旁敲侧击，收到由此及彼的效果，它是依靠词汇含义来传递感情色彩的修辞手段。（艾蓉，2008）

修辞学奠基人亚里士多德在《修辞学》中提到，双关语可以在某些文体中使用。对于双关语的定义，不同的词典给出了不同的解释，《朗文当代英语词典》将双关语定义为："pun: also play on words — n. an amusing use of a word or phrase that has two meanings, or words with the same sound but different meanings." 这个定义直接把双关语解释为文字游戏，通过使用具有两种不同意思的词、短语或同音异义词，最终达到有趣幽默的目的。《牛津英语词典》将双关语定义为："The use of a word in such a way as to suggest two or more meanings of different associations, or the use of two or more words of the same or nearly the same sound with different meanings, so as to produce a humorous effect." 据该定义，双关语指通过使用一个词去暗示两种或多种不同的意思，或者使用两个或多个同音异义词或近音异义词，达到一种幽默效果。*Merriam-Webster Online: Dictionary and Thesaurus* 中将双关语定义为："the usually humorous use of a word in such a way as to suggest two or more of its meanings or the meaning of another word similar in sound."双关语指通过一种幽默的手法，在同一个词语的使用中，暗示两种或两种以上的意思，或者暗示着另一个同音异义词的意思。*Pun and Joke* 一书将双关语定义为："A pun is a form of speech play in which a word or phrase unexpectedly and simultaneously combines two unrelated meanings."据该书对双关语的定义，双关语指一种语言游戏，在这种语言游戏中，一个单词或短语可以将毫无关联的两个意思同时联系起来。

二、双关语产生的要素

美国学者 Archibald A. Hill 指出，在研究和使用英语双关语时需要把握三个要素，即双重语境（double context）、铰链（hinge）和触机（trigger）。双重语境，即为双关语词句的使用提供机会的上下文语境，具有双层含义的词句只有在双重语境下，通过过渡转换，才能形成双关语，表达不同含义。铰链就是能起到双关语作用的同音异义词或同形异义词，铰链对双关语的产生具有举足轻重的影响，铰链是构成双关语的语言基础，是双关语的词语根基。作为三要素之一的触机，并未像前两个要素一样得到重视，但触机却是双关语成立不可或缺的因素，触机是促使双关语出现的诱发因素，触机指促成双关语使用的机会和背景。由此可见，产生双关语需要三个条件：即双重语境、铰链和触机，例如：

[1] "My Faith is gone!"cried he, after one stupefied moment. "There is no good on earth; and sin is but a name. Come, devil, for to thee is this world given."

本句选自美国伟大小说家纳撒尼尔·霍桑的短片小说 *Young Goodman Brown*，句中的"Faith"一词本不是多义词，但在此句中却具有双关语意义。Faith 在此语境中，既是表示人名的专有名词，即 Brown 之妻的名字菲丝，又是一个表示抽象概念的普通名词，即 Brown 对上帝的信仰、信念。这里的"双重语境"主要表现在两个方面：一方面妻子菲丝（Faith）身患重病，生命危在旦夕；另一方面丈夫 Goodman 迷信上帝，指望用虔诚的祈祷感动上帝来拯救妻子菲丝。"触机"是丈夫一心信仰的上帝未显灵，妻子菲丝没有得到挽救，最后离开人世。丈夫一阵昏迷，醒来后喊出了这句悲伤欲绝的双关句"我的菲丝没了"，句中"Faith"的同音异义就构成了双关语的"铰链"（妻子菲丝走了，信仰也没了），是本句双关语的语言基础。由此可见，"双重语境"是双关语出现的客观条件，"触机"是双关语出现的诱发因素，而"铰链"是串联双重语境和现实双关语的语言功能。（黄仁，2012：171）

三、双关语的分类

双关语作为一种常用的修辞手法,在日常生活、广告、文学作品以及影视剧中广泛存在,巧妙地运用双关语,可以使语言达到简练、含蓄、幽默等效果。根据双关语的构成,人们可将双关语分为语音双关、语义双关、歧解双关、语句双关、语法双关、音义双关六类。

(一)语音双关

语音双关,可细分为同音双关和近音双关,即通过使用同音(近音)异义词或同音(近音)异形词,构成双关。这种双关语风趣幽默,具有较强的感染力,使人印象深刻。例如:

[2] King: my cousin Hamlet, and my son, how is it the clouds still hang on you?
Hamlet: Not so, my lord, I am too much i' the Sun.

(Shakespeare, *Hamlet*)

此句引自威廉·莎士比亚的悲剧作品《哈姆雷特》,句中的"son"和"sun"发音相同,但意义却不同,哈姆雷特对篡夺王位、杀父娶母的叔父克劳狄斯心存仇恨,使用"son"和"sun"构成同音双关,通过"too much i' the Sun"暗示"我屈做你儿子太久了"的意思。此处的双关语表达出了哈姆雷特心中的愤怒与仇恨。

[3] The things my wife buys at auctions are keeping me baroque.

此句中"baroque"与"broke"发音相近,但意思却大不相同。"baroque"有"形式怪样的"之意,"broke"可作"破产"解释,本句"baroque"与"broke"构成近音相关,借此表达丈夫对妻子大手大脚花钱习惯的不满。

(二)语义双关

语义双关,可细分为同词异义双关和一词多义双关,指在特定的语境下,通过词语的多义性特点,使用同形异义词或多义词构成双关。此类双关语使用范围广泛,人们通过使用语义双关,达到言在此而意在彼的效果。例如:

[4] Women always have a wonderful sense of right and wrong, but little sense of right and left.

"right"一词在此句中使用两次,但前后两次的意思却截然不同。"right"作为形容词,既有"对的"之意,也有"右方的"的意思,句中前者是"对的"之意,后者是"右方的"的意思。此句句意为"女人是非感很强,但左右方向感却很差",使用同词异义双关暗讽女性方向感差。

[5] Mercutio: No 'tis not so deep as a well, nor so wide as a church-door; but 'its enough, 'twill serve: ask for me tomorrow, and you shall find me a grave man...

(Shakespeare, *Romeo and Juliet*)

此句引自威廉·莎士比亚的戏剧《罗密欧与朱丽叶》，是 Mercutio 在临终前对 Romeo 所说的话。"grave"一词既可作名词意为"坟墓"，也可作形容词表示"严肃的"。此句中利用了"grave"一词多义的特点，构成双关语，Mercutio 在格斗中身受重伤，等到第二天罗密欧去找他时，他已是"墓中之人"。（文军，1993：325）

（三）歧解双关

歧解双关，一般指后者在有意或无意间，歧解了前者的话，从而构成双关。这类双关语语言诙谐幽默，达到一种轻松有趣的效果。例如：

[6] One day an English grammar teacher was looking ill.

A student asked, "What's the matter?"

"Tense," answered the teacher, describing how he felt.

The student paused, and then continued, "What was the matter? What has been the matter? What might have been the matter...? "

此对话中的"tense"是一个多义词，既可作形容词表示"神经紧张的"，又可作名词意为"时态"，该句"tense"一词多义，构成双关。句意是老师身体不舒服，学生问老师怎么了，老师回答"tense"，老师所说的"tense"本是形容"身体欠佳，精神状态不好"，但是学生却将"tense"理解为"时态"，以为自己问句的时态不对，又重复以一般过去时时态和过去完成时时态发问。

[7] What makes the tower of Pisa lean？

It never eats.

此段对话中，前者说的"lcan"是"倾斜"的意思，但后者却把它理解为"瘦的"之意，前者是想问"巴别斜塔为什么是倾斜的？"但后者理解为"为什么这个塔这么瘦？"故而回答说，"它从不吃饭。"此段对话中由于前后者对"lean"的不同理解，造成歧义，"lean"一词多义构成歧解双关。

（四）语句双关

语句双关是根据表达的需要，对已有的谚语、俗语、名言警句等进行结构修改或内容替换，从而构成双关语。语句双关在语言上具有艺术性的同时，还具有创造性，往往可以给人留下深刻的印象。例如：

[8] Where there is a way, there is Toyota.

这是丰田汽车所做的广告。此句一读出，乍一听颇似"where there is a will, there is a way"这一谚语，广告策划者巧妙地利用了这一模式，对内容进行了改写，通过使用语句双关，达到了吸引眼球的效果，也便于人们记忆。

[9] A Mars a day keeps you work rest and play.

这是一则巧克力广告语。这则广告会让人们联想到一条耳熟能详的俗语"An apple a day keeps the doctors away."，广告策划者巧妙地套用了该俗语的模式，并对内容做出改写，通过语句双关表达出食用该巧克力的好处，即每天一块马斯巧克力，保你工作、休息、娱乐随心所欲。

（五）语法双关

语法双关，顾名思义，指在语法层面构成的双关，主要通过词或词组所具有的不同语法功能特性，或通过省略部分句子结构构成双关语。例如：

[10] Coca-Cola refreshes you like no other can.

这是有关可口可乐的一句广告词。"can"一词可作名词，有"罐"的意思，也可作情态动词，有"能"之意。该句补充完整可以有两种句式结构"Coca-Cola refreshes you like no other can/tin refreshes you"和"Coca-Cola refreshes you like no other can refresh you"。在第一个句型中，"can"充当名词，在第二个句型中，"can"充当情态动词，此广告中"can"一词既可作名词又可作情态动词，构成语法双关。

[11] Intelligence everywhere.

这是一则关于摩托罗拉手机的广告。"Intelligence is everywhere."是完整的表达。广告中省略了动词"is"。这在语法上几乎说不通，但却给读者一种"聪明演绎，无所不在"的感觉，从而也体现出摩托罗拉手机的优势，暗指选择摩托罗拉手机是明智的选择。该广告通过省略部分句子结构，构成语法双关，给消费者留下深刻的印象。

（六）音义双关

音义双关一般多见于文学作品中，体现在人物或地名的特殊命名上，即作者在塑造人物形象或虚构地名时，往往通过使用音义双关，以揭示人物的性格特点、行为品行以及人生命运等。莎士比亚的经典戏剧《亨利四世》中的人物 Sir John Falstaff，他貌似善良、高尚、机智、勇敢，实则自私、怯懦、淫荡、奸诈，是一个地地道道的 false stuff（假货色），作者通过人名"John Falstaff"构成双关语，暗讽 John Falstaff 是一个表里不一的人。（吕煦，2004：224）在夏洛蒂·勃朗特的小说《简爱》中，作者通过巧妙的构思，将故事发生的地点命名为"Thornfield"，译为"桑菲尔德庄园"，而"Thornfield"中的"Thorn"有"荆棘"之意，"field"可解释为"原野",作者通过"Thornfield"构成双关语,暗示 Thornfield 是一块"布满荆棘"之地,从而也透露出主人公的命运坎坷。

四、双关语的特点

(一)简洁凝练

双关语往往用一句话即可表示两层含义,简洁凝练是双关语的最大特征。例如:

[12] Everybody kneads it.

这是一则面粉公司的广告语。句中"knead"一词的含义是揉面,恰好与单词"need"一词谐音。而"knead"一词与面粉这一商品相关联,消费者听到发音就会联想到"need"一词,表明面粉是居家必备的商品。两个单词的语音双关显得该广告语别具匠心,使消费者过耳不忘。

[13] Hot weather, cool service.

这是一则冷饮店的广告语,"cool"一词既有"凉爽"之意,又有"出色的"之意,"cool"一词既告知了顾客服务的内容,又承诺了服务的质量。仅用四个单词,却表达出了双层含义。

(二)委婉含蓄

双关语巧妙地利用词语同音异义或同形异义的现象,在同一句话里同时表达出不同的含义,在字面信息下蕴含着暗指的深层语义。例如:

[14] Goodbuy Winter! 100% Cotton Knitwear $40!

这是一则有关冬季服装降价处理的广告语。字面上看它指一桩划算的好买卖,但当消费者把"Goodbuy"与"Winter"连读起来,不由得想到"Goodbye Winter",这才懂得该广告的暗藏玄机,妙语双关。该广告语的深层含义是:寒冷的冬季即将过去,明媚的春天就要到来(Goodbye Winter!),本公司在进行换季大甩卖,提醒人们这是购买物美价廉商品的最好时机。商家利用"Goodbuy"和"Goodbye"谐音这一特点,使同一句广告语表达出两层含义,一箭双雕。

[15] Then there was the man in the restaurant.

"You're not eating your fish," the waitress said to him.

"Anything wrong with it?"

"Long time no sea," the man replied.

在这个例子中,"sea"和"see"发音相同,顾客的回答表面上似乎是"Long

time no see"，即汉语中老朋友久别重逢后的寒暄"好久不见"，但实际上是说那些鱼已经离开大海很久了，委婉地批评餐馆的食物不新鲜。

（三）讽刺诙谐

作为一种常用修辞手法，双关语在使用中常常会产生讽刺、诙谐或含蓄深刻的表达效果。例如：

[16] What do lawyers do when they die?
Lie still.

此句中的"lie"一词，既有"躺下"的含义，也有"说谎"的含义。"still"既有"静静地"的含义，还有"继续"的含义。此句中，"lie"和"still"都是双关语，"Lie still"可以翻译为"静静地躺着"，也可翻译为"继续撒谎"，两种翻译意义截然相反，借用双关语，暗讽西方某些律师缺乏职业道德。

[17] Drunk drivers often put the quart before the hearse.

此句读出，乍一听颇似"put the cart before the horse"，quart 与 cart 谐音，hearse 与 horse 谐音，而此句正是利用谐音，构成了双关语，将 quart（夸脱，此代指酒）置于 hearse（柩车）之前，暗指有些司机酗酒开车，嗜酒玩命。（文军，1993：324）

（四）风趣幽默

双关语的使用往往会带来风趣幽默的效果，使人听后回味无穷。例如：

[18] What are you wearing?
Nothing.

这是《老友记》中的一句台词，Joey 想和一名女模特搭讪，便夸她身上的味道很好闻，问她擦的什么东西，女模特挑逗地回答他说什么都没穿。这里便用了双关的修辞手法，"wear"一词多义，既有涂擦香水、化妆品的意思，又有穿戴衣服等的意思，此双关语的使用，表现出喜剧的幽默之处，也体现了双关语的风趣幽默。（张金泉、周丹，2013：188）

[19] Marriage is an institution in which a man loses his bachelor's degree and the woman gets her master's！

此句中的"institution"既有"学校"之意，也可作"风俗习惯"讲；"bachelor"既有"学士"之意，也可解释为"单身汉"；"master"既可解释为"硕士"，也有"主人"之意。此句中的三个同形异义词，构成双关语，暗示在婚姻这种风俗习惯中，男人失去单身身份，而女人获得主人地位。

（五）耐人寻味

[20] We must all hang together, or most assuredly, we shall hang separately.

（Benjamin Franklin）

此句中的"hang"一词多义，既有"团结"之意，也可解释为"绞死"。当"hang"与"together"连在一起使用时，表示的是团结之意；当"hang"与"separately"一起使用时，则表示绞刑的意思。此句引自美国著名政治家、科学家，同时亦是出版商、印刷商、记者、作家、慈善家，更是杰出的外交家及发明家本杰明·富兰克林的一句名言。该句巧妙地运用了双关的手法，在字面含义下蕴含着深刻的哲理："我们必须团结在一起否则我们将会被一个个地处以绞刑。"（张金泉、周丹，2013：188）

五、英语双关语在广告中的应用及翻译方法

英语双关语作为一种重要的修辞格，具有极强的表现力，在广告中得到广泛使用。广告的主要目的是向大众传达产品信息，展现品牌独特魅力，吸引大众关注，从而激发消费者的购买欲望。广告策划者往往通过巧妙地使用各种修辞手法，使广告在正确传递产品信息的同时，达到标新立异的效果，吸引消费者，实现产品的商业价值。英语双关语具有简洁凝练、委婉含蓄、幽默诙谐等特点，通过使用双关语修辞手法，可使广告达到简洁明了、彰显个性、深入人心的效果。

广告中英语双关语的翻译，既要充分考虑原文的文化背景、表达语境、语体风格，还要完整地传递出原文信息，尽量达到一语双关的效果。在众多翻译理论中，尤金·A·奈达提出的"功能对等"理论可为广告中英语双关语的翻译提供指导。所谓"功能对等"，是指在翻译时不求文字表面的死板对应，而要在两种语言间达到功能上的对等。翻译时应以译文接受者为中心，注重原文与译文在语言层面和文化环境中的转换。英语广告翻译的译文接受者是中国人，因此在翻译过程中，要充分考虑中国的文化环境、社会背景、语言表达等，遵循翻译的"就中原则"（章明蕾、杨永和，2012：128）。以"功能对等"理论为指导，遵循"就中原则"，广告中英语双关语的翻译可借鉴以下几种方法。

（一）直译法

广告中有些英语双关词能够在汉语中找到对应的汉语双关词，在这种情况下，可采取直译方法，将英语双关语直接翻译为汉语双关语。翻译时，我们最好用引号将双关语标记出来，由读者自己领悟其中的含义。例如：Every kid should have an apple after school.（每个孩子放回家都该有个"苹果"。）

这是苹果公司的一则广告。广告中的"apple"一词，既可作名词表示一种水果"苹果"，同时也有另一种含义，就是代表着"苹果电脑公司"。作为水果，苹果可以为孩子补充营养；作为电脑，它可开拓孩子的视野。广告中的"apple"一词具有双关义，"apple"在汉语中可找到一个对应的汉语双关语词，因此可采取直译法。

（二）意译法

意译法是指在翻译广告中的双关语时，如果采用直译法，译文很难被读者接受，这时译者就需要根据汉语表达的习惯，将原文中的双关语进行意译。例如：

[21] No business too small, no problem too big.（没有不做的小买卖，没有解决不了的大问题。）

这是 IBM 公司的一则广告，广告中完整的句式应该是"No business is too small, no problem is too big."，同时套用了"No pains, no gains."这句谚语，广告通过使用省略句子结构和套用谚语构成语句双关。如果采用直译法，就成了"没有生意太小，没有问题太大"，并未传递出该广告所要表达的企业信念。因此人们采用意译法，翻译为"没有不做的小买卖，没有解决不了的大问题"。

（三）套译法

一些英语广告通过对已有的谚语、俗语或名言警句进行修改或替换，构成语句双关，在翻译时可套用汉语中的固定句式或名言古句，使译文达到耳熟能详的效果。例如：

[22] Where there is a way, there is Toyota.（车到山前必有路，有路必有丰田车。）

这是丰田汽车所做的广告。该广告巧妙地对英语谚语"where there is a will, there is a way."进行了改写，构成语句双关。广告中的"way"有"道路"的意思，可套用汉语中的谚语"车到山前必有路"进行翻译，最后译为"车到山前必有路，有路必有丰田车"，给消费者留下深刻的印象。

（四）拆译法

拆译法指在翻译英语广告中的双关语时，尤其是在翻译语义双关中的"多义词"时，要将语义双关的词义进行拆分，分别翻译，以完整传递出双关语的双层含义。例如：

[23] I'm more satisfied. Ask for More.（摩尔香烟，我更满意，再来一支，还是摩尔。）

这是关于摩尔香烟的一则广告。该广告中的"more"一词，既可作为形容词表示"更多"，同时"more"还是香烟的品牌，构成语义双关和语音双关。"Ask for more"在英语固定搭配中有"再来一些"的意思，也可表示"再来一根摩尔香烟"的意思。

在翻译时，人们要把两层意思完整地表达出来，就需要对原句进行拆译。原句可译为"摩尔香烟，我更满意，再来一支，还是摩尔"。

（五）补偿译法

翻译过程需要化解不同的语言和文化障碍，西方学者早就对翻译补偿问题进行了探讨。Newmark认为，补偿主要用来弥补译文在语义、声音效果、修辞及语用效果等方面的缺损，而且译文可以在不同于原文的语句中再现这种效果。（Peter Newmark, 1988: 90）有的英语广告利用英文字母的谐音构成语音双关，而在翻译过程中，很难在汉语中找到与字母对应的汉字，所以人们就要借助媒体、声音、图像等补偿手段进行翻译。例如：

[24] OIC!（哇！我看见了！）

这是一则关于眼镜的广告。三个英文字母构成了一则广告，三个字母借助图像补偿，从视觉上来看形状很像眼镜；借助声音补偿，听起来就是"Oh, I see"，视力不佳的人戴上此品牌眼镜后眼前一亮。所以人们可通过补偿翻译，将此广告翻译为"哇！我看见了！"

六、结　语

双关语是英语修辞中的一种常用手法，广泛使用于文学作品、影视剧作、商业广告中，巧妙地使用双关语，可使语言达到简洁、含蓄、幽默的效果。双关语的产生需要以双重语境、铰链和触机三个条件为依托。双关语根据构成成分，可细分为六大类。双关语在广告中得到了广泛的使用，广告中双关语的翻译也日益发展成为一个翻译研究的对象。

本篇参考文献：

[1] 艾蓉. 英语双关语在广告中的运用及作用 [J]. 湖北民族学院学报（哲学社会科学版），2008：145-149.

[2] 黄仁. 英语修辞与写作 [M]. 上海：上海外语教育出版社，2012.

[3] 文军. 英语修辞格词典 [M]. 重庆：重庆大学出版社，1993.

[4] 吕煦. 实用英语修辞 [M]. 北京：清华大学出版社，2004.

[5] 章明蕾，杨永和. "功能对等理论"在商务英语广告翻译中的运用 [J]. 武汉船舶职业技术学院学报，2012：127-129.

[6] 张金泉，周丹. 英语词格导论 [M]. 武汉：华中科技大学出版社，2013.

[7] Peter Newmark. A Text book of Translation[M]. New York: Prentice Hall, 1988.

第二十三篇　英国特色英语词语与英国文化解析

本篇内容提要：语言文字是一个民族的文化结晶。这个民族过去的文化靠它来流传，未来的文化也仗它来推进。英语中的很多词语的出现、形成或构成都是有理据的。英语中富有文化内涵的词语从字面上是难以领会的。它们中有些源自文学名著、圣经故事、寓言故事、神话传说，有些出自历史事件、名人轶事、人名地名，还有些源于地域文化和网络的新词新语。

（一）Badminton（巴德明顿）与羽毛球

巴德明顿位于英国英格兰西部的埃文郡内，英文名字是 Badminton。别看这个小镇的位置偏僻，人口也不多，但历史悠久，并以羽毛球（Badminton）著称于世。

Badminton 在古英语中意思是"巴德明顿人住的镇子"。若不是英国人最初在这里玩起羽毛球，这个名字也许永远难见天日。其实羽毛球的前身来自印度，当年驻扎在印度的英国军队普遍玩这种游戏。他们用圆形的硬纸板做球拍，在绒线团上插上羽毛作为球，将其弹来弹去。1873 年，退役的英国士兵把它带回英国的巴德明顿（Badminton）。

按理说，羽毛球的发源地应该是印度，可是传回英国后，人们对它做了很多修改，后来羽毛球能成为奥运会的比赛项目确实该归功于英国人。因为这个新事物一直没有正式名称，人们就干脆用巴德明顿（Badminton）这个地名给它命名。从此，这座小镇名扬天下，并作为一个专有名词收入字典。Badminton 这个项目传到中国时，人们依据形状和用料特点将其称为"羽毛球"。1992 年，羽毛球（Badminton）正式列入奥运会的比赛项目。

(二) Baron（男爵）与贵族统称

盎格鲁·撒克逊时代就已有 Baron（男爵）一词。12 世纪初国王的大部分高级世俗贵族都被封为男爵。其中少数与王室关系密切、封地较多者又被称作 Great Baron（大男爵），其地位在伯爵和男爵之间。

英国历史上盎格鲁·撒克逊时代就已有 Baron 一词，其意思是"自由者"或"国王的臣仆"，但无尊贵的含义。直到 12 世纪它才成为爵位中的最后一个等级的"男爵"。居于五级贵族之末的男爵始终人数最多。正是因为男爵在世俗贵族中占有很高比例，以至 Baron 一词在过去很长一段时期一直作为贵族的集体名词使用。英国历史上诸侯反对亨利三世的愚蠢政策而引起的内战就称为 Barons' War（诸侯战争）。诺曼征服后，贵族的封建领地就称为 barony（男爵领地）。

英语中的"Baron"一词衍生出相关的与男爵有密切关系的词。例如：baroness（女男爵/男爵夫人）、baronet（准男爵）、baronage（男爵爵位/称号）、baronetcy/baronetage（准男爵爵位/称号）等。

(三) Britannia、Britain 与大不列颠

从历史和文化的角度来分析，地名不仅仅是代表地理实体的一种符号，它还具有意义。地名是民族历史和文化的一部分，与人类的社会实践紧密相连。它从一开始就蕴含着丰富的文化含义。研究发现，地名可以反映某一民族、某一地区及某一历史阶段特征、历史史实、生存范围、历史变迁等文化内涵。地名往往还能够提供重要的证据来补充并证实历史学家和考古学家的论点。

前 55 年，古罗马统帅恺撒渡过英吉利海峡抵达不列颠群岛，先是将这片被其占领的土地称之为 Pretani，后又改称其为 Britannia，意为不列颠人的土地，得名于当地居民不列颠人（属凯尔特族的一支）。他们在前 8 世纪至 5 世纪为岛上的主要居民。5 世纪下半叶，盎格鲁·撒克逊人入侵，不列颠人的一部分被消灭或同化，一部分人逃往威尔士山区或迁居法国西北部，但 Britannia 这个名字却沿袭下来，后简称为 Britain。

(四) British（不列颠人）与 English（英格兰人）

大多数英国人都至少有两种身份。首先，他们认为自己同属英国民族，是 British，这是国家层面上的国家民族身份。同时，他们又各自分别认同英格兰、苏格兰、威尔士和爱尔兰民族，这是次级层面的民族认同。外来的少数民族移民及其后裔，如来自亚洲、非洲和加勒比海地区，一般认为自己是 British，但不是 English。

英国民族国家虽然可以放在最高层面，即从 British 的民族国家角度予以观察，

但是，前提是必须以英吉利民族为基础。可以这样说，从地域来说，它经历了从英吉利民族的形成到不列颠民族形成的转换，但是对不列颠民族的认同程度和忠诚程度远不及对自己民族的认同与忠诚。

1066年，诺曼征服给英国带来封建制度的同时，也带来了法语。诺曼征服在政治上对形成一个统一的国家是有利的，但却未能将这个国家转变为一个与法国具有关系的国家，相反，征服者始终无法在下层的民众中获得"本国"认同，French-English十分鲜明地将人们划分为两种不同类型。换言之，诺曼人侵略与征服始终将法国人视为外国人，并把法语看作是外国人的语言。（程冷杰、江振春，2011：81）

由于英格兰在政治、经济和文化等方面占据着主导地位，所以，English English这种规范性的英语也逐渐成为不列颠其他地区的主导语言。随着英帝国的扩张，英语从17世纪就开始"输出"到其他国家和地区，形成了以English English（英格兰英语）为基础的多种英语变体。

如果语言是民族的灵魂和本质特征，那么它自然是民族最重要的认同标记，起着对外区分本族与异族，对内增强民族意识，凝聚民族成员之间团结的作用，从而筑成民族国家的立国基础。

（五）Castle（城堡）与军营

到了前55年，凯尔特人与世隔绝的平静生活被罗马军团的铁蹄所打破。前55年夏和前54年夏，罗马帝国的Julius Caesar两次率兵入侵不列颠，但均遭到当地凯尔特人的顽强抵抗。43年始，罗马皇帝Claudius率大军用了三年时间逐步征服了不列颠的中部和东南部，并建立了强有力的统治。

罗马人先是将这片被其占领的土地称之为Pretani，后又改称为Britannia，其意思是不列颠人居住的地方。古罗马人有时又将大不列颠岛叫作Albion，意为"白岛"，这是因为英国多佛海岸上有一片白崖，从欧洲大陆乘船来英国，首先进入眼帘的就是这一片白色的悬崖。罗马军队入侵不列颠后，在泰晤士河下游渡口筑起一座要塞，作为统治不列颠的基地，起名为Londinium，London之名即是从中演变而来，它是现代伦敦的发祥地。

英国有文字记载的历史源于罗马人的侵入。"Castra（军营/营地）"一词便是侵略者随后长达300多年军事占领的最好证明。罗马人的castra一字的意义相当于英语中的castle。英国众多的城镇，大小不一，都以一个从拉丁语词castra变化而来的-chester、-caster、-cester结尾，如Colchester、Manchester、Winchester、Leicester、Gloucester、Worcester、Lancaster等。这些城镇都是在以前罗马占领者的营地基础之上或军营的废墟上建设发展起来的。

Lancaster 是英格兰北部的一个城市，由 Lune（河名）加 caster（城堡）组成。Cardiff 是威尔士的首府，其名称由 car（要塞）和 Taff（河名）转讹而得，意为"河口的要塞"。Exeter，在古英语中为 Exaceaster，意为"埃克斯河畔的城堡"。Dorchester 为英格兰南部的一个城市，意为"拳击者的城堡"，因在罗马人统治时，该城常举行拳击比赛而得名。Worcester 是英格兰中部的一个城市，其名称意为"部落的城堡"。

Newcastle 的英文意思是"新城堡"，然而它并不是一座新城市，而是一座地地道道的古城。诺曼底公爵威廉征服不列颠后，他的大儿子罗伯特率军来到泰恩河畔，镇守北部边塞，在这襟山带河的要地，修起一座城堡，起名为 Newcastle，这就是纽卡斯尔市名的来历。

（六）Cavalier（骑士党）与 Roundheads（圆颅党）

英国资产阶级革命初期，出现了最早的两个政党：Cavalier（骑士党）与 Roundheads（圆颅党）。从这两个政党的名称中我们就可以看出它们截然不同的政治态度。

Cavalier 的意思是 knight（骑士）。英语中的骑士与爵士是同一个 knight，都与封建王朝有关。所以从 Cavalier 这个词本身我们就可以推断出该党与封建国王的密切关系。

Roundheads 一词原来指的是蓄短发、支持议会的清教徒，他们与那些讲究时髦的国王支持者形成鲜明的对比。如果说留长发的人代表正统的保皇势力的话，那么留短发就意味着反传统、与国王对着干的政治态度。从 Roundheads 党的名称中人们不难看出它鲜明的政治倾向性。Cavalier 和 Roundheads 这两个政党的名称为人们研究这一时期的历史提供了佐证。

（七）Celt（凯尔特人）

当今欧洲已不存在一个完整的凯尔特单一民族，有的只是作为古凯尔特人遗裔的、依然操印欧语系凯尔特语族诸种方言的若干个新型民族，譬如爱尔兰人、盖尔人、威尔士人、布列塔尼人等。在这层意义上可以说，凯尔特人在当今仅意味着一个语言集团。

凯尔特人（Celt）一词除了英文形式外，在现代西方语言中还有以下表达形式：法语为 Celte、德语为 Kelte、意大利语为 Celti、西班牙语和葡萄牙语为 Celta。Celt 源于拉丁文中的 Celtae 或 Galli。凯尔特人（Celt）的得名可能与一种类似斧、锛的史前砍凿工具 celt 或 selt 有关，因为凯尔特人十分擅长手工技艺和金属制作，使用这种古老的工具或已成为他们有别于其他族群的象征和标志。在我国的出版物中，由于音译的原因，凯尔特人经常被译为盖尔特人、克尔特人、塞尔特人、居尔特人等。

凯尔特人为前2000年生活在中欧的一些有着共同的文化和语言特质的有亲缘关系的民族的统称，主要分布在当时的高卢、北意大利、西班牙、不列颠与爱尔兰。现代意义上的凯尔特人，或称其后裔，仍坚持使用他们自己的语言（譬如，爱尔兰的盖尔语），并以自己的凯尔特人血统而自豪。

现在，这个古老的族群集中居住在被他们的祖先称为"不列颠尼亚"的群岛上，即爱尔兰、苏格兰、威尔士，以及法国的布列塔尼亚半岛。

（八）Constitution（宪法）的由来

英文中的宪法（constitution）和宪法性法律（constitutional law）来源于拉丁文constitutio。而拉丁文中constitutio的基本含义为：①创立、设置、安排、整理、体制；②状态、情况；③决定、确立、确承、批准；④命令、指示。

作为法律用语，constitutio指民法上谨承皇帝旨意而发生法律效力的帝国条例、法令、章程，有别于元老院的立法和其他法律。Constitutio在罗马时代主要指皇帝的敕令、法令。其中著名的有212年罗马皇帝卡拉卡拉颁布的旨在扩大罗马公民资格范围的《安托尼亚那敕令》（*Constitutio Antoniniana*）；530年罗马皇帝查士丁尼为编辑《学说汇纂》而颁布的《编纂令》（*Constitutio Deo Auctore*）；553年查士丁尼赋予《法学阶梯》和《学说汇纂》法律效力的法令（*Constitutio Imperatoriam Majestatem, Constitutio Tanta Circa*）；535—565年查士丁尼颁布的《新敕令》（*Noveuae Constitutiones Justinian*），内容多属于公法和宗教法，但也有关于婚姻和继承的规定。此外，430年左右西蒙迪恩曾编辑一部《法令集》（*Sirmondian Constitutions*），内容是关于宗教法的16部罗马帝国法令。1037年神圣罗马帝国皇帝康德拉二世颁布的《封地法令》（*Constitutio de Feudis*），这一法令旨在保护伦巴底诸侯的土地所有权。这一时期，"constitutio或者constitution"一词也被教会使用，如当时的《大主教教令》（*Provincial Constitutions*）。《教廷使节法则》（*Legatine Constitutions*）是由红衣主教主持的在全国宗教会议上颁布的宗教法律，是英国教会法的重要组成部分。1164年，英王亨利二世为缓和与大主教贝克特的冲突，颁布了《克拉伦敦基本法》（*The Constitutions of Clarendon*），共16条，规定了国家与教会的关系。17世纪，英王颁发给弗吉尼亚公司第二次和第三次特许状时，也采用过"宪法"一词。在罗马帝国时期，constitutio和constitution已开始混用，欧洲封建时代吸收和继承了其含义，而英国则直接使用constitution。敕令、法令、教令和基本法，都与近代意义的宪法不是同一意思。

(九)Duke(公爵)等英语爵位词的比喻用法

英国贵族体制起源于盎格鲁-撒克逊时代。在盎格鲁-撒克逊时代的中后期,英国的封建贵族虽然已有等级差别,但始终没有形成整齐划一的等级体系。1066年起入侵并征服英国的法国诺曼人的统治加快了英国新型贵族制度的发展,开创了封建贵族制度的新的兴盛期。

几百年来,公爵爵位主要授予王室要员和宫廷近臣,此外,只有军功盖世者可以获此殊荣。Duke作为英国的第一和最高等级贵族的成员,被用来指称"君主或统治者"。Baron旧时是英国社会及政治身份的代名词。王廷统治圈中的人往往被称为baron。Baron现在则用来指称在某些活动领域(如商业或工业)内有巨大或咄咄逼人的势力或影响力的人,例如:coal baron(煤炭大王)、oil baron(石油大王)、lumber baron(木材大王)、cattle baron(牧牛业大王)。Earl旧时作为公爵在地方的行政长官,掌握领地内的行政、司法、财政、军事诸大权,并直接向公爵负责,伯爵和主教都无权干涉Earl的政务。Earl因其显赫的地位,所以被用来喻指地位高贵的人。Viscount在历史上特指英国的行政司法长官。Knight为近代英国的一种爵位,授予对国家有卓越贡献的人,因此经常被用来喻指从事某种专业的人或专家,例如:a knight of the brush(美术家或画家)、a knight of the pen(文人)。Lord是对有侯、伯、子、男世袭爵位贵族的尊称,因此这个头衔被用来指称英国地位显赫的官员,例如:Lord Privy Seal(掌玺大臣)、Lord President of the Council(枢密院长)、Lord Chief Justice(高等法院首席法官)、Lord Chancellor(大法官)。Lady作为对有侯、伯、子、男世袭爵位贵族女子的尊称,常喻指"女领主"、"女庄园主"。

(十)East wind(东风)与West wind(西风)

社会语言学认为,语言是一种社会现象,它不可能存在于真空中独立发展,而是受着存在于语言之外的各种社会要素的制约,例如环境。从环境角度来看,地理环境、自然环境、文化环境等都会影响语言的发展。每个民族都在一定的自然环境中生存繁衍。自然环境对一个民族的文化模式的形成、发展和嬗变有着重大的影响。语言是对客观世界的反映,是一种社会现象。人们生活、劳动在一种什么样的环境中,就会产生什么样的语言。

就"东风"与"East wind","西风"与"West wind"而言,汉英两种语言中都有对应的词语,所指词语概念意义相同,但文化内涵意义截然不同。如"东风"自古诗人用它指"春风",象征新生的力量。现代则以"东风"象征革命的力量。又因中国位于世界亚洲的东方,所以又用"东风"象征"中国"。自古以"西风"

象征衰败、没落、腐朽的势力，20世纪六七十年代用"西风"代表西方帝国主义国家或反动势力。

英国的地理环境与我国恰恰相反，西临大西洋，东面欧洲大陆。英国的东风是从欧洲大陆北部吹来的凛冽寒风，和我国的西北风极为相似，因此象征着"寒冷"、"萧索"、"令人不悦"。地理环境影响气候，而气候也影响喻体的选择。英国的诗人、作家历来贬斥东风而歌颂西风。英国作家 Matthew Arnold 在他的一篇文章中是这样描述 East wind 的：A sort of spiritual *East wind* was at that time blowing; neither Butler nor Gray could flower。可见，"东风"吹来，文坛一片萧索，就连巴特勒和格雷这样的诗人文士都不能有生花之笔。英国的西风从大西洋徐徐吹来，是极为温暖、使万物复苏的春风，故有"西风报春"之说。因此才有：John Mansefield 的 It's a warm wind, the west wind, full of bird, crying. John Milton 的 And west winds with musky wing. Samuel Butler 的 biting east wind. Charles Dickens 的 How many winter days have I seen him, standing blue-nosed in the snow and east wind!

Chaucer 的诗歌更能让人体会到那种风和日丽、万物竞长的意境，进而理解为什么西风对英国人来说是那样的亲切：

When the sweet showers of April fall and shoot.

Down through the drought of March to pierce the root.

Bathing every vein in liquid power.

From which there spring the engendering of the flower.

When also Zephyrus（西风）with his sweet breath.

Exhales an air in every grove and breath

Upon the tender shoot...

(*The Canterbury Tales*)

英国著名诗人 Percy Shelley（雪莱）的《西风颂》是世人皆知的佳作。在这首诗中，他以名传千古的佳句歌颂了西风：O, west wind, if winter comes can spring be far behind?（如果冬天已经来临，西风啊，春天还会遥远吗？）西方人眼中的西风，不仅是带来无限生机、引来美丽春天的温暖之风，而且西风还具有横扫枯枝败叶、席卷残云、掀起巨浪的磅礴气势和无比威力，是"革命的象征"。

（十一）Enclosure（圈地运动）与羊吃人

英国封建社会的最显著特征是所有的权力都是以土地的所有权为基础的。国王、封建贵族和教会上层人物占有全国大量的土地，因此构成了封建统治阶级。广大的自由农民、佃农、农奴和奴隶因没有自己的土地，所以位于封建社会的最底层。

Enclosure 记载了英国历史上的"圈地运动"。15世纪时，英国毛纺织业得到发展，养羊变得有利可图，于是封建领主用篱笆将土地圈起来，使之成为养羊的牧场。首先圈占的是农村的公共土地，随后又圈占农民的土地。这样一来，很多农民被剥夺生计而成为无业游民和乞丐。《乌托邦》的作者托马斯·莫尔对此痛心疾首，称 Enclosure 现象为"羊吃人"。他在书中这样写到：They（sheep）eat up, and swallow down the very men themselves。

（十二）. Feminine（女性）与软弱

萨皮尔·沃尔夫假说认为，语言不仅仅是社会的产物，它反过来影响人的思维与精神的构建。根据这种观点，语言学家们相信，在宗法、等级制度所制约的文化环境中的语言，它所反映的是男性世界图景的本质内容。表现在具体的语言事实上，即在许多语言中都有视男性语言为本体，以女性语言为变体的偏向。英国学者莱科夫（Lakoff）在其《语言和妇女的地位》一文中指出，在语言所反映的世界图景中，男性居于中心地位，而女性的形象却是残缺不全的。

"Frailty, thy name is woman."出自莎士比亚的名剧《哈姆雷特》的第一幕第二场。莎翁借剧中人物之口喊出了"弱者，你的名字是女人"。从词义层面反映出的性别歧视来看，有关男女的定义在词典中就已经定性化了。20世纪60年代兴起于美国的女权运动所使用的 feminism 源自 feminine（女性）一词。而 feminine（女性）本身就已包含了软弱、温柔的意思。与 feminine 同源的 femme（女人、妇女）一词源自法语。法语中的 femme 有"侍女"之意，如 femme de charge 即为"女管家"或"干粗活的女仆"，femme de chamber 意为"贴身女仆"。Femme fatale 则是"荡妇"的意思。女性在社会中的从属地位以及作为二等性别的状况被如实地反映在语言当中。

（十三）Fog（雾）与 City of Fog（雾都）

每个民族都在一定的自然环境中生存繁衍。自然环境对一个民族的文化模式的形成、发展和嬗变有着重大的影响。语言是对客观世界的反映，是一种社会现象。人们生活、劳动在一种什么样的环境中，就会产生什么样的语言。

英国伦敦在20世纪60年代之前曾有 City of Fog（雾都）之称。英国的雾是由来自海洋的大量暖湿空气与岛屿上空较冷的气团相遇形成的。经常笼罩在雾中，英国人就用"fog"和"mist"两个词将"雾"和"薄雾"加以区别。伦敦的许多工厂的烟囱和无数传统英国式壁炉冒出的烟里含有大量的微粒，使空气更容易凝结成雾珠。烟雾混为一体，形成了对人体造成危害的 smog（smoke ＋ fog 烟雾/雾霾）。英语中与伦敦的"雾"有关的词语还有：London fog（伦敦雾）、London ivy（伦敦的烟雾）、

London particular（伦敦特有的浓雾）、London smoke（伦敦烟灰色）。

（十四）Gentle（文雅的）与英语新词

英语在吸收、同化外来词语的时候，在词法结构上的可塑性主要体现在：外来贷词与本族语合成新词和转换词性的可塑性。外来贷词进入英语后，迅速与英语词汇联姻，组成新词。

英语中的 gentle（文雅的、出身高贵）是 1225 年从法语中引进的，1230 年就出现了新词 gentlewoman（贵妇人），1275 年出现了 gentleman（出身高贵的人，绅士），1300 年出现了 gentleness（文雅）和 gently（文雅的）。

来自法语的英语贷词 gentle 在进入英语后的 75 年中不仅本身的词义扩大了，还与英语原有的词汇转换成词性和意义各不相同的词，从原来单一的形容词通过与英语词结合变成了名词（包括具体名词和抽象名词）和副词。英语转换外来词词性的主要手段是在外来词或外来贷词上加前缀和后缀，将外来词迅速与英语词同化。Gentle 这个来自法语的贷词，加上后缀"ness"或"ly"分别变成了名词和副词。

（十五）Gentleman（绅士）与贵族

16 世纪以来，英国资本主义迅速发展势必引起社会阶级结构的变化，主要表现之一是封建旧贵族的衰落和乡绅新贵族的崛起。那些有经济实力，并精于管理的乡绅在社会等级的阶梯上步步高升，其中有的被封为骑士。

英国史籍上将 Knight、Esquire、Baronet 和 Gentleman 笼统地称之为乡绅。这主要因为他们在社会等级制的阶梯上，同居于亲王、公爵、侯爵、伯爵、子爵和男爵之下，都没有出席上院的资格。Gentleman 曾是英国小贵族中的一员。1500 年以前，gentle 与 noble 的含义相同，意思是"高贵的"，故 gentlemen 又被认为和自认为是noblemen（贵族、地位高尚者）。Gentleman 在英国封建社会中指"贵人、老爷"。

14—15 世纪英国战乱频繁，英法百年战争刚结束，国内又爆发了内争的贵族战争，其间还发生过农民起义。在此以前农奴就要求解放，战争负担重，议会又禁止工钱上涨，还要新征人头税，农村当时流传着：When Adam delved and Eve span, Who was then the gentleman?（亚当耕地，夏娃纺线的时候，地主老爷在哪里呢？）"Gentle"一词的本义是"出身高贵"，到后来才演变出"文雅、温柔"等意思；"gentleman"一词的本义是"老爷"，到后来才演变成为"有教养的人"。

18 世纪中叶起，"Gentleman"一词被广泛地使用和滥用，英国每个生活水准高于庶民的平民都敢称其为 Gentleman，这使得"贵族"从 Gentleman 原有的概念中分离出来。

（十六）Gentry（乡绅）与贵族

英国上院贵族，即高级贵族，和低级贵族有着不容否认的区别。英国贵族体制的一个重要特点是低级贵族不能出席上院，没有像五级贵族那样的政治和司法特权。低级贵族是指无贵族爵位称号的乡绅阶层。

乡绅（gentry）是英国封建社会中晚期出现的新兴资本主义生产关系的代表，它肇始于12世纪末，形成于16世纪末。这期间的英国是一个以农业生产为主的国家，由于土地财富是衡量社会地位的最终尺度，因此，在城市赚了钱的人往往要投资于土地，加入乡绅的行列。经济实力的上升终究会带来社会政治地位的变化。一些精于管理的乡绅在社会等级的阶梯上步步高升。少数上层自由土地持有农经营有方，不断购进或租进土地，形成了一个富裕的yeoman（"纽曼"或意译"自耕农"）阶层（复数为yeomen，总称为yeomanry）。纽曼是位于小农（small husbandmen）和大农场主之间的耕种者。杰出的纽曼可被授予乡绅或gentleman（绅士）的头衔，跻身于绅士行列。中世纪晚期英国村庄的头面人物就来自杰出的纽曼。纽曼和绅士如此接近，以至于出现了"宁为纽曼头，不做绅士尾"的英格兰谚语。同时，纽曼还是knight（骑士）的重要来源。富裕的纽曼被授予骑士的称号。封建社会的晚期，英国社会内部贵族以外的中等阶层之间界限日益模糊起来。绅士、缙士和骑士常常混同起来。英国史学家常把骑士笼统地称为"绅士"，既有着gentleman、esquire和knight头衔的人。

（十七）Henpeck（好斗的母鸡）与妻管严

"一个词的意义不是词本身固有的，一成不变的东西，而是源于人在不同语境中对它的'利用'，这种利用不是任意的，而是来源于人的认知联想和认知能力。"（赵艳芳，2001：193）

根据动物学家的研究，雌禽之间的所谓pecking order（长幼尊卑的次序）有一定的型式：最长的或最凶的可啄次长的或次凶的，次长的或次凶的可啄幼小的或一般的，依次类推。虽然在鸡群中母鸡很少啄公鸡，因为公鸡为鸡群之首，但人们普遍认为母鸡常常啄级别比它低的小公鸡的毛。于是有人将专横的妻子与好斗的母鸡相比拟，造出了henpeck一词，以表示"对丈夫唠唠叨叨责骂不休"，"管制丈夫"。英国诗人勃特勒（Butler, 1612-1680）是第一个给该词下定义的人。桂冠诗人德莱顿（Dryden, 1631-1700）诉苦说：他常受老婆的气，用了henpecked（被老婆责骂的、妻管严的）一词。诗人拜伦（Byron, 1788-1824）在《唐璜》（*Don Juan*）一书中写下了如下名句：But — oh！ ye lords of ladies intellectual,/Inform us truly, have they not henpeck'd you all.

作家斯梯尔（Steele, 1672-1729）把古希腊哲学家苏格拉底戏谑为 the undoubted head of the Sect of the Hen-pecked（惧内的当然领袖）。

（十八）Hooligan（街头恶棍）与足球流氓

作为岛国的英伦三岛，一方面有海岛文化的顽强、自闭；另一方面也不乏宽容和开放。所以这造就了大英帝国领导世界潮流的百年辉煌：从政治体制到流行歌曲，从文化到体育——且不说英国是现代奥运会的创始国，就说那些比赛项目，如果以国家为单位来计算的话，英国人发明的体育项目一定是最多的。英格兰人为世界发明了足球 soccer（英语中的"soccer"一词源于 Association 的简写 Assoc）。

英国人一方面具有幽默、温文尔雅的绅士举止，另一方面面对闹事又有着天生的爱好。他们也为世界发明了足球流氓闹事的 hooligans。Hooligan 原是横行于伦敦东部的爱尔兰恶少，因其不断闹事、流氓斗殴，后来竟然把姓名 Hooligan 弄成了代表"流氓"的英文单词而载入了历史。来到英国的任何一个足球场看球，整场比赛期间，英国人国骂不绝于耳，粗话连篇，看到兴致高时，连喊带叫、连蹦带跳并不稀奇，甚至还发生暴力。球迷间互相谩骂攻击似乎也成了看台上不可或缺的一部分。近年来，英格兰的狂热球迷还充当了发展国际足球流氓事业的先锋。

（十九）Ipod Generation 处境艰难

人们总是习惯假设一代更比一代强。后来的年轻人能享有学习、旅游和从事激动人心的职业的机会。但事实上，如今的英国年轻人要承担更多的义务，他们增加收入和创造财富的难度也更大了。前几代人享受了由纳税人资助的高等教育，而现在的英国年轻人则要交纳大学学费。他们要承担更大的风险，他们的负债也在加重。人口老龄化意味着年轻人必须供养不断增加的领取养老金的老人以及支付他们的医药费。因此当今这一代年轻人被称为 Ipod Generation——即 Insecure（不安全的）、Pressured（压抑的）、Over-taxed（税负过重的）并且 Debt-ridden（债务缠身的）一代。当今的青年一代缺乏应有的自信和能力，因为他们负债累累，而且不愿意承担风险。英国的年轻企业家的能力水平低于美国、澳大利亚、新西兰和爱尔兰的年轻企业家，而且近些年来能力不仅没提高，反而下降了。一些人选择找一份可以提供丰厚养老金的貌似安全的工作，其他人则不得不找什么干什么，努力还债。

（二十）King（国王）被辱

英国在历史上长期受教皇和封建国王统治，因而英语中对教皇和国王表示愤怒、鄙视、厌恶的熟语比比皆是。例如：

[1]The king and pope, the lion and wolf（国王教皇，狮子豺狼）

[2]Kings go mad, and the people suffer from it.（君王发狂，百姓遭殃。）

[3]Kings have long hands.（勿与帝王争。）

[4]More royalist than the king（比极端分子还极端）

[5]Kings and bears often worry their keepers.（伴君如伴虎。）

[6]Pope's nose（煮熟的鸡屁股）

（二十一）Lady（女勋爵）和 Lord（勋爵）与面包出身

在长期的词义演变过程中 lady 一词的词义变得越来越一般化，并衍生了不少词义，其中之一就是被恶化为"妓女"、"情妇"；而 lord 则被褒化，它被视为颂扬性的词，而且只要将其第一个字母大写，就可以用来指"上帝"、"基督"。

其实，lady（女勋爵）和 lord（勋爵）这两个词的出身都与面包有联系。在古英语中 lady 写作 hlafdige，由 hlaf（面包）加 dige（揉捏者）构成，意思是 loaf-kneader（做面包的人），这就是说，那时的 lady 要亲自下厨房揉面团，烤面包。Lord 在古英语中写作 hlaford，更早一些写作 hlafweard，由 hlaf（loaf）加 weard（keeper）构成，意思是 bread-keeper（保管面包的人）。这反映了一家之主和其属下之间的关系。因此，lady 和 lord 早先一度分别指女主人（或妻子）与男主人（或丈夫），14 世纪以后分别作为对贵族的妻女的尊称与对贵族等的一般称呼。

（二十二）Lion（雄狮）与英国

英国人自豪地以狮子作为自己国家的标志，英国国徽的中心图案是 lion，因此英国又被称之为 The British Lion，所以 to twist the lion's tail 意为"向英国挑战"。

在英国人的心目中，lion 乃是当之无愧的兽中之王。从 regal as a lion（狮子般庄严）、majestic as a lion（狮子般雄伟）、as brave as a lion（勇猛如狮）等成语中便不难看出，狮子在英语文化中享有很高的声誉。英国著名诗人雪莱在一首诗中号召被压迫者像狮子样醒来"Rise like lions after slumber"。英国历史上查理一世（King Richard）因其"勇武善战"被誉为 the lion-hearted king，史称"狮心查理王"。正因为英语词 lion 的这种语义，学术界有"威风"的人被称为 a literary lion。

（二十三）Lord（勋爵阁下）与表敬

在英语中，人们对不同身份、不同地位的爵爷表敬时需使用不同的尊称。英国上层社会的家族大都有世袭的爵位头衔，象征着他们的地位与社会等级。

对地位最高的公爵，一般必须称其为"某某公爵"，如 Duke of Edinburgh、

Duke of Windsor。对公爵的尊称是 Your Grace（大人）。Highness（殿下）是对 Royal Duke、Royal Duchess 的称谓。对拥有侯、伯、子等爵位的人来说，可以使用他们确切的爵位名称，如 Marquis of Stafford、Earl of Essex。对侯爵的尊称是 Most Honorable（最尊敬的），而对侯爵以下的爵位则称 Right Honorable Lord（阁下）。Lord 放在姓氏之前，如 Lord Mountbatten。对于五等爵位中最低的男爵，人们则不能称其为"某某男爵"，而一定要称 Lord。

Lord（勋爵阁下）——这是与侯爵、伯爵、子爵、男爵等贵族地位平等的人之间的尊称。例如：The Marquis Black 可称为 Lord Black。Lord＋名字可用作身份平等或低下的人对公爵、伯爵、子爵的儿子的尊称。例如，The Marquis Black 的儿子 Carlon Black 可称为 Lord Carlon。My Lord 和 Your（His）Lordship 通常用于身份低于侯爵、伯爵、子爵、男爵、准男爵的人对他们的尊称。在 My 和 Lord 之间还可以加上表敬的形容词，例如：My Good Lord、My Honorable Lord、My Noble Lord 等，其中 Honorable 可以作为敬词单独使用，缩写式为 Hon.。

（二十四）Manglish 与男性英语

丹麦语言学家 Jesperson 在其《英语的发展与结构》一书中指出：英语是他所熟悉的所有语言中最男性化的语言。

英语中男性主导地位和女性附庸地位由来已久，女子依附男子的文化定位在西方文化的支柱《圣经》中就有所规定。《圣经》中明确声称：Man was created by God, Jehovah, and was placed at the head of all creation.（男人是上帝耶和华所造，故为万灵之上。）

自夏娃之初，女性就无自己的语言，因此必须借助男性语言。女性的称呼语 woman 源自 man。"Woman"一词在拼写中包含了 man，而"man"一词在意义上则可以包含 woman。"Woman"一词如果去掉 wo- 这个前缀，man 还是一个有意义的词；而 woman 这个词如果去掉 man，wo- 就不是一个独立的词。*The Dictionary of Word Origins* 对"woman"一词的解释为：The creature was produced from the rib of **man**... She is a house built for generation and generation, whence our language calls her woman, **womb-man**.（这种动物是由男人的肋骨产生的……她是传宗接代的场所，因此我们把她们叫作女人。）"女人"一词等于"子宫＋男人"，即 woman ＝ womb ＋ man。

根据词源学的研究，woman 起源于 wifman，意思为 wife ＋ man。中世纪神学巨擘 Aquinas（阿奎那）在其《神学大全》中声称：Woman is an imperfect man.（女人是不完整的人。）

Man 一词既可以指"男人"又可以指"人类",如:"The history of our world is the history of mankind."中 mankind 一词不能用 womankind 取而代之。Man 作为 human being 根深蒂固,不能轻易改变,在整个英语史上都保持这个意思。美国的《独立宣言》向人类庄严宣布:All men are created equal,以 man 代表人类并正式作为法律固定下来,如果用 women 替换 men,句子将失去原来的意义。从词源上分析,history 这个词来源于 histor,意思是:knowing、learned、wise man,它确实仅指男性。但事实上,女人和男人都是历史的创造者,而决非是 his story。在一般的历史资料或教科书中人们都可以看到这样的句子:To survive, man needs food, water, shelter and female companion。英语词语男性化的倾向实在太明显了,就连女性 female 这个术语都是由男性 male 派生而来。

男性成为了典型的人类代名词,这种原型功能和形象使得 man 具有较强的组词性。英语中许多带有 -man 或 man- 这个成分的词使用频率相当高,如:manpower、spaceman、man-hour、man-made、man-at-arms、man-of-war、man-to-man 等。还有许多由 man 统治的词明显表达出大男子主义和男人集政治、经济权力于一身的传统观念,如:chairman、statesman、congressman、newsman、businessman、spokesman 等。英国是由男人统治的 kingdom,虽然英国也曾由女人统治,但却没有 queendom 一词。同族、同胞也只有男人,没有女人,如 kinsman 和 countryman。Man 虽然在语法上包含女性,但是在具体形象中却是排斥女性的,如果女性见到某处标有 man only(女人勿进)的标牌时就会明白这是排斥她的。

英语中有一个最古老的成语,as one man,源出《圣经·旧约》中的《士师记》(第 20 章第 8 节):So all the people got them up as one man。(众民都起来如同一人。)从古至今该词义一直没有变化,仍表示"(全体)一致地"。英语中的 man 还是土地、领地、城堡的主人,如英国地名中的 Isle of Man(男人之岛)、Mansfield(男人的领地或土地)、Manchester(男人的城堡)等。

英语与俄语不同,是一门无系统性别标志的语言,各词的"性"主要是按其意义所表示的自然性别来区分的。然而,句法中的代词第三人称单数 he、she、his、her 等却是唯一的例外,其中,没有一个代词可用来兼指男女两性,一个性别不明的人通常用 he 指称,而不用 she。据统计,文献中出现 he 和 she 的比例为 4:1。正式语体中,人们通常用单数代词 he 作为不定代词 somebody、everyone、anyone、no one、nobody 等的替代词。如:He who... 可以指代男或女,而不用 She who...。He 可用来泛指任何人。难怪有人会这样描写:Now she represents a woman, but he is mankind. If she enters mankind, she loses herself in **he**。

事实上,阳性代词作为共性代词的做法早在 20 世纪就已经法定化。用 he 作为共性代词的这一做法是通过法律形式确定下来的。英国国会 1850 年通过法令规定在议会内部要用 he 来指男女两性。美国宪法在描述众议院议员、参议员和总统的资格时，指称每一位为 he。

英语中以 man 指称人类，以 he 来指代男女，已被公认。She 只不过是在 he 之前加了一个"s"罢了，they 中不是也包含"he"吗？

（二十五）Marry（结婚）与不平等

人类进入父系社会以后，男性在生产、生活中居于主导地位，女性就渐渐成了"弱势性别"，普遍受到不公平的待遇。女性在社会中的从属地位及作为二等性别的状况被如实地反映在语言当中。法国女性主义批评家西蒙·德·波在《第二性》中说到："一个女人之为女人，与其说是天生的，不如说是形成的，是于男性之下形成且附属于男性的。"（黄启发，2003：109）

男女结婚，对两性而言具有同样的意义，但在英语中男性实施的行为是"to marry"，而女性所实施的行为是"to be married"。To marry is to give, or to be given, to a husband, man.（张梦井，2003：340）Marry 在中世纪英语中写作 marien。Marien 来源于古法语中的 marier。Marier 是由词根 mari（丈夫）加上动词后缀 -er 构成的。动词 marier 明显地突出 mari（丈夫）在婚姻中的主导作用。Betroth 的意思是"把（女）许配给……"，其旧时意为"pledge to marry"，该词源自中世纪英语 treowth（a pledge），意思是"（男子）答应娶……为妻"。无独有偶，wed（娶、嫁）在古英语中也作"pledge"（承诺）之解。从这描写婚姻的一类字中人们可以窥见早期婚姻中妻子为附属品的端倪。

英语中的"marry"一词除了表示男女的结婚行为外，还有"把女儿嫁出去"的意思。

[7]She has married off all her daughters.

[8]Mr. Green married his daughter to John.

以上两个例句合乎英语传统，是被接受的用法，但"He married his son to Jane."在意义上不能被接受。这一用法清楚地表明女性的被动性，marry 在这里等同于 give。可见在西方国家，婚姻中的男女是不平等的。

（二十六）MG（莫里斯汽车行）与名爵

MG 是 Morris Garages 的简称，MG 之父由威廉·莫里斯于 1910 年正式创办。拥有近百年辉煌的 MG 品牌，其八角形的标志下蕴含着独特的传统和文化。它对英国汽车发展有着卓越的贡献，成为英国跑车的代名词，培养了大批忠诚的车迷。直到现在，MG 车主俱乐部仍是世界最大的车迷组织。

MG 中的 M 是 Morris（莫里斯）的第一个字母，G 是 Garages（车库）的首字母。MG 与"名爵"风马牛不相及，但却被好面子的国人硬给命名为"名爵"。

南京汽车集团收购了英国的 MG 罗孚。南京汽车集团说，给自己的 MG 命名为"名爵"，象征着品味、魅力、时尚、成功与追求。翻译成英文，名爵成了 modern gentleman（现代绅士），这与 MG 的起源 Morris Garages（莫里斯汽车行）的缩写相去甚远。

Morris Garages 成了 Modern Gentleman，引其 MG 爱好者的一片唏嘘慨叹，有人赞叹中国人的创新，有人对另一片英国传统的消失而大为不满。有人说其"荒唐"，有人称之"悲哀"。MG 对那些拥有和热爱 MG 跑车的人来说至关重要。MG 代表着经典跑车的一个时代，被改名成"名爵"这样一个没有任何历史背景的荒唐名字使 MG 身价大跌。

（二十七）Milk（牛奶）与 Bread（面包）

英格兰位于北温带，那里的气候对农作物的生长是不利的，然而对多汁草本植物却很有利，因而畜牧业在农业中占据了第一位。农作物主要为小麦，生长在英格兰东南平原地区，因而英国人的主食是牛奶和面包。自然，英语中的许多比喻就都离不开牛奶和面包。例如：

[9]A baker's wife may bite of bun. （近水楼台先得月。）

[10]Another's bread cost dear. （别人的面包价更高。）

[11]Bachelor's fare: bread and cheese and solitude. （光棍过日子：面包、干酪加孤独。）

[12]Butter is gold in morning, silver at noon and lead at night. （过犹不及。）

[13]Give a loaf and beg a slice. （多奉献，少索取。）

[14]Half a loaf is better than no bread. （聊胜于无。）

[15]If you sell the cow, you sell the milk too. （事难两全。）

[16]God gives the milk, but not the pail. （上帝赐牛奶，桶要自己买。）

[17]It's no use crying over spilt milk. （后悔无益。）

[18]Take bread out of someone's mouth. （夺人饭碗。）

英国一日三餐均有不同的叫法，而说"吃饭"，这饭便是 bread，所以有 to set on bread（开饭）的说法。汉语中用"饭碗"喻职业，而英国人则用 a bread and butter job。"谋生"在英语中用 earn one's bread。"夹生饭"喻不成熟，英语中用 half-baked。"The milk is split."是"生米煮成了熟饭"的意思。

（二十八）Nor（北方）与 Norn（女神）

英语中凡指"来自北方或北欧"一义时，都以 nor 来命名，例如：northman/

norseman（北方人）、norland（英国北方）、Norse（挪威人）、nordic（斯堪的纳维亚人）等。

Nor 的"北方"一义源于斯堪的纳维亚语"Norn"。Norn 是北欧人所信奉的主宰人类命运的女神。1066 年起入侵并征服英国的"诺曼人"（Norman），在 10 世纪海盗移民法国巴黎西北沿海诺曼底（Normandy）定居之前就是来自于斯堪的纳维亚的北欧人（Norsemen/Northmen）。

（二十九）Parliament（议会）与谈话

Parliament（议会）这个词是从拉丁文演变而来的，原始的含义是"谈话"。它最早出现在 13 世纪初的教会规章中，意指茶余饭后僧侣们在修道院举行的谈话会。稍后该词便被用来描写诸如法王路易九世和教皇英诺森四世在 1245 年举行的正式会谈。

据当时的编年史记载，亨利三世在他召集的大会议期间举行过一次类似的会谈，从此 Parliament 在英国扎下根来，以至于宪政史上把 1242 年以后国王所召集的传统大会议都泛称为 Parliament。英国议会上下两院制形成于 14 世纪 40 年代。在 1343 年 4—5 月举行的国会上，教会贵族和世俗贵族代表在威斯敏斯特宫的白色厅堂开会，而骑士和市民代表则在彩色厅堂讨论。从此，贵族代表和平民代表分厅议事形成定制，各自有其专用的开会场所，从而形成 House of Lords（贵族院）和 House of Commons（平民院），即沿袭至今的 Upper House（上院）和 Lower House（下院）。议会的构成也发生了变化，由以前的僧侣、贵族、平民三部分变成了新的三部分——国王、上院、下院。伴随着两院形成的是上下院议长的出现。起初，下院与上院及国王的联系是通过临时指派的代表进行的。1376 年下院第一次选举产生了 Speaker（发言人），即下院议长。从此以后，每届议会下院都要选出议长。这样，原来议会的主持人大法官自然而然地就成为 Lord High Chancellor（上院议长）。英国贵族既是土地的主要占有者，又是政治权力的主要垄断者。宗教改革之后，议会上院成了世俗大贵族和少数主教的世袭领地。

（三十）Plantation（种植园）与殖民地

1607 年，英国殖民者在北美东海岸建立了第一个城市 Jamestown（詹姆斯墩，以新登基的英王命名），后来由此发展为殖民地 Virginia（弗吉尼亚）。Virginia 的意思是"圣洁的女王伊丽莎白一世的土地"。美国独立后，又沿用它为州名。1620 年，一批英国移民乘"五月之花号"来到麻州南端的 Plymouth（普利茅斯，因纪念从英国起航的港市 Plymouth 而得名），开始了 New England（新英格兰）一带的殖民。

Plantation 是与早期殖民地有关的一个词语。英国殖民者 1607 年在北美建立的第一块殖民地 Jamestown，当时被称为 plantation。Plantation 一词旧时的英文意思是：a newly established settlement or colony（殖民地）。只是到后来真正的种植园纷纷建立起来之后，plantation 才具有了"种植园"的意思。

从历史的渊源来说，如今的美国是从不列颠美洲殖民帝国的一部分衍生、发展而来的。Planter（英殖民主义者）、colonist（移民）、settlement（殖民）、proprietor（英王特许独占某块殖民地的"领主"）、dominion（领地）、burgess（殖民地时期弗吉尼亚或马里兰的"下议院议员"）、yankee（英格兰移民）、royal colony（皇家殖民地）、charter colony（特许殖民地）等美语就是美国曾作为英殖民地的历史见证。

（三十一）Prime Minister（首相）与英国资产阶级革命

Prime Minister（首相）是君主国家内阁的最高职位。这一官职也是英国资产阶级革命的产物。1714 年，德意志汉挪诺威选帝侯之子乔治入主英国。由于不懂英语，又不了解英国国情，乔治视参加内阁会议为一大负担，慢慢地就不再出席了。后来国王不参加内阁会议就成了惯例，内阁只要在事后将会议讨论情况通知国王即可。国王的退出，使内阁会议需要一个新的主持人，并由其负责将内阁会议的结果通报给国王，这样原先地位平等的内阁成员中就出现了一个地位较高的主持人和领导人，此人就是后来的 Prime Minister（Prime Minister—the most senior minister of cabinet in the executive branch of government in a parliamentary system）。

下面这些国家的首相使用 Prime Minister 的称呼：Denmark（丹麦）、The Netherlands（荷兰）、Norway（挪威）、Japan（日本）、Malaysia（马来西亚）、Sweden（瑞典）、Belgium（比利时）、Spain（西班牙）、Canada（加拿大）、Australia（澳大利亚）、New Zealand（新西兰）、U.K.（英国）、Finland（芬兰）、Greece（希腊）、India（印度）、Ireland（爱尔兰）、Portugal（葡萄牙）、Montenegro（黑山）、Croatia（克罗地亚）、Bulgaria（保加利亚）、Romania（罗马尼亚）、Serbia（塞尔维亚）、Turkey（土耳其）、Singapore（新加坡）。

（三十二）Privacy（私域）与个人的城堡

"私域"在追求自我的英国社会中被当作是合法、合理的，是人们的最高需求。得到它，就得到了最大满足，它受到侵犯，个人就如同受到侮辱。Private affairs、private business、private concerns、private thoughts、private zone、private autonomy、private life 等私域对个人来说是神圣不可侵犯的。英语中有些词语经常被用来形容令人讨厌的打听别人私事的家伙，例如：meddle in other people's affairs（干涉别人的事）、

nosy（爱打听他人的事的）、poke/pushone's nose into other people's business（探听或干预别人的事）、inquisitive（爱打听别人隐私的）等。英语中有句谚语：A man's home is his castle。在英国人看来，Privacy 就是个人的"城堡"。

（三十三）Pub（酒吧）的历史

漫步在伦敦的大街小巷，人们可以看到各式各样的酒吧。据说，伦敦地区的酒吧达 2 万家之多。伦敦著名的酒吧几乎天天人满为患，甚至酒吧外面也站满了举杯交谈的人群。酒吧内的旋律和酒吧外的喧哗，构成了一幅伦敦典型的都市生活画。泡酒吧已成为许多英国人业余生活的真实写照。"没去过英国的酒吧，你就没有看到真正的英国"，在关于英国旅游的小册子中人们经常看到这样的忠告。

英国人都知道这样一种说法："如果一个生活在 10 世纪的人从墓中惊醒，他在英国这片土地上可以识别的东西只有两样——教堂和酒吧。"而教堂是否仍是当代英国人不可或缺的精神安息场所已值得怀疑，那个从墓中走出来的 10 世纪时的绅士一定会感叹，此教堂早已不是彼教堂了。然而，当他走进那个位于街角、不起眼的、幽暗的、在外墙横眉挂着木制招牌的小酒馆里，他却仍能找回昔日的回忆，这就是英国人足以骄傲的地方。可见，古老的英国小酒吧里早已溢满了英国的历史传说，并延续着英国文化的人情世故。

英国大文豪塞缪尔·约翰逊曾经说：人类还没有发明过哪一种事物像一个好的酒吧一样，能带给人这么多的欢乐。事实也的确如此，酒吧文化是英国社会生活不可或缺的一部分。

Pub（酒吧）是维多利亚时代英文名称 Public House 的缩略。英国的酒吧是被最广泛的英国百姓所承认的公共机构。英国人乐此不疲地告诉外国游客——"如果你没有去过酒吧，就等于没来过英国"。

酒吧成为英国人生活中的重要部分已经有几百年的历史，它源于 11 世纪。当时的英国百姓喜欢把路人请到家中喝上一杯自酿酒。像教堂一样，酒吧通常都是一个社区的中心。而早期酒吧产生的另一个原因就是为盖教堂的建筑工人提供一个休息的场所。收工之后，工人们吃饭、睡觉以及作为工作一天后唯一的娱乐——聊天也是在小酒吧里进行的。因此，在英国，酒吧也称为 The Inn（小旅店）、The Tavern（酒馆）等等。随着时间的推移，酒吧作为休息场所的功能逐渐转移给当地地主的庄园。这也就部分解释了为什么英国酒吧的名字通常会反映当地贵族的姓氏或纹章。

正是因为英国小酒馆太具有人气和亲和力，这些场所也因此成为英国不少历史重大事件的策源地：英国历史上著名的辉格党企图推翻查理二世的阴谋就是在一家传统的小酒馆里策划的；18 世纪末，板球游戏的规则是在小酒馆里制定的；英裔美国思想家托马斯·潘恩在伦敦的"天使小酒馆"完成了其名作《人权论》的写作，等等。

英国文学起源于酒馆。自从诗人乔叟创作《纹章战袍》以来，文学和酒馆就密不可分。莎士比亚曾是酒馆里的常客，经常边喝啤酒边写剧本。他的很多剧目也是首先在小酒馆里上演并传播开来的。在查尔斯·狄更斯的诸多作品中，酒馆是一道显著的风景。《哈利·波特》的女作者也是整天在爱丁堡的酒馆里描绘她天才的幻想。

英国常年热播的第二次世界大战情景喜剧《爸爸的军队》中令人捧腹的情节就都发生在一个坐满了男女老少的 Red Lion（红狮）酒吧里。"红狮"对上了年纪的英国人来说，它让人有种时光倒流的感觉，让人怀念深厚的英国酒吧文化，也怀念英国曾经的辉煌。

"红狮"牌匾的中央画的是一只狮子，而图案中不仅有来自英格兰兰卡斯特的旧时民兵武器装备，还有苏格兰当地军人的装饰标志。在历史上，"红狮"还是英格兰和威尔士王族的象征，历史可以追溯到数百年前。地理文化上南北合一的特色，提醒英国人，"红狮"酒吧诞生初期正是英格兰和苏格兰政权统一、斯特亚特王朝崛起的重要时代。

（三十四）Puritan（清教徒）

由于英国资产阶级革命的主角是 Puritan（清教徒），故也称"清教革命"。清教派认为英国国教里残留的天主教因素和作风还不少，有许多不洁的，和《圣经》相违背的东西，需要来一番净化。

仔细研究 puritan 一词的构成，人们便不难看出为什么它具有革命性。Puritan 是英语一词 pure 的派生词，pure 意指"净化的、纯洁的"。英国资产阶级用 Puritanism（清教主义）的形式进行了革命。资产阶级革命所要清除的对象正是腐朽的封建贵族、英国国教中的天主教残余势力以及他们的总代表——封建王权。

（三十五）Rugby（橄榄球）与秃鼻乌鸦很多的城市

所有人都知道英国是现代足球的发源地，足球在英国的受欢迎程度要远远超过任何一个国家。不过，橄榄球这项运动正是受到足球的启发才诞生的。英国小城拉格比（Rugby）是橄榄球运动的发祥地。拉格比的英文名为 Rugby，原义是"秃鼻乌鸦很多的城市"。这个小城位于伦敦西北约 120 千米的地方。市内有一所历史悠久的拉格比公学，橄榄球运动就是在这所学校里诞生的。

拉格比公学成立于 1567 年，这所学校以其鲜明的办校模式、适应潮流的办校理念以及丰富多彩的课余生活而著称于整个英国。从这里走出的学生有很多成为世界闻名的人物，像曾经的英国首相张伯伦、《爱丽丝梦游仙境》的作者路易斯·卡罗等。值得一提的是，在学校成立400周年的日子里，英国女王专门为这所学校进行了授牌，可见拉格比公学的影响力。

橄榄球这个运动项目的产生要追溯到一次足球比赛中的犯规。体育是拉格比公学的传统，这里不仅有足球，同时还有众多其他体育项目被列入到课程中。在200多年前，足球比赛就已经在拉格比公学里流行，而在1832年的一次校内足球比赛中，一个球员因射门失误感到十分惋惜，竟然不顾一切抢球就跑。之后在该校的足球比赛中，这种抱球跑的现象频频发生。虽说这是犯规动作，却让人觉得新鲜刺激，久而久之，竟然逐渐被大家所接受，成为合法动作。后来拉格比人正式确定了这项观赏性很高的比赛项目——橄榄球。

橄榄球的英文原名 Rugby Football，意思是"从拉格比公学发源的足球"。因为这种球的外形类似橄榄，所以中国人就叫它橄榄球。

（三十六）Salary（工资）与 Salt（咸盐）

英国位于欧洲的西北部，由数百个岛屿组成，其主体部分是大不列颠岛。大不列颠岛四面环水的优越地理位置为临近该岛的一些欧洲国家人的入侵提供了良好的自然条件。在漫长的历史进程中，英国曾经受多批外族的入侵和留居。不同语言的因素在不列颠的语言中都留下了痕迹。这其中包括属于凯尔特系统的不列颠语、罗马人带来的拉丁语、盎格鲁-撒克逊人引进的古英语、海盗时代输入的北欧语，还有诺曼征服之后的诺曼底法语。

罗马军队入侵不列颠后，在泰晤士河下游渡口筑起一座要塞，作为统治不列颠的基地，起名为 Londinium，London 之名即是从中演变而来，它是现代伦敦的发祥地。历史上罗马人的占领从43年到449年长达400年之久，在这400年的时间里，逐渐形成了不列颠拉丁文化。罗马人因罗马帝国衰退而撤离不列颠后，他们的文化及其对不列颠的影响依然留在岛上。即便在今天的英语中人们仍然不难找到古罗马文化的痕迹。

罗马人的一些风俗习惯在英语中也留下了不可磨灭的印记。在古罗马时期，salt 是很珍贵的。罗马士兵的军饷的一部分就是用 salt 来支付的。后来改发购盐的证券，称为 salarium，这个词后来演变为 salary（工资）。但是 salt 表示"工钱"的意思在英语习语中保留下来。现在人们如果说某人 worth his salt，就是说他是一个"称职"的雇员。

(三十七) Shadow Cabinet（影子内阁）与预备内阁、在野内阁

所谓 Shadow Cabinet 指某些国家的在野党为准备上台执政而设的预备内阁班子。它往往由下议院中最大的反对党领袖，物色下院中有影响力的本党议员，按内阁形式组建而成。这种制度由英国保守党首创，后为一些英联邦国家所采用。

英国是典型的议会民主制的君主立宪制国家，其议会包括上议院和下议院。上院与君主非选举产生，下院由选民选举产生。议会多数党领袖担任英国首相，并由他负责挑选本党人员组成内阁。而最大的在野党随之成为正式的反对党，并组织 Shadow Cabinet。一般来说，Shadow Cabinet 接受政府补助，成员都是有薪水的。我们有时会听到某某人是 Shadow Cabinet（贸易与工业大臣），实际上是说他是在野党负责贸易与工业的议员。

Shadow Cabinet 虽名曰 shadow（影子），但无论从它对国家政治生活的实际作用方式来看，还是考虑到它的前途和归宿，都远非 shadow（影子）可比。Shadow Cabinet 不但不附和当任内阁，反而以同它争斗为乐。Shadow Cabinet 负责领导下院中本党成员的一切活动，遇到议会辩论时，各"影子大臣"就会踊跃发言，在阐述本党观点的同时，专挑当任内阁的毛病和缺点进行攻击。

Shadow Cabinet 会给当任内阁施加种种压力，其存在是为了促使当任内阁倒台，并最终取而代之。某党在野时的 Shadow Cabinet 往往也就是该党执政时的当任内阁，全套班子有时照搬，有时略作调整，但施政方略不会有根本变化。因此，人们称 Shadow Cabinet 为"预备内阁"或"在野内阁"似乎更为确切。

(三十八) Stonehenge（巨石阵）与石圈祭坛、石制绞首架

"巨石阵"位于英国威尔特郡索尔茨伯里平原上。"巨石阵"可能是古人的观象台，也可能是悼念逝者的纪念碑，可能是巨型"音箱"，也可能是医疗场所……多年来，很多研究人员发挥想象力，为矗立在英国威尔特郡索尔茨伯里平原上的一片巨大石阵做出了各种解释。出于对神秘史前文明的好奇与向往，每年上百万游客来到这里参观。巨石产自 250 千米外的威尔士西部皮里斯里山，建造年代据估计追溯至前 2550 年。1986 年，"巨石阵"遗址被列入世界文化遗产名录。

巨石阵（Stonehenge）在英国仍是个谜一样的遗迹。巨石阵是 1130 年被一位神父偶然发现的。以前曾听到一种说法，认为巨石阵是外星人所为，但大多数英国人认为巨石阵是古人创造的奇迹。

巨石阵的主体由几十块巨大石柱组成，这些石柱排成几个完整的同心圆，外围是直径约 90 米的环形土沟和土岗。这些巨石最高的有 8 米，平均重量近 30 吨，其

中有不少巨石横架在两根竖着的石柱上。巨石阵比人们想象中的要小多了，用"石圈祭坛"来形容也许更为贴切。

巨石阵在英文中叫 Stonehenge，其中的 henge 在古英文里的意思是"绞首架"，这确实很形象：3个大石头两竖一横，形成一个"门"字，正好就是古代绞首架的样子。在基督教时代，人们都不信异教，于是这里的很多石头被推倒埋起来，甚至被拿去盖房子，有一些被留下来的就成了现成的绞首架。

（三十九）Tory（托利党）与强盗

Tory（托利党）的不光彩的历史，可以在"Tory"一词的来龙去脉中找到答案，从该词的含义中找到历史的痕迹。

Tory（托利党）作为政党的名称最早出现于1679—1680年。因其支持詹姆斯二世的王权、封建地主和国教牧师，被人骂为 Tory，意为"强盗"。Tory 之所以被人用作骂人的话是因为这个词原义是指16—17世纪爱尔兰的"拦路强盗"或"土匪"。

人们使用这个贬义的名称，十分清楚地表明了他们的政治倾向，说明国王在人民中间是不得人心的。Tory 早在1833年就改名为 Conservative（保守党），Tory 作为政党名称早已成为历史陈迹了。但从那时起至今，除了官方在正式场合用 Conservative 这个名称外，普通人仍使用 Tory 这个旧名称。人们使用 Tory 这个旧名称可以揭 Conservative 的老底，使人们情不自禁地将 Conservative 的现行政策与它的前身 Tory 所推行的路线相对照，从而得出这样的结论：Conservative 与 Tory 是一脉相承的，Tory 的改名是换汤不换药的。

（四十）Townhouse（联体别墅）的由来

Townhouse 作为一种生活方式得到不断更新和普及，以便利的交通、绿地、蓝天和阳光的自然居住环境，备受中产阶级青睐。

Townhouse 又名联体别墅，是舶来品。Townhouse 起源于英国伦敦。最典型的代表建筑是唐宁街10号，即首相府。20世纪20年代，兴盛于第二次世界大战后的欧美发达国家，特别是美国，在20世纪70年代，城市进入高速发展时期，人口增多，中心区的土地资源越来越缺乏，城市功能向外扩展。同时，由于美国汽车的普及以及高速公路的大量修建，都市人开始涌向交通便利的城市近郊住。Townhouse 居住区周边有地铁、高速公路等快捷的交通设施，出行十分方便，周边配套设施完善；Townhouse 使每户人家都尽可能拥有更多的绿化和更好的景观；通风日照好、室内空气流通顺畅，有利于居住健康。Townhouse 无论是户型、外观、朝向还是功能分区，都最大限度地追求个性化、舒适度和自由度。

（四十一）Trinity（三位一体）与吉利

基督教的圣父、圣子、圣灵三位一体的主张极大地影响着英国人的民俗心理。他们对 Trinity 情有独钟，把它看成是完美的数字。

英国人认为世界是由大地、海洋、天空组成的；人体具有肉体、心灵、精神三重性；大自然有动物、植物、矿藏这三个内容。他们喜欢用 Trinity 这个吉利的字眼为一些事物冠名，如 Trinity House、Trinity Brethren、Trinity term、Trinity Sunday。剑桥、牛津两所大学久负盛名的学院之中就都设有 Trinity College（三一学院），英国历史上许多著名的人物都曾在这里学习过。"三一学院"不仅出数学家、物理学家，也出文学家、哲学家。培根、牛顿以及霍金就是剑桥大学三一学院的知名校友。剑桥大学的三一学院是由英国国王亨利八世于 1546 年所建，其前身是 1324 年建立的迈克尔学院以及 1317 年建立的国王学堂。从这里毕业的名人包括印度独立后的首任总理尼赫鲁、英王乔治六世等。

（四十二）Utopia（乌托邦）成因

Utopia 是一个承载丰富历史积淀的概念。Utopia 一直是人类思想史上充满活力而令人神往的词语。Utopia 包含着两层含义：对现实社会的批判；对更美好社会的追求。

1516 年，英国文艺复兴时期的著名作家 Thomas More（托马斯·莫尔）出版了用拉丁语写作的长篇小说 Utopia，莫尔因此而成为 Utopia 文学的开山鼻祖。Utopia 一词是由莫尔依据古希腊语创造的。Utopia 是 outopia（no place）与 eutopia（good place）两个词重新合成的拉丁语仿词（calque），指"福地，乐土"与"不存在的好地方"。莫尔把希腊语中的 ou（没有）和 topos（地方）结合起来，自创了这个拉丁语新词 utopia。Utopia 是一个美好的地方，也是个不存在的地方。Utopia 本义表示 nowhere（没有这个地方），指代一个空间化的概念，从空间意义上描写的理想社会形态。莫尔要在其作品里描述现实生活中并不存在的完美世界，就以 Utopia 来命名。

Utopia 的汉语译名"乌托邦"最早出于严复之手。严复在 1895 年出版的《天演论》中提及"乌托邦"一词的翻译，他说："假使负舆之中，而有如是一国……夫如是之国，古今之世，所未有也。故中国谓之华胥，而西人称之乌托邦。乌托邦者，无是国也，亦仅为涉想所存而已。"

严复首创的汉译"乌托邦"一词，无疑是中国近代翻译史上意译与音译奇妙结合的典范，因为"乌"取"子虚乌有"之意，"托"寓"寄托、托付"之意，"邦"存"邦国"之内涵。三个汉字放在一起产生一个新的汉语合成词，表达"虽不存在，但有所寄托的精神家园"。

自严复创造性地把 utopia 汉译为"乌托邦"一词以来，utopia 就一直在这个完全异质的中华文化语境里接受"过滤"、"嫁接"与"阐释"，演绎出一系列与乌托邦相关的衍生词译名，不同程度地影响着现代和当代社会人们的思想与心态。

（四十三）Viking 与北欧海盗

英语中的 Viking（北欧海盗）这个词本身就是斯堪的纳维亚人入侵不列颠的历史见证。Viking 在古英语里的原义为 Scandinavian sea-rovers，即"斯堪的纳维亚海盗"。以丹麦人为主的斯堪的纳维亚人先是四处袭击掠夺，而后便入侵、征服并定居他乡。丹麦人入侵英格兰东北部后在该地区施行 Danelaw（亦称丹麦管辖区，其意思是受丹麦人管辖，行丹麦人法律的地区）。他们强迫英国向丹麦进贡，史称 Danegeld（丹麦金），以后发展成为早期的赋税。在丹麦人统治英国的 20 余年里，大量的斯堪的纳维亚语成分进入古英语。只要看到以 -by 结尾的村镇名称，比如 Derby、Rugby，人们便可断定这个地方曾经被丹麦人占据过。现在英国人常用的家姓，如 Ashkettle、Askwith、Kettle、Orm、Rankill、Thorold、Thurgell 等也是源于斯堪的纳维亚外族人的姓氏。

（四十四）Welsh（威尔士）与奴隶

大约在 449 年，居住在西北欧的 Angles、Saxons 和 Jutes 三个蛮族借罗马帝国衰落、自顾不暇之机一举侵入大不列颠诸岛。在经历了 1 个半世纪之后，他们占据了英国的全部领土。

盎格鲁-撒克逊人入侵不列颠，把原住民驱赶到西部山区，称他们为 Welisc，久而久之，这个词演化为 Welsh，这就是威尔士人这个民族的来源。盎格鲁-撒克逊入侵者将威尔士人所居住的地方称为 Walas，后逐渐演变为现名 Wales（威尔士）。殊不知"Welsh"一词的本义是"外族人"，意指"凯尔特人"、"仆人"或"奴隶"。由此可见，当时已被彻底征服的凯尔特人在征服者心中的社会地位。

（四十五）Wig（假发）

在英国，法官和律师出庭时须戴环形卷发发套，或称 Wig（假发），迄今已有 300 多年的历史。近些年来英国庄严肃穆的法庭也与其他国家的法庭一样正逐渐现代化，电脑和其他高科技产品已涌入法庭。但英国法律界的守旧势力根深蒂固，法官及律师戴 Wig 出庭的规矩却岿然不动，不肯退出历史舞台。

起源于 18 世纪的马尾假发和长袍服饰，一直以来都是英国司法系统的象征。历史记载,律师的黑袍最早可以追溯到1685年,当时是为悼念查理二世驾崩所穿的丧服。假发的使用始于18世纪初期,现在所用假发式样是1822年设计的。那时戴假发是欧洲社会的时髦装束,只有达官显贵、王公贵族和法官律师等有身份的上流人物才能戴假发,从此逐渐形成了风气。

许多年过去了,素来以怀旧著称的英国人还在英格兰和威尔士的法庭上头戴假发、身着长袍。目前的法庭假发主要有两种样式:长可及肩的长假发,是在盛大活动和礼仪场合中戴的;只盖头顶的短假发,是在平时法庭上戴的。

(四十六) Whig (辉格党) 与盗马贼

与 Tory (托利党) 相对立的是 Whig。但是到今天为止,Whig 一词的确切含义仍是个谜,就连史学家也众说纷纭,但 Whig 的出处却是可以确定的:它来源于苏格兰西部。

多数学者认为 Whig 这个词来源于 Whey,而 Whey 指的是苏格兰西部农村里那些喝低级乳精、白脱牛奶、酸奶一类乳制品的穷人,他们被称作 Whig 或 Whiggamores。根据这个说法,Whig 这个名称也不能算是褒义的。关于 Whig 这个词的词义还有以下两种说法(顾嘉祖、陆昇,2002:293):

第一种说法认为,苏格兰西部农民赶马常用 Whiggam 这个词,它的动词形式是 Whig,意思是"策马前进",Whig(辉格党)的名称可能与 Whiggam 有关。

第二种说法认为,Whig 是苏格兰西部盖尔人(Gael)的术语,意思是"盗马贼"。总之,Whig(辉格党)的名称含义如何,褒贬不一,至今仍然蒙着一层神秘的色彩。

(四十七) Yob 与英国的痞子

进入20世纪以来,英国媒体频频出现 Yob 一词,专指有反社会行为的小青年,他们已经成为英国的怪物。这类小青年中不仅有男孩,也有女孩,他们成群出现,游荡街头,抽烟喝酒,吸食毒品,毁坏公物,以威胁和攻击他人取乐。现在,整治 Yob 成了英国政府的重要任务之一。

在人们的印象中,英国是个出绅士、淑女的国家,英国人永远保守而优雅。然而近年来,这个形象正在被颠覆,酗酒、贩毒、个别官员缺乏修养等事件屡被曝光。2006年,英国作家弗朗西斯·吉尔伯(Francis Gilbert)著书《痞子国家:英国痞子群体的真相》(*Yob Nation—The Truth about Britain's Yob Culture*),深入剖析了英国这一变化的现实背景。

(四十八) Yahoo (雅虎) 与《格列佛游记》

Yahoo 原为人形兽，是英国作家 Jonathan Swift 所著 *Gulliver's Travels*（《格列佛游记》）一书中有着野兽习性的劣等人，现在被用来命名因特网上一个最受欢迎的用来查找其他 web 页的站点。

本篇参考文献：

[1] Spender, D. Man Made Language[M]. Routledge & Kegan Paul: London, Boston and Henley, 1980.

[2] 白解红. 性别语言文化与语用研究[M]. 长沙：湖南教育出版社，2000.

[3] 柏子明. 英语中的性别歧视及女权运动对英语的影响[J]. 四川外语学院学报，1999（3）：54-57.

[4] 包惠南. 文化语境与语言翻译[M]. 北京：中国外语翻译出版公司，2001.

[5] [美] 布赖恩·福斯特. 变化中的英语[M]. 李荫华译. 沈阳：辽宁人民出版社，1982.

[6] 常敬宇. 汉语词汇文化[M]. 北京：北京大学出版社，2009.

[7] 程冷杰，江振春. 英国民族国家形成中的语言因素[J]. 外国语文，2011（3）：80-84.

[8] 戴卫平，张学忠，高鹏. 英语说文解词[M]. 大连：大连理工大学出版社，2003.

[9] 戴卫平，裴文斌. 英汉文化词语研究[M]. 北京：科学出版社，2008.

[10] 戴卫平，孙旭东. 英语变体·语言文化[M]. 北京：科学出版社，2014.

[11] 顾嘉祖，陆昇. 语言与文化[M]. 上海：上海外语教育出版社，2002.

[12] 何善芬. 英汉语言对比研究[M]. 上海：上海外语教育出版社，2002.

[13] 侯维瑞. 英国英语与美国英语[M]. 上海：上海外语教育出版社，1992.

[14] 黄培昭，胡连荣. 不少运动用发源地命名[N]. 环球时报，2008-08-29-9.

[15] 黄启发. 英汉语言性别歧视现象评析[J]. 广西民族学院学报，2003（5）：107-109.

[16] 纪双城. 到剑桥三一学院寻找"三"[N]. 环球时报，2013-08-30-9.

[17] 姜亚军. 近二十年 World Englishes 研究述评[J]. 外语教学与研究，1995（3）：13-19.

[18] 橄榄球就诞生在这里[N]. 东亚经贸新闻，2012-08-04-T5.

[19] 陆谷孙. 英汉大词典[Z]. 上海：上海译文出版社，1999.

[20] 牛道生. 英语与世界 [M]. 北京：中国社会科学出版社，2008.

[21] 平洪，张国扬. 英语习语与英美文化 [M]. 北京：外语教学与研究出版社，2000.

[22] 秦雄. 绅士国家面临道德危机 [N]. 环球时报，2006-04-07-21.

[23] 裘禾敏. "乌托邦"及其衍生词汉译述评 [J]. 山东外语教学，2011（4）：93-96.

[24] 邵志洪. 英汉语研究与对比 [M]. 上海：华东理工大学出版社，1997.

[25] 宋京. 小酒馆文化衰落令英国人担忧 [N]. 环球时报，2006-06-12-23.

[26] 唐柯. 南京名爵要打英伦文化牌 [N]. 北京青年报，2007-04-18-15.

[27] 王希杰. 词汇演变发展的内因和外因 [J]. 渤海大学学报，2004（2）：92-97.

[28] 文秋芳，俞希. 英语的国际化与本土化 [J]. 国外外语教学，2003（3）：6-11.

[29] 吴铭. 英国巨石阵，比想象的小 [N]. 环球时报，2008-01-03-9.

[30] 张文英，戴卫平. 词汇·翻译·文化 [M]. 长春：吉林大学出版社，2010.

[31] 赵蓉晖. 语言与性别 [M]. 上海：上海外语教育出版社，2003.

第二十四篇　英剧与英式幽默

本篇内容提要：人们常说英国电影不够出色，但英国演员出色，同样出色的还有英国的电视连续剧。英剧《IT狂人》自开播以来便引来众多媒体热评，其中，腾讯网评论为：《IT狂人》并不狂，而是更接地气的极客。本剧不走精英学霸路线，也不必像《生活大爆炸》那样时不时冒出观众听不懂的各种专业术语，本剧中的IT"狂人"只要问"电源线有没有插？""你有试过重启电脑吗？"几个问题就是本剧爆笑的点。中华网曾评论：《IT狂人》所呈现的幽默方式，是英式幽默的典型代表，其中以IT人为主角，屌丝与女汉子的主要人物搭配，既贴近生活又形成了更为荒诞的喜剧效果。Mtime时光网则认为：英国经典喜剧《IT狂人》将英式幽默发挥到了极致。

一、引　言

近年来，英国和美国的电视剧集在中国观众那的关注度呈持续的上升态势，其原因大致有：主人公的生活与这些剧集的主力观众群体——生活在城市中的年轻人的生活密切相关；所谈论的多为时下流行的热门话题。美国电视剧《生活大爆炸》(*The Big Bang Theory*) 是当下流行的英美剧的代表作之一，它带来了Geek（极客）热这一新风潮。Geek在美国英语俚语中指智力超群、善于钻研但不懂与人交往的学者或知识分子，含有贬义，因为Geek常常醉心于自己感兴趣的领域，可以牺牲个人卫生、社交技巧或社会地位。但近年来，其贬义的成分正慢慢减少。与Geek相对应的英国英语俚语是Nerd，这个词也因《生活大爆炸》的播出在最近几年有翻身之势。正当这群Geek/Nerd的荧幕生活正在引起越来越多的人的关注之时，一部早于《生活大爆炸》播出的，同样以Geek/Nerd人群为题材的英剧《IT狂人》也逐渐进入了人们的视线。《IT狂人》自2006年播出以来至今只有4季24集。然而《IT狂人》在今天仍然因为其独特的英式英语风格及犀利的英式幽默在典型的英国喜剧类电视剧中占有一定的地位。

二、英式幽默

英国人其实并不是以幽默著称的。在英国人的民族性格中，保守和内敛是他们突出的特征。他们沉默寡言、感情不外露，不喜和陌生人主动搭讪。如果说法国人浪漫、意大利人开放，那么英国人很绅士、很淑女。然而，在英国人的自我描述中，幽默是其性格的一个重要的方面。他们并不像我们所想象的那样不苟言笑，他们也有幽默感，也喜欢喜剧。不过，英国式幽默有其显著的特点。人们通常认为，英国人的笑很有节制，他们不如美国人放得那么开，不会开怀大笑。他们常常莞尔一笑，点到为止。

英式幽默很"冷"，而且以黑色幽默为主，这一点可在近两年较为热门的典型英式幽默的"吐槽"式网站"Sikipedia"上窥见一斑，该网站首先从名称上恶搞了"wikipedia"这一全球规模最大的百科全书式的开放性网站。其次，该网站多为至多三、四句话的自我"吐槽"，对自己的、别人的、全球范围内，大到两国开战小到被人踩了一脚的各种事情做出自己的犀利评价，内容不乏种族歧视、性别歧视等在社会公德体系内被视为"极其恶劣"的思想，这也在一定程度上反映了典型的英式幽默的表征之一：英国人从不吝惜向全世界的人，包括他们自己开火。如果说美式的幽默是外放型的糖水笑话，那么英式幽默就是内敛的黑色喜剧，笑里夹杂点哭音，愁中又透露着幸灾乐祸的喜庆，总之不给看客们单纯的喜忧，重点全在五味杂陈的后劲。

《金融时报》曾刊登一篇报道，题为《英式幽默见证英国的衰落》，作者细数了20世纪60年代以来的诸多英式幽默剧等，并对这些幽默背后的英国做出了评价，认为一个国家走向没落的一大好处，是对于没落所持的幽默态度——这几乎让这种没落显得物有所值。作者认为英国式幽默似乎就是自我贬低，以自负为大敌，其最终目的就是自嘲，嘲笑自己的缺点、失败、窘境乃至自己的理想。用英国喜剧演员查理·西格森的话来说，英式幽默与美式幽默的区别之处在于："英国人喜欢看傻人干傻事，而美国人则喜欢看聪明人干聪明事。"

英式幽默带有一点黑色幽默的诡异，讲究克制、含蓄，其中大量的双关词、荒诞的情节、机智的反语与讽刺自嘲，都需要有很深的文化积淀，仔细看、慢慢品。把简单的事说复杂，那代表情感的迫切，语气的加强，这正是英式幽默的智慧所在。英式幽默无论在语言、表情还是肢体动作方面从不表现得絮絮叨叨、夸张过火，平淡自然的表现背后总能让人领略到英国人含蓄内敛、温文尔雅、纯真自如的特点。

三、《IT 狂人》与英式幽默

《IT 狂人》（*The IT Crowd*）是英国第四频道播放的一部情景喜剧，曾荣获英国学院电视奖和国际艾美奖，该剧于 2006 年首播，此后连播了 4 季，每季有 6 集。故事发生在一家名为 Reynholm 的办公楼里，以三位任职于 IT 部门的主人翁为主题，其中包括两个电脑怪胎 Moss（莫斯）和 Roy（罗伊）和一个对电脑一窍不通的 Jen（珍），三人在地下室里组成了 IT 办公室。他们没有光鲜的外表，出入的也不是高楼大厦，但却可以不时地给观众带来意想不到的欢笑。他们关心生活、调侃生活，一连串的笑料后面，讲述的是普通人的喜怒哀乐，这便是英式幽默的魅力。观众会看到平凡人怎样努力地活着，怎样把无趣的生活变得多姿多彩，在看惯了美剧的琢磨不定后不妨随着 PLX 的脚步来欣赏一下英伦的幽默诙谐！

作为一部将英式幽默"微妙"和"尴尬"的窘迫发挥到极致的英国电视剧，荒诞而诙谐的《IT 狂人》是一部小成本制作的电视剧。相对于一集一换装的《生活大爆炸》，《IT 狂人》的演员只有固定的几身戏服，场景也只有几个办公室，或者偶尔出现的公寓内景和公司附近的街道外景，演员表情和肢体语言都谈不上夸张，整部电视剧靠剧本以及语言中"冷"入骨髓的英式幽默撑了起来。

故事的背景是一家大型的，有着巨大的跨国生意的家族式公司。性格和行为均十分诡异的前任老板在为躲债而跳楼后将公司传给了自己同样诡异的儿子 Reynolm。故事的主人公就是在这家公司 IT 部任职的 3 名员工，Jen 是 IT 部的主管，她在第一季第一集中靠说自己精通电脑业务，可以熟练地点鼠标、发邮件、收邮件等等，让当时的老板 Denholm 决定派她去 IT 部做主管，从此她就在公司地下室和两个典型的缺乏基本生活社交能力的 Nerd 开始了一段让人捧腹大笑的荧幕生活。Roy 是 IT 部门的员工，操着浓厚的爱尔兰口音，好吃懒做，但十分热心，热爱社交。Moss 是 IT 部的另一名员工，生活总是循规蹈矩，但是在电脑及拼字方面有着天才样的能力。Roy 和 Moss 的常规工作就是接听公司其他各个部门的员工的咨询电话，但是电话中问的问题都是他们眼中幼稚而愚蠢的问题。他们接起电话之后会习惯性地说："Hello IT, have you tumed it off and on again?"

虽然同样是以与常人有着巨大差异的 Geek 为题材的电视剧，《生活大爆炸》是"将不常用的理科知识应用到生活中的普通环境中，并引起无厘头的落差"，而《IT 狂人》则是从"观众耳熟能详的生活细节中去制造笑料"，并不过分纠结 IT 术语等科学知识，而其又将英式幽默极冷、讽刺和慢热的特点表现无遗。

（一）英国人的歧视

幽默是载体，文化是内核。幽默与文化相关联，作为文化的一部分，它高度凝聚了文化的精髓，将社会价值、审美情趣、意识形态等各个方面表现得淋漓尽致。"英式幽默见证英国的衰落"其实在某种程度上阐释了英式幽默的渊源。英国曾为"日不落帝国"（Sun-never-setting-Empire），其在世界上的势力范围之大可见一斑。然而由于历史等原因，当"日不落帝国"名存实亡时，英国人仍自守着出于往昔辉煌地位以及一丝对于昔日繁荣的留恋的矜持，出于对社会变革以及自身霸主地位难以为继的不安，自负的英国人不甘沦为别人的笑柄，与其被别人嘲讽不如自己先嘲讽自己，这种孤芳自赏的情绪使得他们在谈论别的民族时总带有一抹傲慢的讥笑。英国人向来以正统白人自居，在面对给他们的国家社会秩序带来麻烦的"异族人"时自然充满了或浓或淡的歧视情绪。

与这种歧视情绪同时存在的还有公司内部阶层与部门之间的歧视。公司楼上的部门，尤其是"七层"那些衣着光鲜打扮入时的员工们对地下的 IT 部充满类似于"不过是一个修电脑的干体力活儿的"歧视态度，而 Roy 和 Moss 也因自己"身怀绝技"而歧视其他对技术一窍不通的人们。他们调侃在公司地位处在更低层的 Richmond，一个曾经备受 Denholm 宠爱却因为怪异的装扮被"发配"到地下室 IT 部办公室。在第三季第四集，Roy 和 Moss 的顶头上司 Jen 因获得了"月度员工"奖项，需要在全体股东面前做报告，他们为了整蛊 Jen，就找了个黑盒子，告诉 Jen，这个盒子就是 Internet，它控制着全球的网络：

Roy: What is Jen doing with The Internet?

Jen: Moss said I could use it for my speech.

Roy: Are you insane? What if she drops it?

Jen: I won't drop it. I'll look after it.

Roy: No. No, no, no, Jen, no. This needs to go straight back to Big Ben.

Jen: Big Ben?

Moss: Yeah. It goes on top of Big Ben. That's where you get the best reception.

当然，在他们的眼中公司的股东们也是一群对技术一无所知的"愚蠢人类"，因此当 Jen 拿出这个黑盒子说它就是 Internet 并以此为题做了一连串演讲的时候，她的演讲获得了巨大的成功，这让 Roy 和 Moss 十分抓狂。

同时，公司内部还存在对女性员工的歧视。Moss 和 Roy 因为自身社会交往障碍对女性有着畏惧以及因而产生的歧视情绪，而 Denholm 和 Reynolm 父子俩则不约而同地认为女性员工对公司没有太大贡献，而之所以留她们在公司则是为了证明女性确实在工作方面不会有太大成就，Reynolm 甚至还从当地的女性组织那里获得了一个"歧视奖杯"。对于他们的顶头上司 Jen，在 Jen 因为一双鞋而茶不思饭不想的时候，Roy 和 Moss 有如下一段对话：

Jen: （noticing Roy and Moss staring at how weird she is walking in her new shoes）The shoes-ah!

Moss: What was all that about?

Roy: Well, like all women, she's shoe mad.

Moss: It's a bit sexist isn't it?

Roy: Do you know one woman who isn't obsessed with shoes?

Moss: No, but I only know one woman. And she just left the room shouting "The shoes-ah!"

看来全世界都对有些购物狂的女人们充满了揶揄和调侃，并且这样的调侃似乎效果很好。英美电视剧中常用的手法包括情景幽默和言语幽默，本剧中言语幽默成分相对较少，大多通过情节情景的错位搭配与设定的剧中人物的怪异的思维方式产生幽默效果。

（二）英国社会问题

英国人通常热衷于抨击他们的政府或公共机构办事效率低下，这一点在 BBC20 世纪 80 年代的情景喜剧 *Yes, Prime Minister*（《是，首相》）中表露无遗。他们热衷于讽刺挖苦所有花了纳税人的钱的人，*The IT Crowd* 中也不乏此类情节，如第一季第二集中，消防队大张旗鼓地为新换的救火紧急报警电话做广告，声称：

"It's easy to remember. 0118 999 881 999 119 725... 3"

本集中有关情景幽默手段有这样的一个情节，在 IT 部的办公室着火后，Roy 要求 Moss 报警，Moss 规规矩矩地发了封电子邮件报火警，边发边朗读出自己的邮件内容：

"Subject: Fire. Dear Sir stroke Madam: I'm writing to inform you of a fire which has broken out at the premises of..." no, that's too formal.

（Moss deletes what he typed）

"Dear Sir stroke Madam: Fire. Exclamation mark. Fire. Exclamation mark. Help me. Exclamation mark. 123 Clarandon Road. Looking forward to hearing from you. All the best, Maurice Moss."

在当时的场景下，一边是正被火势吞噬的办公桌，一边是正襟危坐在字斟句酌地发电子邮件的 Moss，同时在 Roy 尝试用灭火器救火失败之后发现灭火器是 "Made in Britain"，然后 Roy 恍然大悟，怪不得一拿出来就坏掉了。

在本集即将结束的时候，几个消防员打扮的人慢慢悠悠地走进办公室，问："Did somebody e-mail us about a fire?" 人们对英国公共机构办事效率低下的评价可见一斑。

（三）英国人的生活百态

任何事、任何行为都有可能成为英国人讥讽的对象，比如上文中 Jen 对那双鞋的执念和她的购物狂倾向。但是在嘲笑时嘴角仍然保持着一丝优雅的微笑则是英国人的特长，比如在第二季第三集中，Moss 因为想学习烹饪手艺看了广告之后误打误撞进了一个德国食人族的家中：

Moss: I see where the confusion was; I thought this was a cookery course.

Johann: （laughs insanely） No, no.

Moss: But you were looking for someone who would agree to let you kill and eat them!

在进行了"亲切而友好"的会谈之后，Moss 发现两人有着共同的爱好，都喜欢在家看电影，于是他俩开始一起在食人族的家里看电影，这时，电视上很合时宜地出现了一则广告：

Narrator:（parodying the PSA shown before films） You wouldn't steal a handbag. You wouldn't steal a car. You wouldn't steal a baby. You wouldn't shoot a policeman. And then steal his helmet. You wouldn't go to the toilet in his helmet. And then send it to the policeman's grieving widow. And then steal it again! Downloading films is stealing. If you do it, you will face the consequences. （FBI shoots girl in the head）

这则打击偷盗电影的广告具有十分夸张且富有英国人看似严肃实则搞笑的冷幽默的风格。后来，Moss 决定约 Roy 一起去食人族的家里看电影，但是约的过程中却出现了以下一幕：

Moss: Come on, Roy, can't you see it?

Roy: See what, Moss?

Moss: We go to a film, sometimes a pub, maybe get some dinner. It just goes on, and on, year in, year out. We're stagnating!

Roy: You make it sound like we're some sort of old married couple.

Moss: But we are. Can't you see（shakes Roy）you're my wife, Roy! You're my wife. You're my wife. We should be married to ladies but we're married to each other.（two women walk past）You're my wife.

Roy: Could you stop calling me your wife?

Moss: You're my wife Roy and I can't take it anymore!（runs off）

Roy:（to the women）If anything, I'm the husband!

无论当代社会舆论已经发展到了如何的地步，对于同性恋这一敏感话题大家都难以提上台面而公然大加评论，但是对于没有什么不敢嘲笑的英国人，则越来越开始大大方方地让同性恋这一暧昧话题出现在各个地方。在之后的某一集，为了躲避警察的追捕，Moss 假装抱紧 Roy 在街角亲吻，对此警察看见了的反应则是从警车里探出半个身子，向他们大喊："F*cking Gay！！！"

在其他英国电视剧中也不乏或明显或细微的同性恋因素，而却鲜闻有同性恋对此大肆抗议的事情，对于这种无所不揶揄的英国文化，大概同志们也会和其他观众们一样会心一笑。

英国在世界上闻名的还有它那疯狂的足球迷们，刻薄的英国人自然不会放过一个可以讥讽这些疯狂的足球迷的机会。在第三季第二集中，Roy 和 Moss 对自己是否是真正的"纯爷们儿"产生了疑问——因为他们对正儿八经的男人应该感兴趣的项目一无所知，所以他们决定从足球入手：

Roy: What was that?

Moss: What?

Roy: You were saying football things in a football voice. How do you know about football things.

Moss: Oh it's this new site. Basically it sends you a list of football phrases that you can use in normal conversation. Updated daily, it's great. I only use it so I can say something to the postman.

Moss 找到了一个专门的网站，里面有固定的对话模板，教你该如何跟真正的足球粉丝对话。经过数次实验，这些对话屡试不爽，所有足球粉丝的回答都如出一辙，Moss 开心地揶揄，这些脑子里全是足球的人都只有一根筋。

当他们成功地加入了一个由不同足球粉丝组成的小圈子之后，他们为自己在"纯爷们儿"的道路上又前进了一步觉得十分开心：

Jen: What's wrong with you two?
Moss: We've been hanging out with men.

这句话却让他们的顶头上司 Jen 对他们能否成为男人中的一员表示怀疑。然而最后那些足球粉丝们计划合伙去抢银行，却被 Roy 不小心破坏了计划中的一部分——Roy 给警察打了个匪夷所思的电话。Moss 找到最后分赃的库房，带着 Roy 逃走时在路上碰到警察，假扮成同性恋躲过一劫。事后，他们认为足球粉丝们都是疯狂的，一根筋的生物。他们只能靠自己的努力变得"纯爷们儿"起来，于是他们决定自己尝试着看足球比赛：

Moss:(watching the football game) Hooray, he's kicked the ball. Now the ball's over there. That man has the ball. That's an interesting development. Maybe he'll kick the ball. He has indeed. Apparently that deserves a round of applause.

由此看来，并不是所有的英国人都对足球那么狂热，总有人需要在疯狂的人群旁边负责嘲讽之事。

四、*The IT Crowd*（《IT 狂人》）

场景一：（该对白为第一季第一集）去大公司面试成功的珍以为自己中了头彩，结果却被分配到了地下室的 IT 部门。

人物：D=Denholm（丹农，珍的上司）；J=Jen（珍）

D: Hope this doesn't embarrass you, Jen. But I found the best thing to do with the new employee is to size them up with a long hard stare. So! 珍，希望你不要紧张。对聘用新员工，我认为最好的考量方法就是用眼神来交流。就是这样！

J: So? 什么？

D: Here you are! 做下自我介绍吧！

J: Yes, I'm really looking forward to getting to grips with the... 其实，我很希望能做些……

D: I'm gonna put you in I.T. Because you said on your CV you had a lot of experience with computers. 我决定把你安排在IT部门。因为简历中提到你在电脑方面颇有经验。

J: I did say that on my CV. You know, e-mails...sending e-mails, receiving e-mails, deleting e-mails... I could go on. 我在简历中的确有提到。比如：电子邮件……发邮件、收邮件、删邮件……我都能做。

D: Do! 继续说！

J: The Web...using mouse...clicking...double clicking...the computer screen of course, the keyboard...the bit that goes on the floor down there... 上网……点击鼠标……单击……双击……当然还会开电脑……打字……还有地上那叫什么来着？

D: The hard drive? 硬盘？

J: Correct. 没错。

D: Well, you certainly seem to know your stuff. That settles. Got a good feeling about you Jen! And they need a new manager. 好，看来你很在行啊。就这么定了。珍，我很欣赏你的才能！正好他们也缺个主管。

J: Oh, fantastic! So the people I'll be working with, what're they like? 噢，太好啦！那我的同事都怎么样呢？

D: Standard nerds! 彻头彻尾的书呆子！

场景二：（该对白为第一季第一集）罗伊的工作是维修公司电脑，每次接到报修电话，第一反应便是问"你有没有试过重启？"此外，他还热衷追女孩。

人物： R=Roy（罗伊）；M=Moss（莫斯）

R: (Ringing) Hello, I.T. Have you tried turning it off and on again? Well, the button on the side, is it glowing? Yeah, you need to turn it on! （电话铃响）你好，这里是IT部门。你有试过重启吗？好吧，那边上的按钮亮着没？没错啦，你得先开机嘛！

M: You had a job? 你接活了？

R: Girl on fifth... 五楼那女孩……

M: Did you and her hit it off? 你跟她很合得来吗？

R: Define "Hit it off"? 什么叫"合得来"？

M: Did she continue talking to you once you'd fixed her computer? 你帮她修好电脑后，她有没有再理你呢？

R: No. And while I was working on it, she rested a cup on my back. 没有。我在修电脑时，她竟然在我背上放了一只杯子。

M: Unbelievable! 太难以置信了！

R: Yeah, I mean they've not respect for us up there. We're all just drudges to them. 没错，我看楼上那些人根本没把咱放在眼里。在他们看来，我们就是干苦力的。

M: Yes. 是的。

R: It's like they're pally-wally when there's a problem with their printer, but once it's fixed... 好比打印机坏了的时候，他们对我们好得不得了，可一旦修好……

M: They toss us away like yesterday's jam! 他们就把咱甩了，就像扔掉隔夜的果酱。

场景三：（该对白为第一季第一集）珍凭借"过硬"的电脑技术当上了 IT 部门的主管，之后遇到了她的两名同事：一本正经的莫斯和嬉皮笑脸的罗伊。

人物： R=Roy（罗伊）； M=Moss（莫斯）； J=Jen（珍）

R: Oh, it seems we have a visitor. Many people come down here to visit! 哎呀，好像我们这儿来客人了。好多人都喜欢下来串门！

M: What are you talking about? Who comes down? 你在说什么呢？谁下来过？

R: So what can we do you for? 不知有什么可以效劳的？

J: I'm the new head of this department. Is this my office? 我是这个部门的新主管。这是我的办公室吗？

R: Why? I am the head of this department! 什么？我才是这儿的主管！

M: I thought I was. 我以为是我。

R: It's one of us! Certainly not her! I'm gonna sort this out. 反正不是你就是我！但绝不是她！我得跟她说清楚。

M: Roy! 罗伊！

R: Hi! I don't wanna be rude or anything, but I wasn't informed of any changes to this department. 你好！我不是有意冒犯，但之前我没收到任何人事变动的通知。

J: Oh, did they not tell you about me? 是么，他们没和你提起我吗？

R: No! And we are perfectly fine down here, thank you very much. We're more than capable of taking care of ourselves. 压根儿没！况且我们在这儿好得很，多谢关照。我们不需要别人来帮忙。

场景四：（该对白为第一季第一集）罗伊对新来的珍能当上部门主管非常不满，于是三人一起去找上司……

人物：J=Jen（珍）；M=Moss（莫斯）；R=Roy（罗伊）；D=Denholm（上司丹农）

J: I cannot believe you're going to tell on me. You're like a pair of horrible old women. 我真不敢相信，你们居然来揭发我。你俩就像老巫婆。

M: What did she say? 她说什么？

J: She said we're like horrible old women. 她说我们像老巫婆。

D: Hey guys! Got something to tell me? 嘿，伙计们！找我有事吗？

R: Yes, well, it's like this: 是的，是这样：

D: Look at you! My I.T. Team. 看看你们！我的 IT 团队。

R: Yeah, what she... 是的，可她……

D:(Ringing) Excuse me. What? If you can't work as a team, you're all fired! Get your things and go! I love saying the word "Team". So what do you wanna tell me?（电话铃响）抱歉。什么？如果你们不能团队合作，那就全被解雇！收拾东西立刻走人！我很喜欢"团队"这个词。对了，你们找我有事吗？

M: Well, it's just not working out. 噢，我们合不来。

R: He's joking! 他开玩笑的！

D: Not working out? 合不来？

R: Oh no! No! We are getting on like a big house on fire! 噢不！我们相处地非常投机！

J: Yeah! 没错！

R: We should leave now, because you're a busy man and we've taken far too much of your time. 您是大忙人，我们该走了，很抱歉占用您太多时间。

D: So why did you come here in the first place? 那你们到底来干嘛了？

J: We set up a voice activation system on your computer. I think you're gonna enjoy it. 我们在您电脑上安装了声音激活系统。我想您会喜欢的。

D: Thank you! How exciting! 谢谢！太好了！

场景五：（该对白为第一季第四集）一天，珍注意到办公室里有扇红门，可问莫斯和罗伊后面是什么时，他俩却支支吾吾地说是储藏室，并警告珍不要打开那扇门。

人物：J=Jen（珍）；R=Roy（罗伊）；M=Moss（莫斯）

J: Tell me, what's behind that red door? 我说，那扇红门后面是什么？

R: Nothing. 没什么。

J: Well, there must be something behind it. 好吧，肯定有东西。

245

M: There's nothing behind the red door, Jen. 珍，红门后面真没什么。

J: Well then I can just go... 那我进去……

R: No Jen! It's just a boring old store room. It's just a store room where we keep the snibbits. 珍，不可以！就是间破储藏室而已。放杂物的储藏室罢了。

J: What's a snibbit? 什么杂物呢？

R: It's a kind of planch. 是一种木板。

J: A planch for the computers? 是电脑用的吗？

R: Yes, computer planch. 是的，电脑板。

J: Well, if it's a store room, you can store some of this stuff. 噢，如果是储藏室的话，我们可以把这些不用的东西放进去。

R: No! Jen! I know that you wanna make your mark down here and that's really sweet, but you can't just go messing around with the snibbits door room, willy-nilly. You can't upset the whole harmony of the place. 不行！珍！我知道你想得到大家的认可，这想法是不错。但无论如何，你就是不可以乱动储藏室。你不能坏掉这儿和谐的气氛。

J: Harmony! What harmony? 和谐！这也叫和谐吗？

R: I know that the place looks like a bit of a mess, but it's actually a very delicate ecosystem. Everything is connected. It's like the rainforest, you change one thing, even the tiniest bit, and the whole rainforest dies. You don't want the rainforest to die, do you? 我承认这儿有点乱，但却是一个完美的生态系统。它们之间有莫大的联系。就像热带雨林，只要你对其稍加改变，哪怕只有一丁点儿，整个雨林将遭到破坏。你不会想让雨林破坏掉，对吧？

J: No, I really don't want the rainforest to die. 是的，我当然不想了。

M: That's what will happen if you open the red door. 那如果你打开那扇红门，这儿的雨林将荡然无存。

场景六：（该对白为第一季第四集）趁莫斯和罗伊外出工作时，珍偷偷地打开了那扇红门……

人物：J=Jen（珍）；R=Richmond（瑞蒙，IT 部门的神秘员工）

J: I didn't know there were anyone else down here, I thought it was just the three of us. 没想到这儿还有个人，我还以为就我们三个。

R: I often work at nights so, perhaps that's why you haven't seen me. 我一般都是晚上工作，所以你可能没见过我。

J: It's very cold in here, isn't it? 这里好冷啊，是吧？

R: Air conditioning. Keep these things cool. 空调的缘故吧。这些东西要在冷却状态运行。

J: Yes, what are they? 哦，那这是什么呢？

R: I've no idea. They have put me in charge of them. 我不清楚。他们只让我负责看管这些东西。

J: So, you stay down here all the time. 这么说，你一直待在这儿。

R: I pop out occasionally when I have to get supplies. 偶尔我也会出去买一些必需品。

J: And you don't know why you're here, or what you do. 可你却不知道自己为什么会来这儿，来做什么。

R: You don't understand. This is my punishment. You see, I used to be Denholm's second in command. 你不了解。这是我受到的惩罚。你知道，我曾经是丹农的左膀右臂。

J: So, how did you end up down here? 那么，你为什么会被流放到这里？

R: That's the question I've been asking myself for 4 long years. I was one of Reynholm industries' top guys. You should have seen me, I was magical. My career was advancing by leaps and bounds, but it all changed. 这也是我四年来一直在纠结的问题。我曾经是 Reynholm 公司的高层员工。可惜你没能目睹那时候的我，简直是太有魅力了。我的事业扶摇直上，遗憾的是好景不长。

J: So, what happened? 那么，后来发生了什么？

R: It's quite a long story actually. 说来话长。

场景七：（该对白为第二季第二集）莫斯给罗伊测试，测出了罗伊的死亡时间为：周四下午三点，罗伊因此很焦虑。

人物：M=Moss（莫斯）；R=Roy（罗伊）

M: Will you answer this question? 你能回答这个问题吗？

R: Are we still on this? 我们怎么还没做完？

M: You keep interrupting! Question 40: Do you get your five fruit and veg? 是你老打断我！第40题：你吃5种水果和蔬菜吗？

R: I would say I probably do. 我想差不多吧。

M: This website takes all the information you gave me. It actually estimates the date of your death! 这个网站记录了你刚刚提供给我的所有信息。事实上，它可以预测出你的死亡时间！

R: What? Wait a second. I haven't done it! 什么？等等。我可没做过这个测试！

M: I get March 2nd 2079. That's right. I've got 70 more years!

我将在2079年3月2日死去。没错，我还可以活70多年。

R: Okay, Moss, close that window! I do not wanna know! 好了，莫斯，关掉那该死的网页！我不想知道结果！

M: But I've written it all in now. 但我把信息都填进去了。

R: So, You know when I'm going to die! I told you not to look! 这么说，你知道我的死亡时间了！我不是告诉你别看的！

M: I made a mistake. 我一不小心看到了。

R: When is it? 什么时候？

M: My advice, Roy, is to forget all about this. 罗伊，我建议你还是忘掉它吧。

R: What, how long more they've given me, 20 years? It's less than twenty? 什么意思，我还能活多久，20年？还是不到20年？

M: It's Thursday. 星期四。

R: What? Thursday? 3 pm! How could they be that specific? 什么？星期四？下午三点！怎么能测得这么明确呢？

M: It's silly. These things are, at least, 79% accurate. 骗人的。这些测试的准确率也就是79%而已。

R: Yeah, you're right, it's silly. 是的，没错，这太可笑了。

场景八：（该对白为第二季第三集）莫斯觉得自己和罗伊关系太近，以至于影响到他的生活，心情极其郁闷。

人物：R=Roy（罗伊）；M=Moss（莫斯）；J=Jen（珍）

R: Moss? What's up with you? 莫斯？你怎么了？

M: I can't do this anymore! 我再也受不了了。

R: What are you talking about? 你说什么呢？

M: Can't you see it? We go to a film, sometimes the pub, maybe get some dinner, but it just goes on and on. 难道你不明白吗？我们一起看电影，一起泡酒吧，一起吃饭，没完没了。

R: You make it sound like we're an old married couple. 你把我俩说得就像老夫老妻似的。

M: But we are. Can't you see? You are my wife, Roy. 事实上就是这样。你没看出来吗？你是我的妻子啊，罗伊。

R: Could you stop calling me your wife! 别叫我是你妻子了，行不！

M: I've got the blues, Jen. 珍，我很郁闷。

J: Why? 怎么了？

M: Well, Roy and I are becoming like an old married couple. We just seem to do the same thing day in, day out. I'm stagnating, Jen. 好吧，我和罗伊快成老夫老妻了。我们每天干同样的事。珍，我都变得呆滞了。

J: It seems to me the problem is that you two spend too much time together. You should get out there meet other people. 我觉得问题是你俩在一起的时间太长了。你们应该出去多接触别人。

M: You mean people other than Roy? 你是指除了罗伊之外的其他人吗？

J: Well, yes. 是的。

场景九：（该对白为第二季第三集）为了让生活丰富多彩，莫斯在网上报了夜校学做德国菜。然而，去了之后才发现烹饪老师竟然是食人族……

人物：M=Moss（莫斯）；J=Johann（乔安，莫斯的烹饪老师）

M: Hello. I'm Moss. 你好。我是莫斯。

J: Yes. I'm Johann. Come in. 你好。我是乔安。请进。

M: We might as well get to it. 我们不妨开始吧。

J: Really? So eager, so brave. 真的吗？如此急切，如此勇敢。

M: Well, once I've made up my mind to do something, that's it. I'm ready for anything. 噢，只要我下决心做一件事，绝不反悔。我准备好了。

J: That's very admirable. Take your clothes off, and we'll get started. 着实令人钦佩啊。脱掉衣服，我们开始吧。

M: So how long does this course last? 这课程要学多长时间？

J: Sorry? What course? 什么？什么课程？

M: Hang on, take my clothes off? Sorry, I'm confused. What did you think this was? 等等，脱衣服？不好意思，我不大明白。你想做什么呢？

J: Well, I was going to eat you. 噢，我打算吃你啊。

M: I may have misheard you there. Did you just say that you were going to eat me? Yeah, I'm here for the cookery. Look, I've got your advert here, "I want to cook with you." 我是不是听错了？你刚才是说要吃我吗？噢，我是来学烹饪的。看，你这广告上写着"我想和你一起做菜"。

J: No, my English is not so good... 不，我的英语不太好……

M: You want to cook with me, using me, you mean. 那你的意思是想拿我来做菜。

J: Ah yes! You see. 啊是的！这下你明白了吧。

M: I thought this was a cookery course, but you wanted someone who would agree to let you kill and eat them. That is funny. 我以为这是烹饪课，原来你想找一个愿意任你

宰割与吞食的人。这也太搞笑了吧。

J: So you're not interested? 这么说来，你对这没兴趣了？

M: No, it's not for me. 是的，我不适合。

J: How disappointing. 太失望了。

M: I'm sorry, Johann, this must be such a let down. 很抱歉, 乔安, 这确实让你很失望。

场景十：（该对白为第二季第五集）莫斯发明了一款舒适的胸罩给珍，珍穿上后感觉很好。莫斯因此还上了电视，但问题出现了……

人物: R=Roy（罗伊）; M=Moss（莫斯）; J=Jen（珍）; G=Gavin Briers（加文·布莱尔, BBC 电视台主持人）

R: Is this another one of your inventions? 这又是你的一大发明吗？

M: Maybe. 你猜。

R: Moss, I don't like to be negative about it, but everything you invent is worthless. 莫斯，不是我不看好你的发明，而是你那些东西真毫无价值处可言。

M: Ah, here's Jen. Oh, that's it. I've made a brilliant bra. How are ye? 哈，珍出来了。喔，就是它。我发明了一件超级棒的胸罩。感觉怎么样？

J: This is possibly the most comfortable bra I have ever worn. 这应该是我穿过的最舒服的胸罩了。

M: An ill-fitting bra could well ruin your otherwise painstakingly-selected ensemble. 一件不合适的胸罩会毁掉你精心挑选的整套服装。

J: You really know your stuff. 你知道的还真不少。

M: Thank you. 谢谢。

J: So what makes this bra different? 那么这个胸罩有什么不同呢？

M: It can never go bad. I've got an interview today with the producers at the BBC. 它永远穿不坏。而且我今天还参加了 BBC 电视台的面试。

R: Oh, that is just huge. You're gonna be on telly. 哇，太棒了。你要上电视台了。

M: But if anyone asks for me, my name is Stephen Jennal. 但是任何人问起来，我就叫斯蒂芬·珍娜。

R: Why Stephen Jennal? 为什么叫斯蒂芬·珍娜？

M: If my calculations are correct, this could be the only bra a woman need ever buy. Do you know what Playtex would do with me? 如果我没推测错的话，一个女人只需买这样一件胸罩就够享用终生了。这样一来，你们知道 Playtex（意大利高级内衣品牌）将会如何对付我？

J: What would they do? 他们会怎样对付你呢？

M: They would kill me. So if anyone asks for me, my name is Stephen Fennal. 他们会灭掉我。所以如果有人问起我，就说我叫斯蒂芬·芬娜。

R: Right. Well, you did say Stephen Jennal earlier. 好吧。噢，可你刚刚说的是斯蒂芬·珍娜。

M: Is it Fennel? Is it Jennal? If I don't know, how will they? Who am I, Roy? I'm a ghost, I'm a shadow. 芬娜？珍娜？如果连我都不清楚，他们怎么会搞明白呢？罗伊，我是谁？我是幽灵，我也是影子。

G: Gavin Briers here with developments in North Korea. It's five years since the war in Iraq began, the conflict rages on with no hope of a solution in sight. I'm joined by Stephen Premmel, a spokesman for the Ministry of Defence. Mr. Pemmel? 我是加文·布莱尔，现在为您带来朝鲜最新消息。伊拉克战争已长达五年之久，暴力冲突仍在持续中，目前尚无找到和平解决办法。今天我们有幸请到了国防部发言人斯蒂芬·彭莫先生，您请？

M: Hello. 您好。

G: Iraq is a gigantic and bloody mess, isn't it? 现在伊拉克战场一片血腥混乱，您同意吗？

M: Yes. 是的。

G: Well, how do you explain it? 那您对此有何看法？

M: Well, we shouldn't have gone to war. 哦，我们就不应该参战。

G: You think the original invasion was a mistake? 你觉得我们一开始参战是个错误吗？

M: Oh, yes. 噢，当然。

G: I'm astonished you should agree to this so readily when your department must take a lot of the blame. 您如此言论让我很震惊，要知道国防部在此次参战中要承担绝大部分责任。

M: What? We didn't do anything. 什么？我们什么都没做啊。

G: You raised no objection in the run up to the war. 最初你们并不反对参战。

M: I'm sorry, I'm confused. When can I start talking about my bra? 对不起，我有点糊涂了。你到底什么时候让我说这发明的胸罩呢？

场景十一：（该对白为第三季第一集）珍请来一个装修工，罗伊却告诉珍那人是来自"地狱"的魔鬼装修工，于是珍开始监视那人的一举一动……

人物： J=Jen（珍）；R=Roy（罗伊）；G=Gary（盖瑞，珍请来的装修工）

J: Gary's doing a bit of work around the house. 盖瑞正为我的房子装修呢。

R: Hello. Have we met? 你好。我们见过吗？

251

G: Er...no, I don't think so. I'd better crack on. 呃……没有，我们没见过。我还是去干活了。

J: Builders from Hell? 来自"地狱"的装修工？

R: I'm pretty sure it was one of those programmes. 我敢肯定他之前被电视台曝光过。

J: What did he do? 他做什么了？

R: The work was fine, but he pissed in the sink. 装修技术没得说，但他在水池里撒尿。

J: Oh, God, I have to fire him. 喔，天呐，看来我得解雇他。

R: I think you should. 我也这么想。

J: You off somewhere? 你要出去吗？

G: Erm, yeah. 呃，是的。

J: What's next on the agenda? 下一步计划是什么？

G: Jen, I know what's going on. 珍，我知道是怎么回事。

J: You do? 是吗？

G: And it's fine, I understand, I really do. 没关系，我理解，真的。

J: So you understand how I feel. 那你可以理解我的感受了。

G: Yeah, but you are barking up the wrong tree. I think you're a top bird. But you're not really my type. I mean I like tall, beautiful girls. 是的，可你找错人了。我觉得你是个好女孩。但你不是我喜欢的类型。我的意思是我喜欢个子高的漂亮女孩。

J: I don't fancy you, you ugly builder. I'm trying to stop you having a piddle party in my house! 我怎么会喜欢上你，你一个丑陋的装修工。我只是不想让你在我的家里到处撒尿！

G: What? 什么？

J: Builders from Hell, ring any bells? 来自"地狱"的装修工，想起来了吧？

G: I don't know what you are talking about. 我不知道你在说什么。

J: You do. 别装了。

G: Well, I don't. 但我真不明白。

J: Well, let's forget about it, shall we? Wow, I love what you've done to that wall, Gary. 好吧，不提这事了，好吗？哇，我好喜欢你刷的那面墙，盖瑞。

G: I haven't done that wall yet. 我还没刷那面墙呢。

J: You haven't even done it, and I love it! 你还没刷，我就喜欢上它了！

场景十二：（该对白为第三季第四集）珍被评为月度最佳员工，按公司规定，每个最佳员工都要在股东大会上演讲。珍的演讲题目是关于电子计算机的，可她对此一窍不通。

人物：R=Roy（罗伊）；J=Jen（珍）；M=Moss（莫斯）

R: Wow! Quite an honor. They really must be very impressed with you. 哇！你太了不起了。他们肯定对你的印象极其深刻。

J: I didn't even know they had an Employee of the Month thing here. 之前我都不知道公司还评选月度最佳员工这么回事。

R: Yeah, it's a valued title. 是啊，这可是很有分量的称号。

J: Have you ever won it? 你得过吗？

R: No, I haven't. And yet, to a casual observer, it would appear that you do very little around here. 不，我没有。但是，即便再马虎的人也能看出来你在这儿什么都没干过。

J: Yeah. I think someone up there must have sensed something in me. 是啊。但我觉得公司里肯定是有人发现了我的才华。

M: So, what's your speech going to be about? 那你的演讲都准备说些什么呢？

J: What speech? 什么演讲？

M: Every Employee of the Month has to give a speech in their area of expertise. 每位月度最佳员工都要就自己的专业技术发表演讲。

R: Which for you is "Computers". 你的技术就是"电脑"。

J: Where do I have to...? 我要在哪儿……？

M: At the monthly shareholders' meeting. 月度股东大会上。

J: When do I have to...? 什么时候……？

M: Friday. 星期五。

J: What time...? 几点……？

M: Morning. 上午。

场景十三：（该对白为第三季第四集）莫斯和罗伊一方面决定帮珍写演讲稿，另一方面却对演讲稿做了手脚。

人物：J=Jen（珍）；R=Roy（罗伊）；M=Moss（莫斯）

J: What's up, guys? 干嘛呢，伙计们？

R: All right, Jen? 咋了，珍？

J: God! Just writing a speech. 唉！正写演讲稿呢。

R: Oh yeah, how's that going? 对哦，写得怎么样了？

J: Good. I was thinking if there's anything you guys want to say, I can put it in. It's no problem. 很好。我刚才想到你们有没有什么想说的，我可以写进去。这不成问题的。

R: Oh! Interesting. Is there anything you'd like to say to the shareholders, Moss? 喔！

253

真有趣。莫斯，你有没有想对股东们说的？

M: Just say Hi. 问个好就行了。

R: Say Hi from us. 替我们问候一下大家。

J: OK. Maybe it'd be a good idea if you two contributed to this. 好吧。也许你俩来写演讲稿更好。

R: Why? 为什么？

J: I think it would give you experience in writing a speech for a public figure. 我觉得给公众人物写演讲稿是锻炼你们的一次大好机会。

R: Well, obviously, in our line work that would be handy. 没错，显然，对我们专业人士而言，这就小菜一碟嘛。

M: Well, I suppose we could write the speech. 好吧，我们帮你写演讲稿。

J: Thanks. I'm off for lunch. Leave it on my desk. 谢啦。我去吃午饭了。写好了就放我桌上。

R: So now you understand why we have to write that speech for Jen. 现在你知道我们为什么要帮珍写演讲稿了吧。

M: She will say anything we tell her to. 因为我们写什么，她就会说什么。

R: So let's just throw around a few ideas. Could we tell her that there's an apple inside every Apple Mac? 那我们就想些坏点子吧。可不可以告诉她每台苹果电脑里都藏着一只苹果呢？

M: It's good. We could say that Bill Gates is called Bill Gates because he owns a lot of gates. 好想法。我们还可以说比尔·盖茨之所以姓盖茨是因为他家有很多门。

R: Hm! That's good. 嗯！这主意不错。

场景｜四：（该对白为第三季第六集）为了讨公司女同事的喜欢，罗伊决定做一个裸照日历的慈善活动，目的是为斗鸡眼患者募捐。

人物：K=Kimberly（金柏莉，公司的同事）；N=Nadine（纳丁，公司的同事）；R=Roy（罗伊）

K: Nadine, do you know about digital cameras? 纳丁，你知道怎么弄数码相机吗？

N: Oh, Roy might. 噢，罗伊应该会吧。

R: I do. I'm an amateur photographer, actually. 当然。事实上，我是一名业余摄影爱好者。

K: I just got this new one, but it's really complicated. 这是我刚刚买的新相机，但这东西太难搞了。

R: What was wrong with it? 出什么毛病了？

K: I don't even know why I get rid of my old one, it was working fine. 我都不知道自己为什么要扔掉那款旧的，其实挺好用的。

R: Well, these all look good. What's going on with this fella? Ha...He looks completely mental. 嗯，这些相片拍的很不错。这家伙是怎么啦？哈哈……看上去像个疯子一样。

K: That's Dave, my brother. He has boss-eyedness. 那是我弟弟戴夫。他患有斗鸡眼。

R: That must be a big pain in the arse. 那一定很痛苦吧。

K: It is. And the terrible thing is, people think there's actually something funny about this. 当然了。糟糕的是，有人竟然觉得这很好笑。

R: No! Who could think there's something funny about this? 不！谁会觉得这很好笑呢？

K: I'd just give anything if Dave could have a normal life. 如果戴夫能过上正常生活，我愿付出一切。

N: Hey, I've got a great idea. Why don't we do something to raise money for people like Dave? We must be able to think of something, like a fun run! 嘿，我有个好主意。为什么我们不可以给像戴夫一样的患者募捐呢？我们一定能想出办法，比如募捐长跑！

K: Or a nude calendar. 或许可以搞个裸照日历。

R: Yes! I would say that's maybe even a better idea than the fun-run idea. 棒极了！可以说，这主意比募捐长跑简直要好多了。

K: We could call it "The girls of the 7th floor". Roy could be the photographer! 我们可以给它起名为"七楼靓女"。罗伊可以担任摄影师！

R: I could do the photographs. Because I said I was an amateur photographer. 拍照的任务交给我。谁让我说自己是业余摄影爱好者呢。（孙丹、戴卫平译）

本篇参考文献：

[1] Halliday, M.A.K. Explanations in the Function of Language[M]. London: Edmund Amold, 1973.

[2] 方成. 英国人的幽默 [M]. 石家庄：河北教育出版社，2001.

[3] 何农. 幽默感是一种智力上的优越感 [N]. 光明日报，2012-1-16-09.

[4] 蒋冰清. 电视情景剧《老友记》之会话幽默的语用解读 [J]. 电影文学，2008（10）：77-78.

[5] 萧莎. 英剧为什么这样红 [N]. 光明日报，2013-06-03-12.

[6] 张剑. 英国文学与英式幽默 [N]. 光明日报，2012-1-16-09.

附　录

本专著第一作者发表/出版的论著：

一、论　文

[1] 徐方富、修文乔.探科技翻译之旅 求精准严谨之范——首届"中国石化杯"全国石油科技翻译大赛述评[J].英语世界，2015（2）.

[2] 修文乔，徐方富.石油科技英语的文体特征及翻译策略[J].中国科技翻译，2014（4）.

[3] 修文乔.后方法时代的大学英语视听说教学探索[J].考试周刊，2014（9）.

[4] 修文乔.鸳鸯蝴蝶派译者群体考察[J].东方翻译，2014（5）.

[5] 修文乔.鸳鸯蝴蝶派与民初通俗小说译介[J].中国翻译，2014（5）.

[6] 修文乔.清末民初的侦探小说翻译热潮探析[J].新西部，2014（1）.

[7] 修文乔."叙事时间"理论在中国的接受[J].海外英语，2014（3）.

[8] 修文乔.岂止"消闲"：《礼拜六》翻译小说的文化阐释[J].天津外国语大学学报，2012（2）.

[9] 修文乔.翻译史研究方法的深化与创新[J].北京第二外国语大学学报，2011（6）.

[10] 修文乔.《礼拜六》（前百期）翻译小说的"西方图像"[A]//书写中国翻译史：第四届中国译学新芽研讨会论文[C].香港中文大学翻译研究中心，2010.

[11] 修文乔.清末民初的侦探小说翻译热潮：原因、接受和影响[A]//外语教学与文化[C].上海：上海大学出版社，2009.

[12] 修文乔.从傅译副文本看傅雷的翻译观和读者观[J].广东外语外贸大学学报，2008（6）.

[13] 修文乔.意识形态观照下的唐朝佛经汉译[J].西南农业大学学报，2008（3）.

[14] 修文乔. 论权力对翻译的影响 [J]. 广东外语外贸大学学报，2008（1）.

[15] 修文乔. 翻译研究"文化转向"带来的启示和困惑 [A]// 翻译研究新论 [C]. 哈尔滨：黑龙江人民出版社，2007.

[16] 修文乔. 如何提升大学英语教学效果 [J]. 淮阴师范学院教育科学论坛，2007（3）.

[17] 修文乔. 点评中西翻译理论，探求译学发展之路：张南峰《中西译学批评》评介 [J]. 内蒙古民族大学学报，2007（1）.

二、论著、译著、编著

[1] 修文乔译. 感染埃博拉病毒之后 [J]. 英语世界，2014（11）.

[2] 修文乔译. 美国务卿：对气候变化无所作为将会导致"灾难性后果" [J]. 英语世界，2015.

[3] 修文乔译. 巴西旅游攻略 [J]. 英语世界，2014（6）.

[4] 修文乔，韩卉译. 礼仪书：得体的行为与正确地行事 [M]. 北京：中国人民大学出版社，2012.

[5] 修文乔译. 我的冠军女儿 [J]. 译林（文摘版），2008（6）.

[6] 修文乔（并列主编）. 经典英剧对白全集 [M]. 北京：中国宇航出版社，2015.

[7] 修文乔主编. 旅游英语新900句 [M]. 北京：中国宇航出版社，2015.

[8] 修文乔主编. 能源文化交流篇 [M]. 广州：世界图书出版公司，2015.